無門關夜話

釋明海 著

朔風匝地徹骨寒，萬機休罷上蒲團。

昨日塵緣如夢醒，現成公案著力參。

古德遺訓有三昧，衲子本分無兩般。

而今泥牛入海去，朗月高懸無門關。

〈冬季禪七法會·起七法語〉

明海法師

二○○五年十二月十五日於柏林禪寺

自序

照葫蘆畫瓢

　　出家後經常會被人問到為甚麼出家。這個問題在不同的場合，因應不同的問者，我會給出不同的回答。都對，都屬於出塵因緣的一端。但最最反映當初內心感受的回答應該是：不為甚麼，只是想，忍不住。想穿這身衣服，想過這種生活，想成為許多這樣人中的一員而已。沒緣由，緣由是在回顧總結中發現的，敘述出來搪塞人們的疑問而已。

　　我心目中的出家就是人生的到達。到了，再沒有甚麼想法了。出家後很多年中就處在這種沒想法的狀態，師父讓做甚麼就做甚麼。直到有一天，師父當眾把一串掛珠套在我脖子上，把我推到大殿中央蒲團前，被當了住持。

　　當住持前的十來年已經學會了日常課

誦，敲法器，一些常規佛事的唱念。大約一九九四年師父請廣濟寺的妙清老和尚來寺教我們放焰口。我把自己當作捧場的一分子參加，沒想到總被妙老點名表揚，不得不學會。鬧非典那年，旭日集團發起在多座寺院打水陸禳災。因為特殊時期從外請人不便，師父命令從未進過內壇的我在內壇做正表。師命難抗，只能找來一套卡帶關在屋裏火急惡補。內壇第一天淩晨啟壇，法事結束，出一身熱汗。但兩堂水陸連續打下來，內壇的佛事也不怵了。

也許是這些經歷訓練了我的膽量，自己被按到住持這個位置後，好些傳統叢林住持要承擔的法務，也不怯場了。我抱定了一個法寶來應付這一切。這個法寶就是：照葫蘆畫瓢。

早晚殿主法，過堂表堂，請上堂說法……一概照葫蘆畫瓢，模仿師父！

冬天打禪七，要有起七解七儀式，照葫蘆畫瓢！每晚要講指導大家禪修的開示呢？似乎屬於高難度，因為不光要有樣子，還要有內容，有指導性。我仍然抱定那句竅訣：照葫蘆畫瓢。照著佛陀關於禪坐的教言，照著祖師們的教導，照著師父的開示，畫禪修這個「瓢」。幾年下來，人們說好，自己也覺得越來越像了。

十多年的禪七，每晚講，每晚「畫」，量是非常

大的，有些內容也有重複。遂請明潔居士組織北京一些義工進行了整理，加了題目，結集成書曰《無門關夜話》。因為柏林禪寺的禪堂取趙州禪師的一個法門叫「無門關」。如古人所言，禪是「描也描不成，畫也畫不就」的，但我這無門關裏的「門外漢」，竟然以「照葫蘆畫瓢」的方式「照畫不誤」！所以，這書的名字叫「無門關夜畫」也許更貼切些！

　　——凡此種種，未免貽笑大方。但是還能有其他甚麼辦法呢？也許「照葫蘆畫瓢」就是最好的辦法了。一直堅持畫，生生世世畫，有一天畫出佛來也未可知。

　　是為序也。

明海
二〇一八年六月八日於不輕寮

目錄

自序　照葫蘆畫瓢 5

輯一‧禪七前的準備

生命中的苦 12

禪修的基本條件 29

懺罪積資 39

發菩提心 68

禪七規矩 88

輯二‧禪修

目標與作用 96

前行與基礎 114

用功原則與心態、方法 141

問題與對治 163

輯三 · 禪

禪宗和禪七 214

無門關 240

參禪的見地 256

參禪的條件、原則和心態 295

參話頭 345

輯四 · 在生活中修行

安住當下 404

莫追憶，莫等待，莫猶豫 408

培養禪修的生活方式 414

修行和生活、性格、學習的關係 418

永遠是自己錯 427

如何是「覺悟人生、奉獻人生」 441

生活禪的修行要點 450

做事禪 461

好事不如無 468

輯一・禪七前的準備

丈夫當立沖天志，捨生忘死效法王。
拼做一世癡呆漢，要出塵劫迷夢鄉。

明海

生命中的苦

虎視眈眈的無常

　　古人講，「無情歲月增中減，有味詩書苦後甜」。歲月無情。今天是 2006 年的元旦，人們喜慶新年要來到。喜慶，是因為「天增歲月人增壽」，但是歲月在增加的同時也在減少，這個減少是指，我們這一期生命在這個世界上所擁有的時間是有限的，過一年少一年，過一年意味著我們離死亡靠近一年，離墳墓靠近一年。這是大實話。所以「增中減」，無情的歲月在增加的同時又減少，這句話所說的道理就是佛法所講的「無常」。

　　修學佛法，「無常」是我們第一個要學習、不能忘記的教法。事實上這個教法很深。真正洞見諸法無常的人，已經進入聖賢的行列了。作為我們初學的人，首先從知見、理解上，要深深地觀察、思惟「諸法無常」的道理。可以說，無常在這個世間是一個王。甚麼叫王呢？就是主宰一切，一切都歸它管。因此可以說無常的力量最強大，影響最廣泛，面孔最冷酷。

　　通常我們會說，這個是我的：這個房子是我的，

這個汽車是我的，這個妻子是我的，這個錢是我的，這個名譽是我的……實際上都不是你的。是誰的呢？是無常的。無常照單全收所有我們眾生貪著的這些法，不留情面。但是我們活著的時候，思惟不到這一點。我們不知道自己所擁有的這些東西是借用無常的——我們是在無常那裏打了借條，暫時借用，到時候它會來敲我們的門，說，「來，借我的東西全部還給我！你從我這裏借的錢還給我！」你說「我有幾百個億」，「幾百個億也要還給我！」你只有幾十塊錢，「幾十塊錢也要還給我！」你的老婆、房子、名譽，你的身體，你關於身體的感受……對文化人來說，你的學問、著作，所有這些東西，到了那一天，無常來敲門、收債，絲毫不留情面，全部都要還給它。所以古人把人生最後一刻比喻為「臘月三十」，最後要把你擁有的所有這些東西都還給無常。為甚麼呢？因為按世間法的規律，通常在臘月年跟前兒，各單位都會去要債，敲門：「你欠我的幾十萬、幾百萬，該還了啊！」欠了債的人的年不好過啊！我也接待過一些世間人，到我這來訴苦，說他們這個年不好過，要過這個年，需要多少多少萬打發那些債主，才能過得去。所以年跟前兒都是還債的時候，比喻我們的人生生死交替之際，無常來索債，全部要還給它，沒有商量。

在中國文化裏，我們用非常形象的方式來表現生命的這種規律，比如用黑白無常兩個鬼的形象。到時辰了，它們會來找我們。為甚麼是黑白無常呢？很簡單，黑指晚上，白指白天，黑是陰，白是陽，整個人的生命就是在一呼一吸、一晝一夜、一陰一陽的交替中進行的，所以白天有白天的無常，晚上有晚上的無常；吸一口氣有吸一口氣的無常，呼一口氣有呼一口氣的無常。一呼一吸，古人也以陰陽來配，一吸是陰，一呼是陽。黑白無常來臨的時候，沒有價錢可講。掌管黑白無常的人是閻羅王，所以俗話說「閻王叫你三更走，不敢留你到五更」，這就是黑白無常的無情。

　　在禪宗燈錄裏，也有關於這個的非常有意思的記錄：有個禪門修行人臨終的時候，無常來找他了：「你跟我走吧！」這個修行人說：「哎喲！我平時修行用功不夠，你能不能寬限我七天呢？」無常說，「這個事兒我可做不了主，我得先回去跟大王報告。如果我不來呢，就是同意你寬限七天；要是來的話，那就沒的說了！」無常走後，這個師父趕緊去找自己的師父洞山禪師。洞山禪師是大菩薩，開了悟的大善知識啊！這個和尚向洞山禪師報告說：「壞了！無常來找我，怎麼辦呢？七天之後它還要來。」洞山禪師當下就指點

他，讓他明心見性，真正地把生命安住在解脫的空性之中。到了第七天，無常來了，找這個修行人，到處找，找不著了。為甚麼呢？因為這個修行人已經不在三界內了，他的生命已經沒有了蹤跡——這並不是說他變成沒有了，也不是說他死掉（死掉才不是沒有了）——他還在，還在那行住坐臥、吃飯、幹活，說笑，但是無常找不到他了。這就是解脫開悟的人的境界，不在三界內。無常啊，陰陽啊，已經拘束不了他了，找不到他了。

讀這個記錄的時候，我在想，這個修行人也不是一般的修行人。何以見得呢？臨終的時候無常來到，他還能跟它對話一番，可見這個師父平日是很用功的。不過在修行解脫的根本那一項上，他還欠點火候。或許他以為自己解脫了，事實上還沒有，人還在三界內，還有蹤跡可尋。在這種情況下，他去找大禪師——這也是他另外一個福報，能夠生逢善知識——正好有這樣了不起的善知識，可以教導、指點他，所以他能當下轉凡入聖。想一想我們呢，都做不到，起碼我個人是做不到的。無常來找我，一抓一個準，對話可能都沒有。怎麼辦呢？我們只有努力地用功。所以釋迦牟尼佛講無常的法，是要我們發精進勇猛心，發起真正的出離心。講無常的法，是要我們珍惜自己

所擁有的因緣，珍惜現在所擁有的修道條件。我們現在能修道，能打坐，還有這麼好的寺院可住，我們要知道這一切都不是永恆的，是無常的，會失去。我自己倒經常這樣提醒自己：今生今世，能在這樣的道場住著、修行、做事，這是人生的一大幸事啊，所以要珍惜。心中有煩惱的時候，這樣一想，就沒煩惱了。不僅沒有煩惱，而且覺得自己很幸福、很知足。

這還只是非常淺薄地思惟一下無常，如果大家能夠真正深入地思惟無常法，首先你的很多煩惱都沒有了。在無常觀之下，你會發現，你所有的煩惱都是閒愁。甚麼叫閒愁呢？多餘的，沒必要的，閒愁啊！在無常觀之下，你會發現有那麼重要的事要做。在無常觀之下，你會發現一切都會過去：困難會過去，你沒有必要太在意它；擁有的非常美好的東西也會過去，你也沒有必要貪著它。在無常觀之下，你也會珍惜人和人之間的緣。因為有聚就會有散，所以現在能夠相聚，或許互相之間有矛盾、隔閡、怨恨，但是一切都會過去。你從珍惜因緣的角度去對待人和人之間的問題，心中的很多不平立刻化為烏有。你只是想：哎呀！怎麼才能跟這個人結個善緣呢？不要結惡緣。怎樣報恩，怎樣回報他？

用無常觀去觀察，我們就知道，我們今生今世來

到這個世界上，所能做的事很有限，能做的好事更有限。請想一想，我們為這個世界做了多少好事？為這個國土做了多少功德？我們報了父母恩嗎？報了師長恩嗎？報了佛恩嗎？想一想，就知道很慚愧，實際上虛度了光陰，沒做幾件有意義的事。我們在這個世界上，喝這個世界給我們提供的水，吃這個土地上長出來的糧食，接受種種人給我們的服務、饋贈，我們為別人做了甚麼呢？我們為這個世界做了甚麼？佛教裏説，「莊嚴國土」，我們給這個土地帶來了甚麼莊嚴？在這個土地上做了甚麼？栽了多少棵樹？修了多少座廟？造了多少座塔？造了多少尊佛像呢？我們給這個地球帶來了多少有益的事情呢？同樣是七尺之軀啊，比較一下就知道了，自己做得很不夠，甚至根本就沒有做。有時候掃一下地都懶得掃，更不用説去做別的了。有時候別人在修廟、造佛像，你可能在一邊無動於衷，冷漠。我們在造萬佛樓的時候有很多人參與，現在造完了，有人找我説：「我還想再捐一尊佛像，可以嗎？」我説，「哎呀，很遺憾，沒機會了！」這個沒有機會是永遠的，永遠沒機會。往前兩三年還有機會，怎麼現在就沒機會了？就是這樣無情。那個人非常地遺憾説，「哎呀，我只要兩尊！」但是我説，「一尊都不行。」為甚麼？沒有就是沒有了，你沒有辦法再

去弄一個龕、增加一尊佛像啊！

這個世間，很多人有恩於我們。首先是父母，還有我們的師父、老師。以出家人來說，這些信徒、居士都對我們有恩。我們為他們做了甚麼？想一想，我們欠得多，做得少。所以在無常的觀照下，我們就能理解為甚麼釋迦牟尼佛教導我們要知恩報恩，也可以說，大乘佛教全部的修行就是這四個字——知恩、報恩。

舊的一年即將結束，新的一年即將來臨，今天我不按世俗人的那種方式講（不談那些不高興的），而是正面地觀察一下無常。我要跟大家共勉，就是要「但念無常，知恩報恩」。能做到這一點，不管是師父，還是居士，都會晝夜六時恆吉祥。

這山望著那山高

我們在真正地搞明白自己之前，其實是很可憐的。就修行人來說，像我們出家人，當平時事務多、工作比較忙、外面應酬比較多的時候，我們就會說我們要修行、要打坐、要閉關。從這種反應來看，我們往往會把我現在不能專門修行的責任推給別人。別人有錯，不讓我實現這個心願，覺得自己是個受害者，所以有怨，彷彿這個世界欠他的。等到打禪七，每天

可以從早到晚打坐的時候，可能又會生出不同的想法：可能嫌坐的時間太長，作息不合理，也沒有好的老師指導。心裏又盤算著最好能去外面活動活動，或者誦誦經，以別的形式修行。這個就是他的心不能安住於本位。總而言之，不能安住於當下正在進行的事情。

我們通常總是在這種狀態，這山望著那山高。當我們每天在佛學院上課，老師每天講課，你聽得很乏味，說功課太多了，都是理論，沒有修行的。等到真正地從早到晚要修行的時候呢，又想著還是上課好，打坐講得太少。這個是我們的問題。我所描述的，是我們凡夫眾生的這種不安的狀態。剛才講的是宏觀的。

具體的體現呢，其實分佈在我們生活的每個方面。不僅僅是精神方面，我們的身體也是一個不安的東西。如果讓我們一直這樣盤腿坐著，我們就覺得很痛。我估計在禪櫈上坐著的很多人都有一個願望，是甚麼呢？把腿朝前伸直。好了，現在如果我命令你們所有的人，都把腿朝前伸直呆著別動，看哪個人待的時間最長，我相信十分鐘以後，你又會要求說把腿收回來盤著。盤的時間長了，你又會想還是站著好。現在我們也可以設想所有的人，都在座位前面的地上站著別動，在這個別動之下，我估計能夠堅持一個小時

的人也不多。如果從早到晚堅持站著不動，一兩天下來你覺得還不如盤腿呢！你又要求還是盤腿坐著。開靜以後，我們要行香，行幾圈以後你又覺得枯燥。你願意到禪堂外面去遛遛，說說閒話，讓身體處於自己喜歡的一種姿勢。

坐著、站著、行著都很累，也許有的人說躺著一定好。其實也可以設想我們參加禪七的人，全部都以一個姿勢躺下別動，只要是不動的話，其痛苦我相信可能會超過盤腿，所以說躺著好像也不是我們最後安頓的姿勢。不信的話每個人晚上檢查一下自己睡覺的姿勢，幾乎很少有人以一個姿勢從躺下到起床不動的。能做到這一點的人，要麼就是身體有了大問題，要麼就是修行很高，這兩種極端才能做到。身體有了大問題，有了大的病痛，動不了了嘛！要麼你就是修行非常高了，已經把身體降伏了，很柔軟的一個姿勢躺在那裏，持續很長時間，這點多數的人做不到。這是講身體的不安。

從身體的不安再說到我們心的不安，其實這個就是佛教講的苦，苦諦（苦的真理）。那麼甚麼是樂呢？凡夫眾生的樂就是苦減輕了，苦短暫地減輕。你盤腿盤到很痛，現在讓你把腿伸直，在伸直的短暫時間裏，盤腿的苦沒有了，但是伸直到一定時間以後，伸

直不動的苦又出現了。總而言之，我們的身體和心總是不斷地提出各種要求，向我們施加壓力，不斷地讓我們被迫地安排它、調整它，這就是苦諦。其實也只有在禪堂裏，在修行的過程中，才可以比較方便地觀察到這種真理，才能真正地看清我們人生活的這種荒謬、非理性。

禪七中要求大家不要講話，禁語，在寮房裏必要的事情小聲地說。但是據我所知，仍然有很多居士做不到，在寮房裏還在說話。這個也是一種苦，因為他的這張嘴巴一直說，說慣了，他的心已經習慣於讓這張嘴巴帶著往前跑。現在你突然讓他把這個帶路的引擎熄火，那就很麻煩，這個心一下子茫然無所從，所以總要說點甚麼，總想議論點甚麼。這就說明語業的力量很大，因此如果居士們在禪七中能做到七天之內（我不說多，只說七天，因為七天之後有半天休息可以講話），不講一句話，身心寧靜，你能做到這一點，那你的修行就相當有功底了。為甚麼我們會講話呢？發乎內就要動於外，你的身心裏面有東西要發出來，在發動，所以言語上要表達。你的心念在動、在分別，你身體裏這個業氣也在推動、鼓動喉舌，就要說了。這是一個相續的力量。反過來說，由於嘴巴這樣說，繼續拉動我們的心念散亂、分別，拉動我們身體裏為

這些煩惱、分別服務的能量運行。

　　這其實就是我們很多人日常生活的狀態。就像在波濤洶湧的大海上，我們在一條小船上，被風吹來吹去，在海面上一會兒東、一會兒西。我們生命的風叫業風，業風推動著我們的身、口、意往前漂流。如果你明白這種生命的盲目性，能看到這種無明，修行就會有動力。就像我前面講的，要有一種沉痛之心，這樣的話根本就沒有閒心情去說長道短、談論是非，沒有這種心情了。

　　我希望居士們到寺院參加禪七要有一些進步和收穫。這種進步可以是修行止觀禪定上面的，如果不是這些，哪怕是你的一些生活習慣得到了調整，比如以前你愛絮絮叨叨地說話不停，現在你能停下來，這個也是相當大的進步。或者哪怕是你的包容心變大了，因為很多同修在一起打坐、行香，還有很多人你看不慣，你覺得很多人沒素質等等，你能包容他們，能跟大家相安無事，能有這樣的進步，也是相當可喜的。這樣的進步並不容易得到。在禪七中還有護七的工作，你能夠以歡喜心、供養心、恭敬心去為同修們端茶、倒水、墩地，能做到這一點，那也是很好的進步。把這些進步帶回家去，這就是從寺院裏得到的一個收穫。

六道眾生之苦

除了觀察苦的共相、苦的一般理之外，也要個別地觀察六道眾生各自的苦相。地獄眾生有地獄眾生的苦相，八寒地獄、八熱地獄，各種不同地獄的苦相；餓鬼道眾生有餓鬼道眾生的苦相，他們咽喉很細，肚子很大，需求永遠不能滿足，即使有飲食和水，到嘴邊變成火焰和膿血；畜生道眾生有畜生道眾生的苦相，也要觀察，如果不觀察也會有很大的問題。因為在世間的文化教育中，有些畜生會被描述成似乎是很快樂的，比如寫詩的人會說，像鳥一樣自由地飛翔。

當我在五台山住的時候，看見天上的鳥，我也思考這個問題。我要觀察一下，這個鳥究竟是不是自由的。牠在天上飛是自由的，這個活動是用我們人的活動方式對比出來的。因為人是在地上走動，要飛就要借助於工具。以前沒有工具還飛不了，現在有飛機可以飛，即使有飛機也不是完全自由的。那麼鳥呢，牠的報身就是那樣，牠在空中真地是自由的嗎？經過觀察，我發現牠們並不自由。因為我住的那個小廟，有兩隻像鷹一樣的鳥，紅嘴，他們叫它紅嘴鴉。我們這一排房子是這兩隻紅嘴鴉的領地。在我們這個廟下面的山外有很多喜鵲。喜鵲想到這裏來，因為這裏有人活動。牠們也想到這裏來，但是都膽戰心驚。因為

牠們一靠近，那兩隻紅嘴鴉只要叫一聲，馬上就被嚇回去。我有時候中午吃完飯，在窗戶邊觀察，其實喜鵲很多，我估計有好幾百上千隻，但這兩隻紅嘴鴉，就把牠們震懾住了。為甚麼？因為牠們不在一個量級上。紅嘴鴉飛行速度很快，在空中滑翔，拐彎很敏捷，而喜鵲比較慢，看著沒力。所以牠們很想到這裏，但不敢來。紅嘴鴉有時候都不需要出動，只叫一聲就夠了，喜鵲就趕緊退下。你看這個是甚麼呢？這個就是動物（畜生道）世界的弱肉強食、鬥爭。大家都想那紅嘴鴉很自由，牠在那兒佔著多好，我看也未必。因為有時候也有牠們的同類，數量更多，想侵佔這個領地，牠們兩個沒辦法，就會離開。離開以後去搬兵請將。過一段時間，請來更多牠們的同類，把前面的那一群趕走。這個不就是戰爭嗎？有鬥爭之苦。所以畜生道的苦，也是我們人所無法想像的。

詩人寫的很優美的、自由飛翔的鳥都不自由，更不用說其他動物。以前有個電視節目叫動物世界，一旦墮落到動物（畜生）道裏，造業會很厲害，造殺生的業。動物身本身就是一個苦報，然後又造殺生的業，就會被束縛在惡道裏，很難翻身。這一點像我們這個社會，越窮的人越難翻身，因為你沒有本錢。越窮的人越難走出窮困，會越來越窮。墮入畜生道，也是這

樣一個非常被動的局面。

　　人道的情況，我們應該是會熟悉一些，要著重地觀察八苦：生、老、病、死、愛別離、怨憎會、求不得、五蘊熾盛，以及壞苦、行苦。在很多其他宗教裏，人們把修行目標定在上天堂，但是天堂裏的眾生怎麼樣呢？以佛眼觀，天道的眾生也在苦中。欲界天的眾生，有鬥爭之苦。欲界天要跟阿修羅鬥，阿修羅總是嫉妒他們，所以雙方會打仗。天上的眾生在壽命到的時候（不管生命多長也有盡頭），會有五種衰相現前，而且由於他是天人，有天眼通，能看到下一步自己要到哪裏。假如沒有遇到佛菩薩化身天人到天界去教化他們的話，普通的天人就如同不信佛、不學佛的人間眾生一樣，死後多半會墮落到三惡道。也許是因為天道的生活太快樂了，福報消耗得太快，消耗的量太大，透支了，以前的惡業種子在這個過程中成熟了。

　　色界天的眾生在禪定中，但是禪定也有壞的時候，特別是在劫末，成、住、壞、空，壞劫到來的時候。無色界天的眾生壽命最長，可以達到幾萬劫，但是他也有盡頭；不僅有盡頭，而且所有天道的眾生都有行苦。所謂的「行苦」，就是心念的念念生滅與遷流，但是也許我們思惟的時候會認為，起碼他在八萬

劫之間還是很快樂的，沒有愛別離等苦，只有一個行苦。其實在那種境界中行苦就很苦了。我們可以這樣來設想，比如我們躺在一個很舒服的床上，這個床鋪非常平整，床上用品非常新鮮、光亮，很柔軟、很舒服，房間的溫度非常好、非常合意，但如果在你躺的床面上有一顆不太大的小石子，你馬上就會覺得不舒服。如果你躺在地上，有一顆小石子、小砂子，你感受不到。所以是不是可以用這種思惟來理解？即使是在無色界天，行苦，由於沒有證得無生法忍，這個心念的生滅，仍然是生命的一種逼迫。

六道裏還有一個阿修羅道。阿修羅道的生命特徵就是嗔恨、嫉妒，經常跟天人作戰，但是每次都會被天人打敗。他們跟天人作戰不對稱，因為天人受傷了，抹一下藥就好。天人作戰力很強，阿修羅則不然。但是阿修羅的生命被嗔恨這種煩惱整個囚禁住了，所以會不斷地重複那種過程，這就是受苦。

這六道眾生的苦相，也是一個修行人必須反覆在心中思惟的。如果不思惟，那麼心裏就很容易冒出別的妄想。你在修行過程中，這些妄念會牽引你把路走歪，所以要通過思惟生起決定的信解，把這些妄想的門關掉。因為那是絕路，你不要往那邊去，往那邊去沒有好結果。只有這樣，才可能把全部的心念用在修

行覺悟、出離上。

除了其他道眾生的苦，我們還要觀察自己，每個人的苦各不一樣。我們要觀察我們的出身、家庭，從小到大的成長經歷，每個人的身體狀態、性格、好惡，喜歡甚麼，討厭甚麼，喜歡跟哪些人往來，看哪類的書，對哪個範圍的事情特別有興趣。通過這種觀察，就能由果及因、深度地認識自己過去生的習性、業因。過去生有這個業的因，所以現在有這種業的果報，呈現這種苦的相。這一點人和人很不同。當一個人有一種苦的時候，他在另一個人身上看見沒有這種苦，他認為那個人一定很快樂。但事實上呢，他羨慕的那個人有另外的苦，只是他不知道而已。如果我們臉上有一個疤痕，你非常在意，就會很苦惱。也許你會想，那些臉上沒有疤痕的人多快樂。事實上，他們有他們的苦惱。這個幾乎是很多眾生的一種心理模式。沒有錢的人，羨慕有錢的人：他們有那麼多錢，一定非常快樂，沒有任何苦惱。其實等到自己有了錢以後，發現苦惱更多。不是有個故事嗎，講的是一對夫妻，很有錢，經常為錢吵架，煩惱得不得了。隔壁一對年輕人很窮，但是每天兩個人手拉著手進進出出，還挺好。後來這對夫妻就想了個辦法，把自己的苦惱轉讓給對方，他們把很多錢送給對方，馬上沒幾

天就聽到隔壁吵架了。當然這是說到錢了，很多其他的方面也是一樣的。比如做官的人，他的官小的時候，他就想如果官做得高的話，一定是高枕無憂、非常快樂自在的。豈不知到了一個高處以後，壓力苦惱更多。

這種心理模式使眾生看不透、看不清苦的普遍性。眾生永遠只是看著自己那點麻煩，嚮往著自己的麻煩沒有了，他就覺得自己解脫了。有的人說，等我兒子長大、上了大學我就徹底放下了，可是上了大學又有新的問題了。後來說，等他找到一個好工作，我就沒有任何煩惱了。找了工作又有煩惱：等他找到一個媳婦成家、有一個穩定的家庭，我就沒有任何煩惱了。但是，成家以後又有煩惱。在家人的生活大概就是這樣，時間就這樣在苦中消耗掉了。

我們要普遍地、深入地、細緻地觀察前面所講的各種苦相，最終目的，就是要達到對佛陀所講的苦諦的決定信解。有了決定解就能決定行。我們行的是甚麼？行的就是離苦得樂。他說我們所得的樂，不同於世間有漏、會壞的樂。佛法帶給我們生命的是圓滿、自足、寧靜，內在喜悅，不依賴於外面的那些條件，甚至也不依賴於我們身體的感受。這就是我們為甚麼要深入地觀察苦諦的原因。我覺得這個功夫是很重要的。

禪修的基本條件

清淨的戒行和圓滿的發心

修道，是需要用全身心投入的工作，它不是我們人生很多事情中的一件事，而是我們人生中最重要的、從心態上來說是覆蓋全部生命的大事。要做這樣的大事，事實上需要一些條件、一些資糧。可能有的人會問：禪不是頓悟嗎？你說有基礎、有資糧，那不成「漸」了嗎？禪宗說的「頓」，是一種用功方法，就這個意義上說「頓」，似乎跟「漸」是對立的，但實際上，一個人修行的成長，也會表現出一個過程。或許每個過程的心態都是當下的、頓的，但是全局會呈現出一個過程。至於你見到了本來面目，真正認識了自心，那時候呈現出來的「頓」超越「頓」和「漸」的對待，本身是絕待的，不落在時間上。因此我想跟大家再重複：我們要坐禪、要參禪，先要成就條件，包括身、心兩個方面。佛教裏有一個詞來說這個條件，叫「堪能」，成就堪能。這個「堪」說的是身體，「能」說的是心。為甚麼用「堪能」這個詞呢？這個詞很形象，相當於說修道是在做一件非常複雜的工作，

做這個工作需要一個工具。甚麼工具呢？就是用我們的身心，用身心這個工具去做這樣一件複雜的工作。身心既是做這個工作的工具，同時也是這個工作的對象，也是這個工作成功以後發生改變的結果。我們要用這個工具來做這個工作，這個工具可不可用、能否勝任，它的狀態與它所要擔當的責任是否匹配？所以「堪能」這個詞很形象。打個比方，我們挑擔子，要挑一百二十斤重的東西，用一根很細的扁擔挑不了。如果那樣挑，這個扁擔可能要折斷。那麼修行這樣一個工作，實際上也需要身心具備一些條件，並且這個條件是最低的基礎條件。

第一點要有清淨的戒行，這是最重要的。首先講我們的身。我們的身體是一個工具，或者說是一個器皿，有了清淨的戒行，我們這個身器就是爽利的；如果我們在戒行上有嚴重問題，那麼這個身器也會出現障礙，因為它是染污的。要讓這種染污的身器從事像坐禪這樣精密度很高的工作，有時候它難以就範。戒行，我們普通的理解，首先就是我們在已受的戒律規範上能夠做到基本清淨。在戒行上能夠做到基本清淨，心裏就有一種坦蕩、鬆弛、無畏的感覺，這種坦蕩、鬆弛和無畏正是我們在禪修中需要的。反過來說，如果在戒行上有問題的話，心裏就沒有這種坦

蕩、自信，心裏會不安，就是不鬆，有結；另外心裏有一種壓力，不自信，這與無所畏懼的心態相反。俗話說「心安理得」，理得就心安。如果我們在戒律上嚴謹的話，得之於理，問心無愧，那麼心就安。其實心安本身就接近禪定，禪定就是由於心清淨而呈現出一種定的狀態，一種如如不動的狀態。所以說戒律對修行很重要。

戒律依我們的身份而定，在家人有在家人的戒，出家人有出家人的戒。在家人有受三皈依但沒有受戒的，但他也有世俗道德的倫理規範、法律的規範。在家人如果受了五戒，你能把五戒持好，在你的角色上就是坦蕩的、無畏的，那個心是鬆弛的。出家人不然，出家人有自己受的戒，出家人有他特定的責任以及在這個角色上特定的要求，如果僅以在家人的水準來要求自己，或者只比在家人做得好一點，那從出家人的本分上來說還有問題。出家人要以出家人的發心、出家人的戒律要求自己，這樣才能為禪修積累清淨的資糧。有這種清淨的資糧，你再坐禪才容易進步。

可是「人非聖賢，孰能無過」呢？如果我們或者知道、或者不知道，或者是今生今世、或者是上輩子，在戒行上有過失，怎麼辦呢？應該修懺悔法門。懺悔

很重要！通過懺悔法門能夠體驗到身心的清涼，體驗到把心裏的重負、包袱放下，把心裏的結解開那種感覺，然後再來禪修。戒行清淨的人，通俗地說就是人格健全、心理健康、身心和諧的一個人。如果我們在生活中，在做人方面有欠缺，或者是我們內心有一個結沒有解開，這應該是我們在禪修中首先要面對、要解決的。你不要跨過這些問題，不要企圖繞過它。

除了懺悔，我們也可以在禪修中運用禪觀的力量在內心做自我調整和淨化。你不要想通過打坐培養一種神秘的力量來對抗心中的問題，這樣想是錯的；或者想通過靜坐找到一種舒服的感覺，來迴避生活中和心靈上的一些問題，這樣想也是錯的。我們身心的問題，我們在座所有人的問題，按佛法的精神來說，都要面對它，絕不可以迴避、繞開。迴避和繞開會給心理造成壓力，就沒辦法深入禪修了。如果深入禪修，很可能會給你帶來更多的問題或新的問題。所以說持戒要清淨，這是成就堪能的第一點。

第二點要有圓滿的發心。佛教所說的「發心」，用世俗的語言來講，就是你的出發點、動機、願望和目的。我們禪修究竟是為了甚麼？有的人希望通過坐禪使身體健康，這種效果會有，但是這種發心是不夠的；有的人希望坐禪能使他獲得超自然的能力，這種

效果或許也會有，但是這種發心不夠；有的人希望坐禪能使自己變得聰明，心智銳利，過目不忘，這種效果可能通過禪修會有，但是這種發心也不對；有的人希望通過禪修開發智慧，使自己能出離六道輪迴，斷除流轉，這種效果絕對會有，發心比前面要進步，但是仍然不夠。我們稱這種發心叫出離心，自己了脫的出離心。

自己了脫的出離心是需要的，是我們每個禪修的人應該有的基礎，但是光有這個不夠，還要有一種承擔的精神。這種承擔的精神面向的不僅是自己，還包括所有的眾生，不僅要解決自己生命的疑惑，還要幫助其他眾生解開生命的疑惑，這種擔當是一種廣大的擔當，有這種廣大的發心，你才能獲得廣大的智慧，你禪修所得的果才有可能同樣廣大，這都是相應的。所以我們的發心是因，通過禪修在心地上的究竟收穫是果，因有多大，果就有多大。或者相當於我們用一個器皿從大海裏舀水，你的器皿越大，你舀的水越多。你說我要把像大海那麼多的水全部掌握在手利益眾生，那整個大海都是你的。如果你用一個碗去舀，你可能就只得到一碗那麼多的水。它是相應的。

因此我們坐禪，有時候也要捫心自問一下：我配開悟嗎？配不配？這個所謂的「配」的意思就是說，

你的發心是甚麼？你是為了甚麼？你是為自己還是為別人？你是為自己的今生今世、還是為自己盡未來際的這個人生問題？所有這些都是不含糊的，這些因果之間的關聯是絲毫不會錯的，天上不會掉餡餅，也沒有免費的午餐。你也不要有偷心，想著會突發靈感，恍然大悟，或者佛菩薩恩賜給你一個很深的體悟，那是不可能的。那個高深的體悟來自於你廣大的發心、擔當的精神，你自己認同的、給自己定位的廣大的使命、價值觀。你在因地搞對了，也許眼前那個廣大的果還沒有出現，但它早晚會出現；也許你眼前還在走一些彎路，經受一些挫折，但你一直堅持，最後一定會走向光明大道；也許你眼前進步得很慢，但你不要怕，終於有一天你會越走越快。所以說發心是因地的種子，相當重要。要有正確的發心，這是我們從事禪修、成就堪能的第二個條件。

正確的知見

昨天我們講到成就堪能的三個條件：第一，有清淨的戒行；第二，有圓滿的發心；第三，有正確的知見。有正確的知見或者說正確的見地是我們禪修中非常重要的一個條件。這裏講見地、知見，可能有的同修會誤解：我從來不看書，也不懂甚麼佛學理論，光

知道靜坐，哪有甚麼知見呢？實際上所謂的知見就是你的心態，就是你的心每一個當下動念，在那一動念中體現的一種態度。這與你看沒看書、懂不懂理論、有沒有文化都沒有關係。我們可以說，人一生下來，就有他的見地，就有他的知見。嬰兒吃母親的奶的時候，如果讓另外一個小孩子也去吃這個嬰兒母親的奶，他不讓，他會把另外的那個小孩子推開。這個嬰兒也有自己的見解。甚麼見解呢？這是我的。應該說這個嬰兒沒受過教育，也沒受過甚麼社會薰陶，也沒有沾染習氣，但他知道這是我的，不能給你，這就是他的見解、他的知見。我們說打坐，腿很痛，我想動——如果你的腿不痛，而是身邊同修的腿痛，你就不會想動，因為這是「我」的腿。再比如說，用一根針扎你的手，一扎過來，你肯定要本能地躲開，為甚麼？這是「我」的手。如果我們用針去扎另外一個人的手，你的手會躲開嗎？肯定不會，因為扎的不是你的手，你覺得那個手不是你的，跟你沒關係，這就是知見。

在坐禪中，我們為甚麼說知見很重要？這裏說的「知見」究竟指的是甚麼？最根本的就是指我剛才講的一起心、一動念中體現的那種心態。這個知見有與生俱來的，也有後天薰修的，包括這兩部份。我們要禪修，當然要掌握很多關於修行的知識，前面講的發

心、持戒，都是我們要懂得的道理。這裏所說的「知見」指的是甚麼呢？是指我們內心深處從根本上對萬事萬物、對一切法的根本態度、根本心態，是這個東西。這個東西我們在佛教經論裏看到很多。佛經裏有在佛的大智慧下看萬法是甚麼樣的，那就是佛法的正知見。我們可能讀《金剛經》、《心經》、《壇經》、《華嚴經》、《首楞嚴經》……那裏面都講了佛怎樣用智慧的心看事物，這就是佛的智慧。

我們僅僅讀這些經典或者聽別人講，或者自己思考，這種見解屬於聞、思。聞和思在我們的生命中會產生作用。它有力量，但是這個力量很弱。這個力量不足以從根本上改變我們的生活態度，所以聞和思一定要轉化為修的力量。思的見解如何轉化為修的智慧？所以我講禪修要有正確的見地，意味著我們不能廢棄聞、思，不能廢棄經論學習，因為經論學習幫助我們在思想上、認知上樹立正確的知見。在我們的一起心、一動念中怎麼把這個正確的知見落實呢？那就要通過禪修。「緣起性空」、「自性是佛」這些我們都懂，但是在我們的心態上可能並沒有真正地落實、沒有體現，所以要經過禪修才能實現。

但禪修要深入地開展，又必須要有正確的知見作指導，為甚麼？因為在禪修中除了要專注，事實上，

我們的心每時每刻都在對各種各樣的法、在禪修中所面對的對象發生判斷，換句話說，在禪修中我們的心念本身，就是那一個一個對各種法的判斷、揀擇。當腿痛這種感受進入你的心的時候，你怎麼判斷它？再比如，有的同修打坐，也許眼前出現一尊佛，有這樣的影像出現，怎麼對待？或者說在打坐中，我們心中突然生起很大的歡喜，或者突然生起莫名其妙的憤怒，或者憂鬱、愁苦，當這種心緒出現的時候，我們又怎樣對待呢？當憤怒的心出現的時候，你認為有一個憤怒存在，那是一個實實在在的憤怒，怎麼辦呢？如果那樣對待，我們就可能被這個心態給束縛住了。所以當我們心中出現這些東西，你應該怎樣對待，這就要根據正確的知見做出抉擇。

有的人打坐，眼前出現各種影像，他把這些影像當成真實的，那他打坐就會出現偏差。這個偏差來自於他知見的偏差。我們說眼前出現的影像不是真實的，那我們現在講腿痛是真實的嗎？可能有人會說：腿很真實，腿痛也很真實。實際上腿痛，連腿在內，和你閉上眼睛出現的影像一樣是不真實的。不過這個話不是說就行的，一定要體證到才行。所以我覺得打坐之初，在靜坐中出現的各種各樣的心法，它的體性是真實的還是虛幻的，你要了解。你只要認為有一個

東西是真實的，你就一定會執著。有執取的心，本身就是被障礙住的心──你執取甚麼東西，就被甚麼東西障礙住。打坐的時候，也許身體某一個部位有不舒服的感覺，有發熱的感覺，你執著它，那時候你的心就被這種感受障礙住了，所以說坐禪要有正確的見地。

正確的見地來自於平時的薰修，以及對大乘經典的學習。有了這些，再來坐禪就不會是盲人騎瞎馬，就有眼睛指引。禪門裏有一個故事：有一個修行人，在一個施主家裏修行。這個施主很虔誠，供養他吃喝，讓他用功辦道。有一天這個修行人在打坐中，突然出現一個景象，有兩個青衣童子捧著蓮花過來，請他站到蓮台上。這個景象出現得很清晰，他猶豫了一下，沒有敢馬上站上去，而是把自己用的木魚放上去了，放上去以後幻覺就沒有了。第二天早上，主人家的豬生了七頭小豬，同時生出一個木魚。這個修行人知道以後嚇一跳：幸好我沒有上去，要上去的話可能就成了小豬了。不管這個故事真假，它是為了說明在禪修中你的心對待所出現的各種法，包括感受、眼前的景象等，要有正確的見地，這樣你的禪修才不會走歪。

懺罪積資

漢傳佛教的懺法

禪修最重要的前行就是懺罪集資。懺罪也可以說是淨障，淨除障礙。在佛陀時代，很多修行人見到佛陀，當時就證入聖果；或者通過其他人聽到佛陀所說的法，當時就證入聖果。比如舍利弗尊者，聽到法身偈（諸法因緣生，我說是因緣；因緣盡故滅，我作如是說），當時就證入聖果。在正法住世的時代就是這樣，眾生根利。眾生的根利表現在兩個方面，第一是障礙少，第二是最根本的，信心淳厚。正法時代的眾生，根器好就好在這個信心淳厚上。因為，信心淳厚的人障礙少。有業障也會表現在信心不夠、清淨信心不能現前上。

有一些佛經，講到像法時代、末法時代的修行人障重應該怎麼修對治。請大家注意，這是一系列的經典，不是指的哪一部經。比如《藥師經》，文殊菩薩祈請世尊轉法輪時，說眾生福薄業重，應該怎樣修法。《觀普賢菩薩行法經》也講到像法時代眾生修行障礙大，應該怎麼淨除障礙、使戒清淨。《占察善惡

業報經》這部經分上、下，上就是專門講淨障集資的。像法時代、末法時代的修行人戒不清淨或者沒有得到戒體，戒有染污或者有毀損，障礙很重，修禪定不相應，即使偶有相應，也是為魔所加持，不是真正的相應。這部經中地藏菩薩在釋迦牟尼佛的加持下講了懺罪的法門，明朝的蕅益大師後來按照經文把這個法門彙集成《占察懺儀》。我們懺罪集資可以稱誦、禮拜佛的名號得加持，這是釋迦牟尼佛從大悲心流出的。這個懺罪法，就是我們像法時代、末法時代障礙重的修行人必修的，所以大家一定要重視。

為甚麼這樣講呢？因為這涉及到很多因緣，涉及到時代的共業，佛法在這個時代遇到的障礙。千萬不要小看懺罪集資的法門，如果你過去生中有很好的善根、很好的修行，在懺罪集資的修法之中，你過去的善根顯現，就有可能禪定現前；如果你過去是開過悟的人，在懺罪集資的修法中，你的悟境就有可能現前。不過那是善根顯現而已，我們不要去希求這些。

藏傳佛教很重視懺罪集資，很重視這一部份前行。漢傳佛教重不重視呢？也很重視，只是我們沒有留意。宗門的大德高僧們，你去研究他的生平傳記，在他明心見性以前，都直接、間接地有過相當深厚的懺罪集資的修行。宗門講直指人心，所以對這部份的

記錄比較簡略，有時候只是一句話。比如，臨濟禪師在黃檗禪師座下，很多年就是幹活，在大眾中做服務工作，從來也沒有到黃檗禪師那裏去請教一個問題。很多禪師都有這樣的經歷，在眾中做服務工作，就是淨障，積累福慧資糧，這是宗門淨障的特殊方便，叫「陸沉眾中」（隱沒在眾人之中），默默無聞地做一些苦活、累活、髒活，吃壞的，穿賴的，長時間地有這個過程，最後才有精彩頓現的時候。

漢傳佛教天台宗的修行次第裏面，「懺罪集資」就赫然成為修行最重要的一點。為甚麼說最重要呢？我們看天台宗很多祖師的傳記就知道，他們往往會行《方等懺》法，拜《方等懺》，或者是拜《普賢菩薩懺》，《普賢菩薩懺》就是依據我剛才所講的《觀普賢菩薩行法經》而制訂的儀軌懺法。天台宗早期的祖師主要是依這兩個懺法，也有依《請觀世音菩薩消除毒害陀羅尼經》，依照這個經修懺法。宋朝有一位祖師叫慈雲遵式，就是我們晚課念的「一心皈命極樂世界阿彌陀佛……」，這個發願文是遵式尊者做的。他年輕的時候修行，由於用功過度，得了吐血病——吐血人受不了的，吐來吐去，人衰弱就會死掉。於是他發願，結壇修《請觀世音菩薩消除毒害陀羅尼經》這個懺法，大概是修到五個七、七個七這樣的時間，他的病得十

方諸佛菩薩加持，給他增延福壽，身體相貌都變了。

在早期隋唐時代，天台宗的祖師們修懺法的時候，有很多直接就悟入到三昧，得大總持，有得法華三昧的。智者大師是得陀羅尼，見靈山一會儼然未散，他是誦《法華經》之後才禪坐。天台宗的這種修行次第是非常嚴謹的，我覺得很值得現代的修行人學習效仿。天台宗祖師們修的懺法，就是我們漢傳佛教的特色了。本來懺法是一種前行，對吧？應該後面還有正行啊，但是很多祖師在修前行的時候，直接就契入正行了，得三昧、得大總持啊，或者大開圓解，生起圓信。原因是甚麼呢？是他們在修懺法的時候用《妙法蓮華經》的圓頓知見來攝持，所以直接就悟入了。我這麼講的意思是千萬不要小看前行，認為前行沒甚麼，大錯特錯了！如果有人這麼認為，那就是狂妄了，所以一定要重視。

宋朝以後，天台宗的修行人修的懺法很多，《大悲懺》、《淨土懺》。明朝蕅益大師不專攻哪一宗，他編了很多懺儀，《地藏懺儀》，《占察善惡業報經懺儀》，還有《梵網菩薩戒懺儀》。所以，漢傳佛教的修法裏有大寶藏，都在這些懺法裏面。可惜啊，後來懺法弄成了一種佛事——經懺佛事，都成了趕道場，為信徒們做超薦、消災啊，這個是很大的悲哀。

真正想修行的人，一定要把心老實下來，好好地修三皈依，通過修懺罪法門來增長淨信，消除業障。從這裏老老實實地過去，你不會走偏，不會繞彎。因為我們每個人其實業障都很重，《地藏經》裏講，「閻浮提眾生，舉心動念，無不是業，無不是罪」，大家想想，就是我們吃飯，如果你不能夠食存五觀（1、計功多少，量彼來處。2、忖己德行，全缺應供。3、防心離過，貪等為宗。4、正事良藥，為療形枯。5、為成道業，應受此食）的話，不能以某一種觀法攝心，在吃飯的過程中就有好多罪業生出來呀！飯好吃的時候，你貪著其味，貪業；飯菜簡單的時候，你挑揀，對做飯的人生嗔心（這在我們道場裏有啊），嗔恨業；飯菜也不好也不壞，那就是癡。對飯菜是這樣，對其他事物一樣的道理。

　　所以六根門頭都是「業識」在耍弄我們的心（業識就是分別心），我們根塵交接之際，這個業識不停地幻現煩惱的陰影，蓋覆了我們本有的智慧光明，而且根塵交接，一天到晚就沒停過啊！所以我建議所有的修行人每天晚上都要懺悔，就是當天的罪業當天清。當天的罪業有的是你知道的，你反省檢點，今天有一件事做得不對，有一個念頭起得不對，當天晚上，不要過夜，一過夜就滾動了好多倍。所以最好是每晚都

要有功課懺悔，然後在階段性的修行中，要拿出相當長的時間依一個法來修懺悔，《八十八佛懺》，或者《占察善惡業報經》的懺儀，或者《大悲懺》，《大光明懺》，《法華三昧懺儀》，《方等懺》等等，你自己可以選，在相當長的時間內專心致志。

　　古人修懺法那是非常慎重的，我跟大家舉一個簡單的例子吧！天台宗早期修《方等懺》要結壇，拜懺的這個地方是一個特殊的結界，非常清淨莊嚴，其他的閒雜人員不能進。然後修行的人要上洗手間怎麼辦呢？這個壇場的邊上有洗手間，進壇場的時候一定要穿新衣服、新鞋子，沒有新的，要穿乾淨的。中間有休息，如果要去洗手間，在壇場的邊上有三間屋子連著，最遠的那一間是洗手間，要去洗手間的時候在第一間屋把衣服全部脫掉，到達第二間屋，穿上去洗手間的專用衣服，用完洗手間，回到中間那間屋把去洗手間的衣服脫下，然後再回到第一間屋，把乾淨的衣服換上。我講這個是甚麼意思呢？古人修懺法那種恭敬啊，那種殷重啊……我們今天起碼要做到，要洗手，要恭敬，對經書要恭敬，就這個很多人都做不到啊，很多人都粗枝大葉，所以和古人比起來，何啻天壤啊，怎麼可能很快就相應呢？所以我們為甚麼不相應？恭敬就不夠。就是剛剛我講的這些細節，現在基

本上找不到了，找不到有人這麼認真對待。

如果你們一定要說，哪裏有這麼認真對待這些細節的？在日本，他們的真言宗、天台宗的寺院裏，對這些細節，衛生、恭敬，做得很嚴密的，所以結壇，著新淨衣，要護淨，要起恭敬。這樣修下來，業障一定能夠淨除，這樣修下來，釋迦牟尼佛金口所宣的修懺悔法，會有甚麼效驗，那就一定會現前。

毫無疑問，我們現在做得太差，我們拜懺的時候，可能就沒有懺悔的心態，而且集體拜懺的時候也不認真，稍微累一點腰痠腿痛就受不了，這就是我們現在人的根性。反正依我們現在的顯相（顯現的這些跡象）來說，與法要相應就比較難。大家一定要相信，佛法是最珍貴的，「最尊、最貴、最第一」。這個最尊、最貴、最第一的法，在我們生命中要現前，輕心、慢心怎麼可能得到呢？很簡單嘛，那太便宜你了。釋迦如來，諸大祖師都做過示現，為了法所受的苦，捨生命，頭、目、髓、腦……，慧可大師求法斷臂立雪，惠能大師在腰上綁一塊石頭為大眾舂米，這些示現就是符合正法現前的緣起。就說我們虛雲老和尚56歲在高旻寺開悟，開悟以前，九磨十難啊，有這樣的因地行持，最後才有妙果現前。一點不受委屈，一點不吃苦，腿痛馬上就受不了了，可能有的人想再坐

就瘋了，這樣想要得到法的受用，是不可能的，那太便宜了！佛法是無價寶！沒有至誠，沒有殷重，沒有恭敬，沒有種種的難行能行、難忍能忍，要磨習氣、消業障，沒有這個過程，不可能現前。

持咒懺悔

懺罪集資的法門，除了我前面講到的拜懺，還有持咒，持咒也很重要。在我們漢地，通常持大悲咒、楞嚴咒、六字真言或金剛薩埵百字明咒。實際上所有的陀羅尼（陀羅尼就是咒），都有淨障的功德和作用。如果我們發心用持咒法門來淨障，就要發長遠心，一定要累積到相當的量，每天要不間斷。這是要注意的第一點。

第二點，持咒最好是秘密的。甚麼意思啊？你到處跟人講你持甚麼咒，這個不相應。你不跟別人講你持甚麼咒，別人可能知道你持咒，因為你老是拿個念珠在那兒念，但是念甚麼咒別人不知道。除非是你非常信任的指導你修行的師父、善知識，跟這類人可以講，跟其他的人不要講。你老是喜歡跟別人講「我念甚麼，一天念多少」，潛移默化之中你的信心就受到了傷害，你對法的殷重心受了傷。越是注意這種密行，你對自己修行這個法就越有信心。這個就像小偷偷東

西，沒有哪個小偷會大呼大叫地偷東西，因為那樣他偷不到；不僅偷不到，還可能會被抓住。有的修行法可以說，但我覺得持咒則以密行為最相應，或最容易相應。還有一點，如果你用持咒來淨障，在持咒的過程中可能會有一些感受、效驗、夢境，這個也要注意保密，不要輕易講。這跟剛才講的是一個道理，它也涉及信，還有對法的殷重。

不管是拜懺還是持咒，在這些淨障的修行裏最重要的是心態，就是我前面講的要有恭敬心、殷重心、懺悔心，要有對治的心態，就是以後堅決不再犯這樣的錯誤。在懺悔的過程中，現前有兩個非常重要的心態，就是慚和愧。平時大家大概都能說「很慚愧」，但是心裏是不是真正有慚愧心現前？不一定。是不是能生大慚愧？更不一定。心中生大慚愧，是修行的一個功德、效力。如果心裏生大慚愧，當時就淨化業障，而且能斷相續心，就是斷掉我們與罪業相應的惡念或者染心。慚愧心有這樣的功德。慚、愧這兩個善心所在拜懺、懺悔中很容易現前。從這裏大家就能體會到，為甚麼我們要對三寶修恭敬，對一切人修恭敬，就是要讓我們的心柔軟。有柔軟的心就容易現前慚、愧心所，慚、愧心所現前就能避免瞋、慢，因為瞋、慢是和慚、愧相矛盾的，慚、愧出現的時候，瞋、慢

就不會出現。這是講在懺罪中出現的這些心態。當然最終它要體現在淨信的增長。注意，淨信也是一個心所。

為甚麼我老講「心所」呢？因為這些都是有為法。有為法的意思是，這些善心所可以在因緣和合的情況下，在我們的身心中現前。你說「我現在沒有慚愧心」或者說「我的大慚愧心沒有生起來」，你不要怕，只要因緣和合，它就能現前。但同時大家也要知道，因緣不和合，它就會消失、淡化。所有的善心所都是有為法——沒有，我們可以讓它生起來；有了以後，如果你不保任，不持續地用善法的養料養護，它也可能淡下去，乃至失去。反過來講，惡的心所亦復如是。現在我們的心中沒有那樣的惡念，不等於未來沒有。如果你不注意，未來它可能會生起來。現在有的也不要怕。你不要認為現在心裏生起很大的瞋恨，那你就是一個瞋恨的人，這是個邪見。其實你的瞋恨是一個有為法的心所，是因緣生滅的。它現在生起來有一些因緣，用佛法來對治，它就能消失。這就是修行的意思。為甚麼要修行？「一切有為法，如夢幻泡影」，一切有為法生滅、來去，無常、苦、空。因為這樣一個真理，我們才可以建立修行這件事。當你的心中有善法現前，不要驕慢，執以為我，你看我怎麼怎麼地，

而對別人生起慢心或自己生起驕心（驕是自驕，慢是慢他），如果你生起這樣的心，心中的善法就已經被障礙、蓋覆了。

在修懺悔法門的過程中，會有很多身心現象現前。我簡單地介紹一下。首先，我們要相信每個人的第八識阿賴耶識，就是我們這個最大的意識倉庫裏邊，有善的種子，也有惡的種子，善的業和惡的業都有很多。我們現在心裏感覺沒有雜念，很清淨，但不能保證我們的阿賴耶識裏沒有惡念、煩惱心所、業障。在修懺罪的法門中，我們內心深處倉庫裏儲藏的那些業、習氣種子會被翻出來，身心會呈現出一些狀態，對這個要有思想準備。

比如，腰痠腿痛不想拜，或者越拜心裏越煩悶，或者越懺悔脾氣越大、想發火，越懺悔妄念越多——不修還好，一修妄念更多，這些都屬於在懺悔的過程中，由於三寶的加持，觸動了我們的煩惱障和業障，這個時候如果你停下，那你的修行就中斷了，甚至可能生起邪見，覺得這個法門是不是不行、不靈驗？你生起疑，乃至生起謗，這就麻煩了。所以這個時候一定要咬牙挺過去。還有人在懺悔的過程中業習現前，可能多年都吃素，突然非常想吃肉，這是過去吃肉的業習現前了。貪、嗔、慢的業習都可能會現前，但你

不要被它轉，只需按照你的法門堅持往前走，就能穿過去。當然有人甚至生起更大的邪念、惡念，一概不管。不管這些念頭是甚麼，多麼可怕——其實念頭並沒有甚麼可怕的，只要不住著，就不能傷害你。

另外一點，在懺罪的過程中，最重要的一個觀察對象就是我們的夢境。睡眠中的夢境分為兩類：第一類是業顯現的相，第二類是業淨化的相。先講業顯現的相。你在精進修持懺悔法門中，有些夢境屬於過去生中或者這一輩子過去所做的惡業在夢境中顯現。《大正藏》第 46 冊天台宗的《方等三昧行法》的懺儀後面講到這些業相，在《大正藏》中《法華三昧懺儀》的補注後面也講到這些夢境中的業相，大家回去可以自己細看、研究，我這裏只是根據記憶粗線條地講。夢境中顯現業相是很有意思的，恰恰生動地說明了業從因到果真實不虛，因果規律真實不虛。

在懺悔的過程中，顯示業相的夢境很複雜。一般來說，如果我們過去生中的殺業在夢中顯現，也許會夢到有人追殺你，或者你殺人，或者流血、打鬥的場面，心裏會有恐怖。如果是以前殺過一些特定的動物，那麼可能這些動物的形象會在夢中顯現，你看到以後心裏會很恐怖。這是殺業。殺業因為關係到生命的生和死，所以作為業相顯現，多半會是恐怖的現

象、心態。殺業所感的果也有很複雜的內容，可能會在夢中顯現。比如殺業會感得我們容易生在刀兵劫，就是戰爭時代，你可能在夢境中經歷戰爭或者戰爭裏的逃難等。這都是與惡業相應的業相，在我們意識深處被翻出來了。注意，這些夢全是我們心裏翻出來的顯現，並不是外面有甚麼。

盜的業相在夢中也會顯現。盜有一個特點叫隱覆，就是怕別人知道。如果你有一些充滿隱覆心態的、怕別人知道的夢境，那就可能是盜業這種業相在夢境中顯現。盜業在夢中顯現有很多種，比如你夢見穿著破衣爛衫等。偷盜還有增上果。有一部佛經叫《分別善惡報應經》（另有一譯本名《佛為首迦長者說業報差別經》），其中講到偷盜有一個增上果，涉及我們未來會生在一個甚麼樣的環境裏面。偷盜會讓人生到一個很糟糕的環境，比如饑饉，地上不長莊稼，或者長了莊稼，收成很少。比如有盜業的人種蘋果樹，他的樹就不結蘋果，或者結的蘋果很小，或者蘋果沒味兒，乾癟，沒光澤；他種地，莊稼收成量很小；他種瓜，也許他的瓜樣子很大，但裏面沒有實質性的東西，營養流失了。這些都是盜業感得的果報，都可能在夢中顯相。

淫慾的、邪淫的業相在夢境中顯現，會根據業的

輕重而有不同。如果業重，它直接會顯現淫的景象；如果是輕的淫慾、邪淫的業相，比較久遠以前的業相在夢境中顯現，可能你會夢見地上是髒水，水被污染，環境被污染，身體很髒，穿的衣服很髒等。這些就是邪淫在夢境中的業相。因為邪淫就是一種男女關係的秩序混亂。我們經常會生活在一個環境污染的地方，這都是跟我們過去生中相應的業有關的。

　　還有一點要認識到，這些惡業未來在我們生命中的影響和果報會如何。大家要注意，千萬不要以為一輩子就了了，沒那麼簡單。就是遇到佛、懂修行的人也很難一輩子就了。有一個公案是講龍樹菩薩的。龍樹菩薩可以壽命自在，活多少歲都可以，因為他是大菩薩。後來有一個王子要他的腦袋，龍樹菩薩説：那你拿刀砍。結果王子拿刀砍，怎麼也砍不下來。後來龍樹菩薩教他説：用一根吉祥草割我的頭，它就會掉下來。為甚麼呢？他説：因為我過去生在因地修行的時候，曾經割草，傷害了很多蟲子。你們想想，龍樹菩薩是登地的菩薩，這個業到了他登地以後還有等流、殘餘的果報。這個殘餘的果報就是刀劍都不能傷他，但是一根草就能傷他。這個王子後來就用一根草把龍樹菩薩的頭割下來了。所以大家要知道，這個惡業是很可怕的，行為、語言、心念，一定要慎重。

業相與淨相

在修懺悔的過程中，原本潛伏在我們心中的業障、煩惱障會被翻騰出來。翻騰出來的這個過程可以稱為業相現前。它可以通過我們白天修行的時候，或待人接物之中的一些煩惱和業習強烈地顯現，很多時候也會通過睡眠中的夢境顯現。

所有的夢，歸根到底都是我們的妄想在特定意識狀態下的顯現，但妄想有深有淺，平時我們講「日有所思，夜有所夢」，這實際上是白天的思惟、意識的取相、執著在睡眠中繼續重複或者演變。顯示業相的夢不是白天浮在淺層面的意識的顯現，而是深層意識中的一些相、一些執著的顯現，通過圖像、情節顯現，但是這裏面透露出我們心裏的一些煩惱、習氣和執著。從夢境可以推斷，我們的內心深處肯定有與這類業有關的煩惱習氣。有很多夢境顯現的是一個故事，但其實是我們的一些心態、情結在起作用，夢是這種心態、情結的一種表現，因此你沒有必要特別執著那些細節。不過對那些夢境、細節進行觀察和對你當時的心態進行回顧，你可以了解自己內心深處這些惡業的輕和重、表現在哪些方面，這就是夢境對修行人的價值。夢境對修行人的價值有很多方面，如果從懺悔法門來說，就是剛才我講的這個方面。

昨天講到業相有很多情況，比如，如果我們過去有很重的口業——妄語，也許在夢境中也會呈現與口舌有關的情景，或是你在氣候非常不如意的環境中，比如特別冷、特別熱、風雨不調、噪音很大這種環境，這些應該都是與口業有關的。還有時夢到得到的果實不真實、不飽滿，妄語的業也有這樣的增上果。如果你碰到這樣的夢境，多半也可以斷定是有與妄語有關的業。業相太複雜，大概可以用《佛說業報差別經》裏講的那些業報的規律來觀察我們的夢境，進而了解我們心靈深處翻出來的業障的情況。我們不修懺悔法也許不會有這樣的夢，但沒有這樣的夢不等於我們是清淨的；因為修懺悔法，得到三寶的加持，觸動了我們內心深處的業的習氣和種子，反映到夢境中。這是懺悔過程中第一個階段的夢，就是業相的夢。遇到這種情況，你不要懊悔，也沒必要自卑，只需驀直行去，儘管繼續修，繼續懺悔，業慢慢就會得到淨化。

　　業淨化會顯示很多相狀，主要包括兩個部份，一個部份是我們的身心感覺到輕安，心智比以前更明利、敏銳，心裏感覺有重擔、負累放下了，有輕鬆的感覺，粗重的煩惱對境也不現前。以前也許你碰到一些事就會生氣，現在你能淡然、超然待之，這是因為你身心淨化的力量強大了；以前你碰到一個境界會起

貪慾心，現在你非常淡定、清涼，這也是身心淨化的一種表現。這應該就是我們懺悔得力最重要的體現。

另一個部份在佛經裏也講過，懺悔特別相應時感應道交。如果懺悔的人過去生善根深厚，也會顯現和三寶感應道交的瑞相。比如，你結壇在道場裏修懺悔法，香案或佛堂或佛像放光，或者供的燈放異彩，或者你在拜懺中聞到奇異的香氣——你一聞就知道它不是我們人間、人類生活中的香味，人間再好的香味也難與它比。大家可以看道宣律師的《續高僧傳》。在《續高僧傳》裏有一個高僧叫真表法師，他在山中修懺悔法，感應道交以後的瑞相就不是一般修行人輕易會見到的。他感應到地藏菩薩親自現身加持他，又感應到彌勒菩薩、文殊師利菩薩現前，給他授戒、給他錫杖、鉢、衣。這就是最殊勝的瑞相，在修行之中可能出現的瑞相。

最多的情況還是表現為夢境，也就是說，前面這些瑞相不是好多人能遇到、體驗到的，但我們認真懺悔，業得到了淨化，可能會通過一些夢境來顯示。有一本《佛說七俱胝佛母心大准提陀羅尼經》講到，通過懺悔，我們的業得到淨化以後，出現的夢境有哪些呢？我記得大概有下面這些：比如，在夢中排泄出很髒的東西，或者從嘴裏吐出很髒的東西。如果你有

剛才說的這種夢境，醒來以後應該感覺身心很輕快才對，這才相應。經裏講還可能出現這些夢境：吃非常鮮美的水果，或者有人給你白色的乳酪，或者會飛行，或者得到了很漂亮的鮮花，或者和穿著黑色衣服的人打鬥將他打敗，或者向高處攀登順利地到達了頂峰，或者游過江、河、大海，或者參加佛菩薩的法會，聽佛菩薩講法，或者夢見佛像放光照射你……如果出現這些夢境，注意，不要孤立地看，配合上你白天身心很輕安，放下負累和重擔的體驗，基本上可以說你的懺悔見效了，業得到了淨化。

但是我們千萬不要草率地下結論：我的業障淨化了。永遠不要這麼想！我們的四弘誓願包括「眾生無邊誓願度，煩惱無盡誓願斷」。《普賢菩薩行願品》裏講，業如果有相的話，「盡虛空界不能容受」，所以即使你得到了我前面介紹的這些瑞相、驗相，那也只能說是你這個階段顯現的，仍然是有為法，它能生起來，也能消失。如果你不精進用功，不把自己的三業管理好，還可能犯下很多錯誤，甚至還可能引發你更深處的業障。懺悔業障這件事就跟蛻皮一樣，一層又一層，真正的淨化應該發生在你徹底地見到諸法空性那個時候，剎那之間，「一燈能破千年暗」，你從業障的纏縛中得到了主動，轉身，但業障也不是馬上就沒

有，有的定業還要去還，不過是沒有苦而已；有的業還需自己在各種境緣之中慢慢地消，這就是「隨緣消舊業，更莫造新殃」，就跟做買賣一樣，不會再欠債，只是把原來欠的債不斷地還清，原來的債務不斷地減少而已。就現在的修行人來講，我們只要做到把以前的重債還清，現在每天新欠的債很少，不要大到讓我們破產，妨礙我們的工作、修行就可以。

當我們身心得到了淨化，一個後果就是身和心都很好用——「很好用」，我這是用很生活化的語言在講，有一個術語叫「堪能」，就是通過懺悔以後身心成就堪能，成為一塊料，可以用這塊料來修習定慧，斷惑證真。在懺悔清淨相顯現以前，這塊料並沒有成就，不聽使喚。比如我們打坐，坐在那裏很煩悶，我們想讓自己的心觀察、專注呼吸，但它不聽話，東跑西跑，如猿猴、野馬，這就是不堪；或者我們坐在那裏，一坐一個小時，腿痛難忍，身體發熱、煩躁、想動，這也是不堪。只要身心難以承擔它現在要做的工作，如讓它認識我們的身心狀態，它不行，有昏蓋、散亂，做不了這個工作，就是不堪、不能。所以懺悔法門的重要性就體現在我們修習定慧、辦大事之前要把身心調伏，讓它能勝任它所要做的工作，因此我昨天才說懺罪淨障的法門是必修的。

我們也能從宗門和教下的祖師大德的修證歷程中得到我剛才所講的這個結論：懺罪集資是必要的。就現在這個時代我們的根性來說，是要盡形壽——一直到此生終了每天都要堅持修行這個法門。因此我建議每個修行人都要找到最適合、最相應的一個懺悔法門，根據你的工作、修行的環境、時間，從你自己修行的體會上，選擇一個最合適的懺悔法門，長時間地修持。時間久了以後一定會得到受用，得到身心的輕安。即使不修定慧，得到身心的淨化和輕安，肯定也不會墮三惡道。

淨信三寶

　　前面說到修法過程中或者睡眠中會出現一些現象，所有這一切最後都要落實到一個根本問題上，就是通過懺悔、淨障，內心深處真正地現前了對三寶的淨信。前面說的身心輕安、內心很鬆坦等，都要回歸到現在我講的這個根本上。我們的業障真正得到了淨化，要體現在我們內心對佛、法、僧三寶油然生起淨信。這種淨信非常強大、非常堅固，瀰漫全身。所謂的淨，就是有力量，力量強大到信不會為外面的境風所轉，不會輕易發生動搖。即使世界上只有你一個人信佛，你對三寶的信心也毫不衰減；即使你身邊所有

的同修都做不如法的事，你內心對三寶的恭敬、虔敬也毫不動搖。當這種發自內心的虔敬瀰漫身心的時候，心裏的分別念自然就減少了。如果這種淨信的力量足夠，甚至可以切斷你的分別念，讓你對自己的心發生一個新的洞察。可見，由信也能直接獲得正見、究竟見地。不過對絕大多數修行人來說，剛開始淨信的力量達不到能切斷分別念的程度。如果考慮到我們現在所處的時代，就更難達到了。如果有人問：修行有甚麼捷徑呢？這就是個捷徑，就是由強大的淨信心切斷分別念。但是普通人對於現前的住持三寶生起的信心根本難以達到這個程度，不僅達不到切斷分別念的程度，甚至可能剛開始挺信，後來就變成信心疲憊，面對佛、法、僧三寶的對境，心態漠然，甚至生起惡的分別念。這種現象倒是我們這個時代最常見的。

就在「信」這個修行開始的地方，如果量足夠，就能達到切斷分別念，這就印證了佛陀在佛經裏反覆講的那句話：「初善、中善、後善。」甚麼意思呢？佛法從初到後，都可以直接進入至善。一方面有次第——由戒生定，由定發慧，由信入解，由解展開行，由行而得證的次第，在《華嚴經》中講叫「行布門」；另一方面，就在你抬腳跨出第一步的剎那，你就到達最後

了——你走到中間是到達，你走到最後更是到達，這就是初善、中善、後善。這是我們解讀這句佛語的角度，還可以有很多其他的角度。這些不同的角度本身並不矛盾，只是告訴我們：佛語甚深無量。諸佛所講的法，這樣簡單的一句話都可以有很多解讀的角度。現在我說，由信就直接切斷分別念，那就是初善，就是「圓融門」，在最初就涵攝了最終的結果。

現在回來說，我們達不到這個程度。我們現在最大的問題是對三寶沒有淨信，所以懺罪最重要的效應應該體現在我們修行人能夠真正地三皈依，在內心深處對三寶真正的淨信。如果在這裏沒有達到，而認為修行得了禪定，乃至於得到一些光影門頭的悟境，那都是很危險的。不得禪定還好一點，得到禪定你可能更加傲慢，更加癡，那叫「癡定」；沒有悟解還好一點，如果你有一些光影門頭的相似悟解，可能更狂妄，目視霄漢。那對自己是個災難，有時候對別人也是災難。

以三寶為對境，如果沒有恭敬心，會生出很多過患——身、口、意三業對三寶造很多的惡業。住持三寶——佛像、經書和現前的僧眾，是我們的最勝福田。依這三樣——佛、法、僧可以生出無量的福德資糧，但同時也可能生起無量的罪過。這是我在自己身

上體驗到的，也是我觀察好多信徒、修行人得到的一個警戒。這個很要緊。如果我們不能保護自己對三寶的淨信心，反而天天在面對三寶的對境中造很多惡業，那就很可怕了。

就這個時代來說，最容易讓我們生過患、造罪的對境是甚麼呢？就是僧眾。僧眾本來是最勝福田，但是由於我們的惡分別念，以及不如法的一些做法，很容易對僧眾造罪——這個罪不是來自僧眾，而是來自於我們自己不如法，所以大家要好好地修恭敬僧寶。

對出家人來說，情況很特別。一方面，自己是僧團的一分子，也是在這個世間示現僧寶的一個載體；另一方面，出家人自己又以身邊的同修為對境，以同修為僧寶，對同修生起恭敬。如果是這樣的話，一個出家人每天在僧團中就會增長很多功德。感念周圍同修的恩德不是因為周圍的同修對你好，給你好東西，或者跟你關係挺好，而是因為身邊的同修現僧相，在你身邊存在，你能成為他們的一分子。假如這個世界上沒有一個出家人，多半你也不大可能出家。因為有僧團，所以我們能躋身其間，成為其中一分子，所以對僧團要念恩。這還是其次。最主要的是，周圍的同修成為我們的眼、耳根門所觸的對境，沒有他們的存在，我們怎能天天接觸這個僧團、僧寶，為他們做服

務工作呢？行堂的師父，各個殿堂服務的師父，在各個寮口負責的師父，班首、執事，乃至住持，都是以僧團為對境來做自己的工作。如果沒有僧團，他們做這些工作毫無意義，也沒有任何功德。所以我們每個人置身於這個大眾中，要數數地念僧團的恩德：「我真有福！我真感恩啊！」不是因為這裏面某個人對我好，只是因為這些同修的存在。他可以一年、甚至幾年不跟你講一句話，但是他跟你在一個道場存在，一起共修，就是恩德無邊。

　　要這樣去念、思惟，每天能這樣，那福德增長不可估量。如果因為僧團的某個同修的某個言行，你生起惡分別念，要馬上切斷。你應該觀察：他可能是佛菩薩的化現，做這種示現，是對我進行的一種教育。要這樣思惟。對僧團裏同修不如法的言行，要生起悲憫心，或者你可做如上思惟：這是一種示現，是對我的一種教導、告誡。如果是這樣的話，出家的同參以僧團為對境，每天會增長很多的福慧資糧，對三寶的淨信心就會生起來。僅僅對三寶有淨信，就一定能保證我們不墮三惡道。這是千真萬確的，是絕對的。未來某一天我們往生的時候，僅僅憑內心緣念三寶、緣念僧團的恩德油然生起的淨信，就能保證我們一定會生人天善道。這種力量強大如是。

在這個時代，最要命的是在家人對僧團不能如法地生起淨信。這真讓我們心裏覺得很悲哀。如果從修行的角度來說，錯全在在家的居士們。注意，這個話要從很多角度來說：從我們自己的修行來說，對僧團生起惡分別念，不能怪任何其他的人，原因就在自己。釋迦牟尼佛在《大乘大集地藏十輪經》裏講，在末法時代，我們僧團中破戒、犯戒、毀犯梵行等不如法的這些僧眾們，佛陀說「猶能示導無量功德珍寶伏藏」，出家人即使是破了戒、犯了戒，還能向世間的眾生「示導無量功德珍寶伏藏」，為甚麼呢？佛陀說：在我的法中，出家人雖然破了戒行，而「諸有情睹其形相」（其他的眾生看到了出家人的形相），就能「生十種殊勝思惟，當獲無量功德聚」。即使是破毀了戒行的僧人，他的功德仍然是這樣大，因為世間人看到他們，會生起十種殊勝思惟。

　　之後佛陀展開講，是哪十種呢？因為見到出家人，世間人會以僧為所緣而想到佛，念佛，生起這種殊勝思惟。因為看到出家人，他會想到持戒。我舉個例子，我們出家師父有時候出門，在漢地經常會遇到不信佛的人，他們一遇到我們，就知道說「他們不吃肉，不討老婆，不容易啊！」即使他們不理解，也知道出家人有這些要求，這就是念戒的功德。還有的人見

到出家人就想：「能把一切都放下真不容易」，這叫念施。還有一種情況在漢地比較多，特別是前些年，社會上的人見到出家人有一種優越感，有一些不信佛的人在出家人面前行為很隨便，有時候會奚落或者取笑我們，因為他們覺得，出家人四大皆空，能忍。我覺得眾生即使是這樣做，也會獲利益。本來那種行為是欺善的行為——我們在寺院也能體會到欺善，就是有的在家人在跟我們打交道的時候，特別放肆，因為他知道出家人不會跟他動粗——他們這樣做的原因也是因為他們有信，相信出家人有自己的一些原則。他們敢在土匪強盜面前動粗、隨便說笑嗎？不敢。因為他們知道，土匪強盜很厲害，但是在出家人面前他們敢，就是因為他們相信出家人能忍他。很奇妙。還有的人見到出家人，知道出家人早上要起得很早念經，精勤修行，他們生起這種殊勝思惟。他們還會由出家人出家修行而想到出家人很清靜，遠離散亂，會想到出家人智慧高深，深不可測。有的眾生也會因為看到出家人而想到這是前世修的，這就是想到出離的善根。一共是十種思惟。

這十種思惟都可能以出家人為對境而生起來，所以說出家人即使破戒、犯戒，仍有這樣的功德。因此在家信眾要修恭敬三寶，要修對三寶的淨信，要懺悔

業障。如果不切斷自己現行的以僧眾為對境所造的惡業的話，天天拜懺也沒用。為甚麼？這就像一個桶有漏洞，你天天往裏放水，一放水就漏走了。你每天拜懺、念佛、打坐，但每天見出家人的過錯，心裏分別甚至議論出家人的是非，罪莫大焉！阿彌陀佛！

我看到這些，心裏真地很難過。特別是柏林寺的常住居士，因為長時間地接觸出家人，生起驕慢心、輕慢心，由這種對僧眾生起的驕慢心，進而對整個佛法產生了不信、懷疑，進而讓那些世俗的習氣、煩惱發出來。世俗的習氣、煩惱不僅沒有因為親近三寶減少，反而因為分別僧眾的過失變得熾盛。所以經常到寺院來的居士們，特別是在寺院常住工作的居士們，在此我要非常誠懇地告誡你們：你們要修行，先要修恭敬三寶、淨信三寶；要修恭敬三寶、淨信三寶，先要修恭敬出家僧眾；要修恭敬出家僧眾，先要修斷除口舌上對師父們的議論，進一步再斷除內心對師父們的惡念分別和驕慢心。我覺得，如果你在這個地方修得好的話，念佛馬上會有體驗，拜懺會得到加持，淨除業障也很快。你根本就不要考慮僧眾、師父們怎樣，只要是四個以上的出家人、一個團隊在這裏，就是最勝福田。你為他們服務、效力，你讚嘆、恭敬、供養他們，就能得到三寶的加持，就能淨障。這是每

天都可以做的法門。如果每天可以做的法門不做，你又執取念一個經文，或者拜懺拜了多少遍，那就矛盾、顛倒了。

我們寺院在管理上有些細節還要進一步調整。比如我們在齋堂吃飯，由於我們現在基本上只有一個齋堂，統一管理，行堂都是由出家師父行。依照律儀，並不十分如法。出家師父最好是沙彌行堂，沙彌最好只給比丘和沙彌行堂。因為我們是統一管理，現在是既給出家人行，也給居士行。對出家人來說，沒有甚麼問題。出家人覺得，一切眾生都是我們的福田，我們為他們服務，功德都增長，這是沒有問題的。多年來師父們也都是任勞任怨，但對居士來講，有的居士容易滋長輕慢心。我覺得其實有一個很簡單的對治法，就是當師父給所有的居士盛飯的時候，你們在座位上坐著，但要合掌，心裏生起慚愧，通俗地說，相當於世間的人給你倒茶，你心裏生起「不敢當，不敢當」的慚愧心。有這種慚愧心，對你們來說，就沒有任何過失了，因為這是常住同意安排的。如果沒有這種慚愧心，覺得應該的，「我交錢了」，這就有過錯。這種念頭一出來，慢慢地滋長，就會產生過患。

注意，這就是修行，我現在講的就是最重要的修行。大家不要認為我是在嚇唬人，或者是給大家施

加壓力。不是這個意思。我確確實實是從對大家有好處、保護大家修行的角度跟大家分享這些細節。如果在這些細節的地方不注意的話，就會產生很大的過患。

這是講懺罪集資最終要回到恭敬三寶，對三寶有淨信，發自內心地皈依三寶。最重要的覺受就是在內心深處，覺得一刻也沒有離開三寶，三寶與我的心同在。其實三寶與我們的心同在這種覺受，就是常住三寶的意思。你從內心深處對十方常住三寶生起清淨的信解、有力的信解，有這個體會，再去坐禪，那就很容易得到加持，很容易相應，有功德生起，也不容易發生偏差。這就是我為甚麼不厭其煩、反覆講禪修前行的非常重要的原因。

發菩提心

怎樣修習發菩提心

如果我們能在內心真切地生起對三寶的淨信，當這個淨信的力量強大到一定程度的時候，自然就會對自己的生命發生一個新的決定，就是要把生命從現在到盡未來際，全部都投入到如諸佛菩薩那樣為利益一切眾生修習佛法這個崇高的目標上，這個就是菩提心。大家注意，這就是我們談到的三個要素：第一個是佛，第二個是我們的心，第三個是眾生。所謂的菩提心就是心、佛、眾生三無差別。對這個正見充滿信解，對自己從現在到盡未來際生命的價值做最大的決定、最徹底的奉獻，這就是菩提心。菩提心裏面涵攝了出離心——對因無明、惑而發生的生死輪迴生起真實的厭離。因為自己知道這是苦，生起厭離，那一切眾生也是一樣的。所以禪修的第二個最重要的基礎就是發心要具足。發心的核心內容就是發菩提心，包括了發出離心。

《華嚴經》裏說：「忘失菩提心修諸善法，是名魔業。」如果沒有菩提心的攝持，你修積甚麼善法都是魔

業。甚麼叫魔業呢？就是這些業沒能變成菩提道的資糧，只是三界之內的世間善法，仍然沒有超出三界之外，沒有出離魔王波旬的掌握。打坐也是一樣。如果你不是為了利益一切眾生成就菩提道發心，坐得再好也只是三界內的一個善法而已，基本上可以說是外道——心外求道。不明白這個道理，只是一味地打坐，就容易成為盲修瞎練，練不出正果，而且很容易出魔障。菩提心的功德在《華嚴經》裏講「不可思議」，一個真實地發起菩提心的修行人，就是佛子，就是未來佛，就是要繼承佛的法位，就是佛陀的接班人。

發菩提心通常有願菩提心和行菩提心。剛才講的就是願望，從願望上做最大的決定，對十方諸佛、諸大菩薩所走的這條菩提道產生最徹底的認同：盡未來際，不管遇到多大障礙，我都要走這條路。這個是願。有了願以後能落實到日常的行為及身、口、意的造作上，就叫行菩提心。行菩提心通常表現在受菩薩戒上。因為菩薩戒就是由我們的根本發心——菩提心出發，具體落實在生活中的一系列的要求、自我訓練，所以又叫菩薩學處。過去、未來、現在的菩薩都是在這些事情上訓練自己，都是在這些境界中提高自己的菩提心。受了菩薩戒，在日常生活中按菩薩戒去做，就是行菩提心。

另有一種分法：我們在因地不管是願還是行，都是方便菩提心；我們真實地見到自心和諸佛、眾生三無差別這個實相的時候，就轉入究竟菩提心。究竟菩提心當然要不斷地落實，落實到圓滿就是佛果。全部大乘佛教的核心就是菩提心。在不同的修行階段，菩提心會呈現出不同的內涵、境界、深度和廣度，所以也可以說全部的大乘佛法就是菩提心。

　　前面我們講到懺罪，真實地在內心生起菩提心，其中一個功德就是能淨除我們以前多生多劫的罪業。就像一堆乾草，一根火柴就能讓它化為灰燼。這堆乾草比喻我們過去生的罪業，這根火柴的火比喻我們內心生起的菩提心。菩提心的火苗也許很小，但是當它遇到乾草的時候，就會燃成熊熊大火，將乾草燒成灰燼，所以菩提心有淨障的功德力。

　　我們來禪堂坐禪，是不是都有這樣的發心呢？我們打坐之前要檢查、觀察我們的動機。有的同修可能身體不好，希望通過坐禪讓自己身體健康，這就不是正確的動機；有的同修聽說打坐可以讓身體很舒服，這也不是正確的動機；有的同修也許想通過打坐讓心智更敏銳，工作更有效率，學習更有效率，這也不是究竟正確的動機；也許有的同修想通過修習禪定，此生命終能生到天上，生到色界天、無色界天，這也不

是正確的動機；也許有的同修想要通過打坐斷盡三界所有的煩惱，證入無餘涅槃，不再回到六道中來，這是小乘發心的動機，也是不究竟的。究竟圓滿的動機惟有發心為所有眾生成佛修行，這才是最真實、最圓滿、最究竟的發心。用這個發心來攝持坐禪，所有的問題、挑戰，包括坐禪中要忍耐的痛苦都變成了功德。為甚麼變成了功德呢？就是由於你的發心，所以發心的功德不可思議。

本煥長老碰到修行人總是說「發心、發心、發大心」，總是勉勵我們好好發心。我的感受是，這個老和尚一輩子沒有離開過「發心」這個詞。他所說的發心就是發菩提心。他老人家一輩子受持《普賢菩薩行願品》，《普賢菩薩行願品》裏講的就是十方諸佛要成就無上佛果，必須要修的因行，用普賢行願的因行之花莊嚴無上佛果，所以這品經也可以被認為是《華嚴經》的濃縮。本煥老和尚一輩子讀誦和受持這品經，也勸人要發心、發大心，他說的發心就是發菩提心。

《華嚴經》裏還有一品經也能幫助我們修習菩提心，就是《華嚴經・淨行品》。《淨行品》講，在日常生活中不管做甚麼，都要依照所面對的境界、所做的事對法界眾生發起善願，所以它都是「當願眾生」。出家人的《毗尼日用》五十三個偈子也都是從《淨行

品》裏摘的。《淨行品》是修習菩提心的一個很好的法門，可以在日常生活中運用。這品經並不長，但它是一個實修法門，功德不可思議。當我們剛開始按照這品經修行的時候，重點可以落在「當願眾生」——你有沒有真實地從內心深處生起願眾生能夠離苦得樂的意願？

在修發菩提心的時候，另一個作意也是很重要的，就是要把所有眾生都看成我們的父母。我們的父母在六道輪迴裏頭出頭沒受苦，我們忍心自己一個人解脫嗎？不忍心！所以要經常思惟，面對不同的有情眾生，不管是人道還是畜生道，卵生、胎生、濕生、化生，面對所有這些眾生都要數數地作意：他們都曾經多次做過我們的父母，父母對我們的恩德是最大的，我們不忍心讓對我們恩德最大的父母在六道輪迴裏受苦，所以要「當願眾生」。當願的願如果發自內心、從心窩裏出來，那就比較容易和諸佛菩薩相應了。

你面對生活中六根（眼、耳、鼻、舌、身、意）接觸到的一切境界，都可以依《淨行品》的方法發願。《淨行品》只有一百多個偈子，不能覆蓋我們生活的全部，但以菩提心作為根本推動力，「當願眾生」後面的內容可以自己添加，但你發的願還要跟所面對的境界相應。比如《淨行品》裏說：「以水盥掌，當願眾生，

得清淨手，受持佛法。」因為是用水洗手，手的功用是持，所以發的願是願眾生得清淨的手受持佛法。這就叫緣起。因為你是用水洗手這樣的一個緣，以這個緣所發的願，也是由這個緣的相狀引申而來。在《淨行品》的前面講到，智首菩薩問文殊師利菩薩，怎樣得緣起善巧（善巧的緣起），所以《淨行品》的這個修法非常深奧，你看那個偈子很簡單，其實很深奧。因不同的外境而發相應的願，你這樣修就是未來善於通達緣起智慧的因。

　　不管遇到甚麼境界，你都是「當願眾生」如何。因為外面境界的相狀是千差萬別的，我們用感官去把握都很複雜——有順境，也有逆境，有合我們意的境界，也有不合我們意的境界，所有這些千差萬別的外境，你都把它帶回到「當願眾生」，這不僅能讓我們的心具足正念這個功用——就在「當願眾生」這一點上建立正念，而且外面千差萬別境界的實有性，都會在「當願眾生」的這個作意中失掉。甚麼意思呢？就是你不管外面是甚麼，在我心中都是以「當願眾生」的正念來攝持，那麼外面這些境界是實有的嗎？慢慢地它就顯得不是那樣實有了，如夢如幻的那一面就會呈現出來。外面這些境界既是有差別的——吃飯、洗手、走路，看到樹，看到花果，看到相貌端嚴的人，看到醜陋的

人，確實不同，但是它又都統一在「當願眾生」這個菩提願上了。所以如果你具足正念、恆常地修行，一切外境就不是實際地有一個甚麼境界，它如幻的那一面就很容易在心中呈現出來。

《淨行品》的幾句話是同時在修願菩提心和行菩提心，同時在修慈悲心和大智慧，是悲智雙修、悲智雙運的。以眾生為所緣的大慈悲心和一切外境如幻的智慧，都可以在《淨行品》的修行中統一起來，所以《淨行品》是我們修行菩提心的一個很好的法門，在這裏跟大家特別地強調。

在漢傳佛教的修菩提心的資料中，還有一篇省庵大師的〈勸發菩提心文〉，這個也應該學習，要經常誦。實際上很多大乘經典就是講菩提心，在這裏我特別地跟大家推薦、讚嘆《妙法蓮華經》。在《妙法蓮華經》裏，釋迦牟尼佛把諸法實相和盤托出。要與《妙法蓮華經》相應，要靠信解力。信解力分開講，第一個要有淨信心，要生起圓信。如果你能生起圓信，一定就能打開圓解；如果你能打開圓解，你的菩提心一定能建立起來。所以你也可以把《妙法蓮華經》看成是一部圓發菩提心的教授。有的人問：我要學習它，怎麼下手呢？有個最簡單的辦法：你先誦經，使勁地誦，誦幾百部以後再說。你再去看祖師們的講解，特別是智

者大師講《妙法蓮華經》的著作，最重要的是《〈妙法蓮華經〉玄義》。因為《玄義》的原文特別長，所以後來明朝的蕅益大師把它節要，有了《〈《妙法蓮華經》玄義〉節要》。《節要》文字並不多，可以看。智者大師還有解釋《妙法蓮華經》經文的文句，就是《〈妙法蓮華經〉文句》。另外還有《摩訶止觀》，一共三部。這三部裏面，我覺得最起碼前面兩部一定要看，有時間可以讀《摩訶止觀》。《摩訶止觀》的內容也很多，但是在唐朝的時候，有一個叫梁肅的居士將《摩訶止觀》也做了一個節選。他的這個節選，在《卍新纂續藏經》「天台宗」這一部份。

這是講我們怎樣修發菩提心。修發菩提心最終要落實到受用上。「落實到受用上」的意思就是，通過發菩提心，我們做一切事的心態變了，出發點變了。有個根本的轉變就是一切事情都落實到利他、利所有眾生。利他不一定是要你馬上就去幫各種人，利他的意思是，你所做的一切根本動機就是利他。你睡覺也可以從利他的動機出發，這是個訓練。所以《淨行品》裏講：睡覺的時候「當願眾生，身得安隱，心無動亂」；睡覺起來的時候「當願眾生，一切智覺，周顧十方」。你睡覺、吃飯……一切都是為了成就菩提道而做，當然也包括了坐禪。

這裏有一個誤解，通常一聽說發菩提心，有的人就認為「我馬上去做一件幫助別人的事」，不一定。從菩提心的根本動機出發，你現在吃飯是在幫助別人，睡覺也是在幫助別人。不過不要誤解，聽我這樣一講，你不坐香，天天在屋裏睡覺，那就有問題了。你該吃飯的時候吃飯，該睡覺的時候睡覺，該坐香的時候坐香，該在叢林裏發心就發心，該當執事就當執事，該當清眾就當清眾，該閉關就閉關，該住山就去住山⋯⋯這就是以菩提心為根本動機，都是利他。千萬不要以為到山裏去住一定就是自利，不一定。如果是以菩提心為根本，在深山裏與世隔絕，一輩子不見人，修苦行，也是在發菩提心；如果不是以利益眾生為根本動機，在紅塵中做很多相似的弘法善業，也未必是在修大乘法。是不是修大乘法，不取決於形相，取決於你是用甚麼心攝持你所做的事。發了菩提心，一切三業的造作都是成佛的因。

台灣有一個老和尚，叫廣欽老和尚，別人到山裏去拜訪他的時候，他就說：「我是以修行來弘法」。廣欽老和尚度化了很多人，他說他是「以修行來弘法」，我們也可以把老和尚的話引申一下，也可以理解，有一些修行人是以弘法來修行。他到外面是以弘法修大乘心，老和尚到山裏修行是以修行來弘法利生。不

過在這個時代，純粹地以修行來弘法利生的人少了一些，以弘法利生來修行的人也不多，都不夠。

我前面講的都是一些理，這些理對於真正發菩提心的人來說，一定會變成他心地上的受用。剛才我說他三業的造作都是成佛的因，這不是他想像的，也不是停留在概念思惟上的，而是他的心地現前的受用，這才算發了菩提心。僅僅是在想像、觀念、思惟、邏輯上，這不行，必須變成心地上的受用，心念的相續，在身心中形成力量。這個力量能幫你克服困難，對治煩惱，勇往直前，這就是菩提心不可思議的地方。

希望所有的同參道友，包括我自己在內，都要發菩提心，用菩提心來支持我們的禪修，這才是真正成佛的因。

知母念恩和自他交換

我們所處的時代是一個資訊時代，就佛教來說，世界三大語系的佛教在公開出版物、網路等很多管道上都可以展現各自豐富多彩的教法，所以現在的修行人，不管是哪一個語系，修哪一乘法，完全故步自封，把自己絕對地孤立、封閉在一個傳承、宗派內是不可取的。從每個人自己的修行，以及修行所得到的

加持、在內心所接受的傳承來說，應該是專一的，但在對佛法的了解、學習上，對一些修行的根本問題、主要法門的了解上，我覺得可以利用資訊時代的方便，對其他語系、傳承、宗派的資料適當地涉獵，這會有幫助。我們今天所處的時代跟古人不一樣，比如，古代從漢地去西藏很艱難，從中國到東南亞半島也很艱難，但是現在我們沒有這種艱難，通過書面資料或者會議就能了解佛教其他傳承、宗派的一些思想特色。

從發菩提心來說，漢傳和藏傳有不同的特色。我個人的理解不知道對不對。我覺得漢傳佛教的發菩提心側重在以三寶為所緣境、為對境，由於對三寶的淨信心現前，認同諸佛菩薩的偉大事業，把自己的生命奉獻給這個偉大事業，這就是發菩提心。這種對自己生命價值的根本決定，對自己以後人生道路的確認，會從根本上扭轉我們的人生觀、價值觀，這就是菩提心現前。藏傳佛教發菩提心側重在以眾生為所緣，也是從印度傳過來的。實際上我們知道菩提心的核心內容就是心、佛、眾生三無差別。藏傳佛教的發菩提心我覺得很值得漢傳佛教的同修們了解、學習，因為藏傳佛教發菩提心的方法屬於顯教的部份，以現在來說不需要灌頂，它是普遍、公開傳的。以眾生為所緣發

菩提心，有兩個方面的思惟修：第一個方面是知母念恩，第二個方面是自他交換。看過藏傳佛教一些資料的同修就知道我說的這兩個詞。我自己的了解是從書面來的，很膚淺。不過這裏我是跟大家介紹和強調我們要真正地修持發菩提心，可以按這種方法修。

按這兩個思惟修的路徑修發菩提心的法門，具有很強的可操作性。這個就是藏傳佛教發菩提心法門的殊勝之處。它都是以如理作意、以思惟修為方法。這個如理作意可以通過靜坐中在內心不斷地串習，按照一個理路展開，然後又不斷地串習。通過靜坐中的如理作意，以及在日常生活中動中對境的如理作意，逐漸地改變我們以前對生命價值顛倒、錯誤、狹隘、局限的思惟方式。

知母念恩大概的作意路徑是這樣的：每個眾生的生命前前無始——就是從無量劫到現在，我們已經在六道裏輪迴不知道多少輩子了，在這無量劫的輪迴之中，任何一個眾生都多次做過我們的父母親——現在把問題聚焦到母親這個角色上，所有的眾生在我們過去無量劫的輪迴中都做過我們的母親，而且是多次做過。對這一點進行思惟，產生決定的信解。因為是無量劫的概念，是無量生、無量世這樣一個無邊際的時間概念，所以在這個無有邊際的時間長河中，我們

和眾生之間的關係、角色定位同樣也是無量無邊地豐富。比如，這一生我們是仇人，上一生可能是兄弟、是夥伴；這一生我們是師生關係，上一生可能是母子關係；這一生是夫妻關係，上一生可能是父母和子女的關係⋯⋯這種人和人之間的因緣，眾生和眾生之間的因緣，在無量劫的輪迴中都有可能，前提就是我們過去的輪迴已經是無量生、無量世。在這個前提下，每個眼前的眾生過去都做過我們的父母，這個判斷可以經得住邏輯的檢驗、拷問，經得住數學的推理。在無量生、無量世的輪迴中，每個人在六道裏無數次地做人、升天，無數次地進入餓鬼道、畜生道、地獄道、修羅道，每個人碰到的其他眾生、結緣的其他眾生也是無量的，所以每個人和其他眾生的因緣關係、角色定位也是無量的。這就可以得到一個決定的結論：所有眾生過去生都做過我們的慈母。

產生這個決定信解之後，進一步觀察、思惟母親的恩德。母親從懷我們，懷胎十月，到臨盆生產，到呵護襁褓中的我們，到我們學會走路、說話，在我們慢慢長大的過程中哺育、保護、教育我們。她給我們奶汁、溫暖，給我們吃的、穿的，給我們服務、安慰，乃至給我們提供受教育的機會。按照中國父母做的，是不是只要子女上學、娶妻嫁人就完了呢？好像

也沒有完。子女有了小孩，父母還要接著替他分憂，幫他看小孩。父母對子女的付出真是「春蠶到死絲方盡，蠟炬成灰淚始乾」。所以要反覆地以我們每個人的成長經歷去體驗、回顧、思惟、推想母親的恩德。這裏所說的推想就是因為我們的記憶喪失了：在母親的腹中母親給我們的保護，我們給她帶來的不方便、負擔；在臨盆生產的時候，我們給母親帶來的痛苦、危險——有的母親在生小孩的過程中可能喪命；當我們剛生下來那個時間段，一兩歲這個時間段，母親用乳汁哺育我們，睡覺的時候推乾就濕……這些恩德必須要栩栩如生地在心中一一作意，最後得到一個確認，就是母親對我們的恩德太大了，是無邊的。這個恩德，既然所有眾生都做過我們的母親，每位母親都對我們有無邊的恩德，那怎樣才能報這個恩呢？

下面要思惟：我們要報母親的恩，可能給她吃，給她衣服，給她住房，這種種世間的孝能夠報得了她們的恩嗎？有一本經叫《佛說父母恩重難報經》，裏面就說父母的恩德用世間法是報不了的。經裏說，你擔一個擔子，一邊是母親、一邊是父親，你擔著他們繞須彌山好幾圈，也報不了他們的恩德，就是世間的孝報不了。為甚麼呢？因為你給他們吃，給他們穿，解決他們的生活，甚至你用世間法討得他們的歡心，

都不能真正解決他們的痛苦。因為父母是眾生，在得到真正的佛法智慧之前，會因自己的煩惱和業力推動在六道裏輪迴受苦。眼前的幾年、幾十年，他們可以從你世間的孝順裏得到一些快樂，但這個時間段過了以後，他們將往哪裏，你有把握嗎？他們可能墮地獄道、餓鬼道、畜生道，他們在六道輪迴裏很辛苦，不斷地受罪，不斷地造惡業。生命像一個鞦韆盪來盪去，像一片樹葉隨風飄盪，任意東西。所有眾生、所有母親們，她們的生命在這種狀態下，世間的孝又怎能回報她們呢？回報不了。所以報答母親的恩德只有一條路，就是我們要修行成佛，將所有的母親從六道輪迴裏拯救出來，把她們安置在解脫道上、菩提道上，這才是最究竟、最圓滿的回報。

《地藏菩薩本願經》講的就是這個甚深的法義。《地藏菩薩本願經》講，能報母親恩德的方法，就是如釋迦牟尼佛那樣成無上正等正覺，在忉利天宮為母說法；能夠報母親恩德的方法，就是如地藏菩薩那樣，把所有受苦眾生都當成自己的母親，把她們度盡。所以地藏菩薩是真正地報了母親的恩德，因為在他的境界中，所有眾生都是自己的母親，只要這些母親眾生沒有出離六道輪迴，他就不成佛，就一直在六道裏來來去去，在生死輪迴中救度她們。《地藏經》告訴我們

的就是這樣一個道理，這是與每個人關係最密切的問題，就是報母親恩這個問題。我們從這個問題就能產生一個決定，這個決定就是要像地藏菩薩那樣發菩提心。只有真正地發起菩提心，為利益一切如母眾生成佛，做這樣的最大的決斷，才是真正地報母恩。

　　這是知母念恩的內容。粗線條地介紹，就是這樣思惟、作意，在靜坐中反覆按照這個理路思惟、觀察，最後在心中產生決定，一遍、一遍又一遍。這個是不是造作呢？其實我們在生死輪迴中，我們的惡業煩惱也是造作，不過那個造作的時間特別長，我們跟它很熟悉。我們現在要作意，生起救度一切眾生的心。這個作意剛開始可能有點難，經過多次、反覆地薰習、串習，它也能變成我們的本能，變成我們的思惟習慣，變成我們思想感情的全部。這是一個修行菩提心的路徑。

　　第二個是自他交換。自他交換發菩提心的這個方法側重在對治我們的自我中心。你要問每個人：你最愛的是誰啊？基本上所有的人都會說：我最愛的是我自己。每個眾生最愛他自己，由這個根本的無明出發就產生各種顛倒，所以自他交換是要用智慧之劍，直接對準「最愛的是自己」這個我愛執下手，砍掉、摧毀這個執著，進行自他交換。自他交換的修行內容很

豐富，核心內容是，我們所有的好處，我們的身體、壽命、快樂、物質、修行得到的功德，全部佈施給眾生，眾生的所有業障、煩惱、痛苦、不如意，全部由我來承擔。用這種方法來對治自我中心。

這個修行也有可操作的方法，就是在靜坐的時候把呼吸當作對象，吸氣的時候想著把所有眾生的業障、病苦、癌腫瘤細胞、煩惱變成黑氣，從鼻孔吸到我們身體裏，充滿我們全身；呼氣的時候，我們所有的福報、好處是白色的光明，隨著呼吸出去佈施給所有眾生。這個修行正好和我們眾生的習性相反。因為我們眾生的習性是，好的都歸我，壞的給別人。但是在這個修行裏，是要把好的給別人，把壞的給自己。

可能有的同修會感到害怕：眾生的業障、疾病、痛苦都變成黑氣，我把它吸進來，那可能要不了多久，我就得死掉吧？我是不是也會生重病呢？眾生的癌症那麼多，是不是也會吸到我身體裏來啊？如果你真有那種能量的話，那你一定是修成了。你修成了的話，當然那個黑氣損害不了你。當我們在因地修發菩提心的時候，你那樣觀想去吸，根本於你毫髮無損。不僅於你毫髮無損，由於你發自內心地——注意，必須是發自內心地——願意承擔眾生的惡業、痛苦、業障，結果是你的我執得到了對治；我執得到對治的時

候，你得到了最大的利益。但是你不是為了利益去這樣修，必須是發自內心地讓我的生命最有價值，最有價值的事就是替所有眾生去承擔這些痛苦、業障。我願意，就是這些黑氣吸進來真地會傷害我，我也無怨無悔。這個是世界上最幸福、最有意義的事。

在西藏，這是一個治麻風病的法門，據說是一個大德在很早的時候把這個方法傳給了麻風病人。麻風病是很恐怖的，基本上是沒法治的。麻風病人身體會很癢，癢到難以忍受的時候，要用火烤，一直到把癢的部份烤壞、潰爛、掉下來。人的整個身體就像一截腐朽的木頭，不斷地癢，不斷地撓，流膿、流血、潰爛，爛掉，掉一截，再爛掉，再掉一截，就這樣活活地折磨死。而且麻風病還傳染人。據說有一位大德把這個法門介紹給麻風病人，讓他們修。麻風病人們天天就按著這個方法修，把眾生所有的業障、疾病、痛苦吸進來，由我來承受，然後把我所有的好處呼出去給眾生，結果，很多麻風病人的病就好了。所以後來就用這個法門治麻風病。

當然，你要是本著治病去修這個法門，實際上跟這個法門是不相應的。跟這個法門唯一相應的，就是要真實地在內心現前菩提心，從根本上轉變我們自我中心的思惟、行為方式。大家可以回顧、反省一下，

我們在日常的生活和工作中，很多動作，思惟、説話、動念頭的方式，很多習氣都是以自我為中心。打個比方，我們到齋堂吃飯，由於人很多，所以本能地就想「我先佔一個座兒」，這就是以自我為中心。這種自我中心的想法在學佛修行中也會體現出來。打個比喻，現在有一位大德在講經説法，很多人來聽，由於講堂太小，座位很少，聽法的人都會搶著進去佔座，他也許想：我這是為了聽佛法，為自己考慮一下。其實即使是為了聽佛法把自己放在第一位，也是與菩提心相違背的。真正聽法的那個人可能恰恰就是把自己的位子讓出來，為其他同修能聽到而感到高興、隨喜，這樣的人是真正聽法、修法的人。

這樣反省、檢點一下我們自己：哎呀，很慚愧！我們從早到晚其實是在圍著自己團團轉啊！實際上是圍著一個字在轉，這個字不用我講，你們都明白，那就是「我」。我們都是圍繞這個字打轉，我要我要我要，我的我的我的，我想我想我想，這個地方正是我們在生死輪迴中受苦的根本。自他交換的修法就是要朝這個根本砍一刀，再砍一刀……一直到把它砍斷，把這個自我中心的習性調整過來的時候，大悲心、菩提心才能真正現前。

今天簡單地跟大家介紹藏傳佛教發菩提心如理

作意的大致情況。我了解得也不夠，僅是粗線條地介紹。他們如理作意的路徑，我覺得確實很值得我們學習。

禪七規矩

禪七規矩

大家知道，寺院打禪七是一件非常嚴肅的事，為了保證禪七的順利進行，大家必須遵守很多規矩。如果我們不能共同遵守這些規矩，這個法會就不能成就。

有哪些規矩呢？

第一，禁語，不講話。在師父們的禪堂裏，維那師、班首師父、住持可以説話，護七的同修為了工作可以小聲地耳語，其他人則不許講話。在居士那邊的禪堂裏，居士們不可以講話，護七的同修為了工作可以在外面小聲地耳語。禁語還不僅僅是在禪堂裏，在齋堂也是一樣，回到寮房也是一樣。五個七內，只有在每個七放香的半天時間內，可以恢復説話，其他時間都要禁語。

禁語的樂趣是甚麼呢？是把你的注意力轉到內心，轉到你在禪堂打坐時候所關注的題目。當你把注意力轉到內心，雖然在走路，你也在修行，辦自己心裏的事。當你這樣做的時候，禁語就容易做到，而且

不是被迫的、勉強的，也容易體驗到由禁語所帶給自己的寧靜，所以它是一種樂趣。如果你在禪堂外面東張西望、左顧右盼、思想散亂，自然你就想說話了。在這時候你想說話又使勁按捺，不能講，那肯定就難受了。所以要遵守禁語，一定要從我剛才說的那樣來理解和修行，讓我們的心真正地從早到晚進入到修行狀態。即使是在日常生活中，言語緘默的人心力強，言語多、囉囉嗦嗦的人心力弱、專注力弱、行動力弱、誠信力弱。所以，古人說「君子不重則不威」，這個重就包括了言語的緘默。《論語》裏又講，「君子欲訥於言而敏於行」，在行動上敏捷，在言語上緘默；還講到「巧言令色鮮矣仁」，巧言也是說講話多。所以把嘴巴管好確實是我們修行很重要的一關，希望大家要理解這條要求的意思。

第二，來到禪堂，有些東西不能拿進來。手機不要拿到禪堂裏來，你說你關機，關機也不可以。我有一個說法叫「持手機齋」，「齋」這個字在漢語裏就是「清淨」的意思。可以說手機是干擾我們心靈清淨的一個重要因素，因此我們規定，在禪七中絕對不可以把手機帶到禪堂，靜音也不行，因為那樣也還會有電磁波輻射。如果大家能做到在五個七中把手機關了、停用，就是我說的「持手機齋」，那就更有利於用功辦道

了。一旦你不用手機，體驗到那種沒有手機干擾，不和外界聯繫所帶來的內心的寧靜，只會感到快樂、愉悦，沒有想用手機的那種慾望，也沒有想跟外界的張三李四聯繫、說閒話的那種慾望，更不會有通過手機上網瞎逛、瞎看、瞎翻的慾望。我們每個七結束會有半天放香，你可以在半天放香中把手機打開，處理你要處理的問題。這個是關於手機方面的要求，希望大家一定要遵循。

另外，書不可以拿到禪堂裏來，包括佛經，因為進禪堂是禪修，不是看書，所以不可以拿書。總之，不可以拿和禪修無關的東西進來。

第三，居士們到寺院來參加禪七，如果有以下情況，就不能共住——就是不能繼續讓你在這裏跟大家一起禪修。哪幾種情況？在寮房裏給其他的居士講法、算命、看相、收徒弟。這幾種情況，一旦發現，勸他離開。只要在寺院範圍內發生，寮房裏面也好、外面也好，勸他離開。以前發生過這樣的事。在寺院裏散發其他宗教的宣傳品，或者是邪教的印刷品，或者氣功的印刷品，這樣的人一旦發現，請他離開。

在寺院裏，前面講了要禁語，但是也有的人喜歡議論出家人的長短，挑撥是非，造成居士之間的不團結，這樣的人，我們也勸他離開，不要繼續在這裏了。

如果你沒有皈依三寶，你的心不依止佛、法、僧三寶，不依止歷代祖師的修行，而在禪堂裏搞甚麼氣功或其他邪門外道、旁門左道，這樣的人一旦發現，勸他離開。也有的人，可能會在禪堂練氣功，練甚麼中功、菩提功，他覺得這是佛家功法。我告訴你，佛家沒有功法，只有心法，所以凡這種不以三寶為加持，不依佛教戒、定、慧的正知見進行禪修的，在禪堂裏面搞怪的，我們也請他不要在這個範圍內跟我們共修，一旦發現就請他離開。當然他離開寺院，在外面，在家裏，他願意怎麼弄，是他的自由，我們干涉不了，但是在寺院裏，在禪七中，這些概不允許。

　　在用功方法上，你可以參禪，可以數息，也有的人靜坐念佛。由於今年不允許居士進念佛堂，在居士禪堂那邊，你修念佛禪，只要不出聲，不影響別人，也無妨，但這一切都應該是佛教的禪修。

　　所以，我們禪修有一個非常重要的前提，就是要以三寶為依止，以三寶、以歷代祖師為加持。我們禪修的法門應該是淵源於佛陀的教導、歷代祖師的教導，淵源於三藏十二部，這一點非常重要。如果你沒有這個前提，那可以説是外道了。可能你覺得你那個方法感覺挺明顯的，上來勁兒挺大，那你著魔更快，出偏也快，所以一定要老老實實以三寶為皈依，以歷

代祖師、佛菩薩為加持。這是從知見上説，應該這樣樹立。

從我們的管理上，如果在禪堂裏有的人心非佛子（就是他的心不是佛教徒的心），不以三寶為皈依、為依止，假裝是佛教徒（可能也參加過皈依儀式，也有個皈依本），但練的都是外道的東西，氣功啊，七七八八的，如果發現這樣的情況，我們也勸他回家去練。只有這樣才能維護我們禪堂氛圍的清淨。維護禪堂氛圍的清淨，才能保證我們今後的禪修純一無雜。

輯二・禪修

悲欣交集又一年，無門關外浪滔天，
衲僧端坐孤峰頂，得失度外體安然。

明海

目標與作用

認識自己的心

　　佛教禪修的特殊處就是要認識我們的心，在佛經裏叫「如實知自心」，認知我們這個心的本來面目。「如實」就是如其本來，如果能認知了我們這個心的本來面目，我們也就能認知整個世界的本來面目，所以「如實知自心」的要點就在於「知」。我們每個人都有認知能力，但我們在日常生活中的這種認知，為甚麼不能認識到這個心的真相呢？這是因為這個認知是從自我出發的，從自我出發的認知一定有偏頗、局限，而我們的心還有一種可以全面整體地認知一切的能力。之所以有這種能力，是因為這個能認知的心本身就是一切。雖然我們現在不能認識到整個世界的真相，但是我們心的認知能力在本質上和覺悟了的佛菩薩們，以及開悟的祖師是一樣的，沒有區別。我們只是誤用了它。那麼它被我們誤用的時候，呈現出甚麼狀態？前面我們講從自我出發，有我，一定就有我面對的對象。這是甚麼狀態呢？就是二元對立、也說是分裂的狀態。我們的這種認識和認識的對象本身不相應。

禪修就是要我們恢復本自具有的可以認識事物全體真相的那種認知能力，就是當下我們正在使用的這種認知能力。我昨天講，你說你很煩惱，你能知道你很煩，那你對自己就已經有了一個認知；你打坐腿很痛，你知道你腿痛，那你對腿痛也有一個認識。所以在佛、祖師那裏，他們的大智慧，乃至他們的神通廣大，跟我們現在知道很煩、知道腿痛的認知不是兩個，是一個。我們從一個還沒有覺悟的凡夫、當下每個人此時此刻的這個認知能力出發，就能回到那個可以全然、徹底、圓滿地認知我們、認知世界真相的那種能力。

所以，請大家一定要體會到禪修不是一件神秘的事情，也不是要你培養一種奇特的能力，它只是要我們回到自己，恢復我們本具的那種能力。那個能力就是智慧，自心本具，每個人都不缺。人人平等，所有的人、眾生跟佛平等，所以大乘佛法的精髓就是一句話：心、佛、眾生三無差別。如果你認為打坐是要在這裏製造一個奇妙的東西——奇妙的感覺，奇妙的境界，或神奇的能力，那你完全錯了，出發點就已經錯了。從這錯誤的出發點出發，你走得慢還好，如果你走得快，更危險，因為方向錯了，你走得越快，離真正要到達的目的越遠。我們要到達的目的是甚麼？

如實知自心，把我們本具的那個智慧還原出來。這個是我們在打坐的時候要知道的。雖然佛教跟很多其他如東方的一些冥修的教派一樣，都是盤腿閉眼坐在那裏，但佛法的禪修是有如上所說的特殊不共之處的。

止和觀並重

坐禪又叫修止觀，止的意思是專注，觀的意思是觀察。由修止觀得到的結果就是定和慧，禪定和智慧。在我們的修行中，止和觀要並重，雙修才有可能獲得定和慧。古代大德也有教導，慧要有定來支持，沒有定的慧叫乾慧。定就像水一樣，是滋潤智慧的，所以觀也要以止為前提，就是昨天我講的要靜下來。靜下來是個通俗的説法，所謂靜下來就是要專心、專注。這種專注的狀態不是一種緊張的狀態，而是很專一同時又很放鬆的狀態。通常我們專一於一件事時容易緊張，運動員在比賽場上很專注於比賽時也會緊張，在緊張的情形下就難以發揮出他的最佳水準。止的修行是要在專注的同時放鬆，只有真正地放鬆才可能有真正地專注。

昨天我講到在打坐時，心要有一個專注的對象。我們老和尚提倡，剛開始修的人可以以呼吸作為靜坐的對象。在你坐好以後，將注意力專注在鼻端。第一

個簡單的辦法就是數出息，每一次出息時數一個數，從一數到十，然後回頭再數。你盡可能保證從一數到十不亂，中間也許有一些雜念插進來，你也不管它。只要你從一數到十不亂，那個雜念對你的影響就很有限。慢慢地你會做到從一數到十，沒有其他雜念，只有這個數。但是你數這個數的時候不要出聲念，可以在心裏默念，這是最起碼的專注的訓練。

清朝末年有個名人叫曾國藩，他是打敗了太平天國的清朝大臣。他的一生戎馬生涯，即使是每天打仗，還要堅持每天數息100趟。100趟的意思是，從一到十是一趟，這樣數100趟。可見，他的定力是非常強的。因為打仗這件事情關乎身家性命，他能在間隙中每天堅持做這個功課，所以能建立那樣的功業。

如果你數息數到很熟悉，沒有雜念，覺得數息是多餘的，你也可以隨息。隨息就是呼吸從鼻子進去到腹部，讓你的心念隨著它從鼻端下去，到小腹再上來。實際上呼吸是到肺部、到不了腹部，我們說意念從鼻端到小腹是個甚麼概念呢？由於深呼吸，從鼻端到小腹這是神經的一種感覺，它能讓我們的呼吸變得深長。一般情況下，你的心越專注，你的呼吸便越深、越慢、越細、越匀稱。也就是說，當你的專注力提高的時候，人體需要的氧氣會減少，呼吸會變得

慢、變得深。數息和隨息這兩個方法是最簡單的，也是提高專注力最有效的。

我知道有的同修喜歡念佛，在靜坐時心中默念「南無阿彌陀佛」、「阿彌陀佛」或者「南無觀世音菩薩」，不出聲。這也可以作為一種修行止觀的方法。在《楞嚴經‧大勢至菩薩念佛圓通章》裏，講到念佛要「都攝六根，淨念相繼」。「都攝六根」，就是眼、耳、鼻、舌、身、意六種感官都要聚焦在這句佛號上，讓你的每一個心念都在這句佛號上。

大家要知道，我們的心念在生生滅滅的變化之中，一個念和一個念之間，間不容髮，非常緊密、深細。你念佛的這個念是很粗的，它難以覆蓋你全部的妄想，要淨念相繼，你必須要相續到你念佛的一念或者數息的一念非常密、非常細，細密得超過你心中本有的妄想之流。我們每個人心中有個妄想的河流，沒有停過，即使是睡眠中也在進行。這個妄想的河流一念跟著一念，非常綿密、非常快，我們現在修止觀，只有把我們的淨念修得也如此綿密、如此快，這個心念才能轉化。

當然在轉化的過程中，我們會在本有的妄想之流中發現一些平時沒有注意到的東西。平時你心裏念念相續了很多的念頭、情緒、看法、情結，當修止深入

的時候，心就像被手術刀剖開了一樣，會冒出很多莫名其妙的念頭，會回憶起以前已經遺忘的事情，甚至也會在心中和那些想起來的事情相應而生起貪嗔癡的情緒，這個時候就看你能不能放下這些東西，不跟著它轉，讓你的淨念繼續相續。實際上古代祖師就有這樣提倡的，黃梅四祖寺的祖師道信禪師提倡由念佛禪而入，宋明以後提倡禪淨雙修的祖師裏也有提倡以念佛來修止觀。所以，只有用這樣的一個對象，或者是呼吸、或者是佛號將你的身心完全地專注在上面、放鬆在上面，你才有可能對自己進行一個深度的了解、觀察，獲得一種發現。這種了解、觀察和發現就是慧，智慧的力量。

這裏我想用一個比喻跟大家來講坐禪的過程。中國古代祖師有時候喜歡用釣魚來比喻修行，釣魚是個殺生的行為，是佛教徒不應該做的，我們不避諱這個行為本身的問題，只是借用這種行為來比喻一下禪修。對於剛剛開始坐禪的人，在靜坐中我們的身心會發生甚麼，通過靜坐我們能發現甚麼、得到甚麼，很多人心裏並沒有底。這就像一個釣魚的人，他把鉤垂在水裏，至於能釣出甚麼來，可能他心裏也沒底，並不知道。就像釣魚一樣，第一個你需要耐心，守在那裏、等在那裏。

我們現在好幾百人在柏林寺，成天吃了飯睡了覺就這麼坐著，也不出聲，有的閉著眼，有的睜著眼。大家設想一下，如果有個外星人來，看到我們幾百個人這麼待著，會覺得這幫人很奇怪：在幹嘛呢？這相當於有一個人在水邊蹲著釣魚，一直待在那裏一動不動，不知道的人也覺得這個人好怪：長時間地在一個地方待著，一動不動。我們的身心就是釣魚的人所面對的那一汪水，裏面有甚麼我們並不了解。

　　如果你有足夠的耐心，發現有動靜，會釣出甚麼來呢？有的人說：通過念佛、數息，我原來的病好了，原來的頸椎增生通過打坐好了；或者有的人說，我的腿以前有風濕，通過靜坐好像有一股熱流從那個地方通過，最後沒事了。那你就只是釣到了一隻蝦而已。這一汪水裏只有這一隻蝦嗎？那你可就虧了。當然也有的人會有更深的發現：發現呼吸變緩、變深細，念頭變清淨專一以後，對周圍萬事萬物非常之敏銳，心智得到開發。有的人會說：看來打坐的作用就在於此。這應該說，你只是釣到一條非常小的魚。

　　我們一定要深信這一汪水不是一個水塘，也不是一個湖，而是一個大海。這個大海裏面有大魚，還有龍。我們用這個比喻繼續說下去。古人說，有一種龍叫驪，這種龍的脖子下面有一顆珠子，非常珍貴，

是無價寶，所以我們要釣到這條龍，得到這條龍脖子下面的珠子。這一點你要知道。你必須要知道這一汪水裏究竟有甚麼，有蝦、魚、龍，同時你也要知道這水裏面可能還有蛇。有的人扯出一條蛇來就當寶貝，這也麻煩。我們的身心裏有貪嗔癡，有人性的很多問題，這種了解是我們坐禪之前必須要完成的。

去年我曾經講過，禪七不適合初學佛的人。參加禪七的人應該對佛法有相當的了解，對坐禪目的有很明確的了解，知道我們生命中最後的目標是要找到驪龍脖子下的珠子（這比喻我們要開發的般若智慧），然後我們要做甚麼準備，用甚麼工具，用甚麼線、甚麼杆。如果你是要釣一條龍，用很細的魚竿是釣不到的，用很脆的線也不行。這比喻我們在修行止觀之前，要有大量的準備，有正知見，嚴持戒律，道德清淨，良心平衡，積聚福德資糧，對佛經有聞思、有很充份地了解。這些都是修行止觀的一些基礎條件。乃至於你在釣的過程中還會遇到甚麼特殊情況，甚麼時候應該去扯鉤──扯早了，扯不上來；扯晚了，也釣不到，這些都是我們要通過聞思了解的。

人們通常覺得，禪七晚上的開示應該就是要把這些東西講清楚，但是晚上開示這幾分鐘很難講清楚。嚴格地講，這個開示只能在禪七人數不多的情況下，

非常有針對性地、有可操作性地交流和指點。這是禪七開示和講經說法不一樣的地方。

我們通過修止觀，就能更加認識到學習、聞思佛法的重要。我覺得大家特別是佛學院的同學，要樹立一個信念，就是要相信所有佛經裏所有論點都是用來指導修行的，都是用來指導修止觀的。在中國佛教史上，天台宗的智者大師對佛教的貢獻就在於此。他認為所有的經教都是為觀服務──觀包括止。在藏傳佛教的歷史上，有一位高僧對佛教的貢獻也在於此，他就是藏傳佛教格魯派的宗喀巴大師。宗喀巴大師也指出：所有的經都是教授。「教授」是他們的術語，就是對實際修行的指導，也就是說，所有的經論都要用來指導實際修行。在這個意義上，你不能把佛教當哲學、理論，必須把它拉回到修止觀這件事情上來。所有的經論只有在修止觀的這個問題上，才有它真實的價值。

禪修的核心：觀察和思惟

禪修的核心就是觀察、思惟。前提是心能專注，身心堪能，然後再用這個堪能的身心去做觀察思惟，所以腿痛可以作為我們觀察和思惟的題目。觀察這種感受，思惟是誰在痛──如果觀察足夠深入的話，就

能在腿痛這個法上見到佛陀所講的有關諸法的真理——苦、無常、空以及苦集滅道。

在佛陀時代，修行的比丘悟道，有的是因為見到水倒在地上以後會慢慢地滑動，觀察這個悟入了佛說的四諦；有的是見到女人微笑時露出的牙齒，以此作為觀察的對象。你們可能會問：人一笑，牙齒露出來，時間很短，這麼一會兒就能悟道嗎？實際上這又是另外一個問題了。怎麼叫時間短呢？怎麼叫時間長呢？這個題目也是可以觀察的。如果以心念來講，時間的短和長完全是相對的，不可思議的。以粗心看，即使很短的一刹那，在禪觀深入的人的心念中已足夠長了，足夠讓他見到真理。

如果是一個深入禪修、有長期禪修經驗的人，他一定懂得把學到的教理直接用在禪修上。這裏有兩個題目，是我們一定要朝這方向去努力的，就是所謂的見地和修持。見地與修持最後都統一在心念上。我們大家可能有印象，比如，「因緣所生法，我說即是空，亦為是假名，亦是中道義」。我們從經論裏記得很多的偈子、說法，這都是理論。而坐禪就是深入地觀察心念、觀察我們身心的法。你一定必須到達這裏，到達後你發現，其實見地就是我們心念的運作方式。你用理論怎麼表達，是另一個層面的問題，如：用英語這

麼講，用梵文這麼講，用漢語這麼講；或者還有一個問題，有的人有文化，有的人沒文化，有的人從來沒有受過理論訓練。

我們眾生都有我執、身見、邊見，他說：我沒受過教育，我不知道，我沒甚麼見解啊！殊不知這個見解不是思惟，不是理論，就是你心念運作的方式。無論你有文化沒文化，你知不知道，有沒有思考過，與這些都沒關係，你一定有個見，所有的眾生也一定都有個見在那裏，你必須要在心念上看到這一層。你真切地看到，我們的那些邪見、不正見、邊見，就在心念的運作上。你必須到達這裏，才好往下講；你到達這裏以後，才有可能把見和修統一。修就是禪修，禪坐裏面的修行，究竟在修甚麼？不是練氣，不是煉丹，也不是一味地要深入禪定，享受禪悅的快樂。根本上是心念——起心動念怎麼樣看世界，怎麼樣看諸法，所以佛經上經常講，應該如是知、如是見、如是信解、如是行。

你要看到自己心念運作的方式，心念在生滅之中是怎麼起落，怎麼對待諸法，這需要專注力；有專注和深入清晰的觀察，才能夠看到這裏。事實上在這裏我們也能看到自己。甚麼意思呀？你之為你，你的性格、偏執、心中的結、內心深處很多的傾向性……其

實就是佛學裏講的分別心。傾向就是分別心，你有一個方向的傾向，在那個方面就有特殊的分別。有的分別心是俱生的，有的是後來培養、後天形成的。所以你看到你心念的運作方式，你也就看到自己了，看到這個「我」。看到了這個「我」，我們就說見和修是統一的，大德們還有一個詞叫行——他們把修和行分開，修是像我們這種專門的禪修，而行是在生活中怎麼待人接物。當你看到自己心念的運作方式，你會突然發現，原來你怎麼對待別人，怎麼對待生活中的任何一個外境，你就是怎麼對待自己的。這兩個東西是一樣的。因此我們就能懂得，修行是怎樣改變我們的生活態度、生活方式和待人接物的方式的，進一步改變我們的生活道路，改變我們命運的軌道。

以腿痛為例，我們為甚麼不能忍耐它呢？為甚麼會完全被那種痛的感受俘虜、牽制住呢？這是因為你有身見，認為這是我的身體，是構成我身體的一部份，有對這個東西的執著。這種執著在心念中念念相續，沒有間斷過。為甚麼我們難以發現它？就是因為它念念相續，沒有間斷，它是我們生命的一個背景。當一個東西成為背景的時候，你就認為是沒有，也就很難發現它。因為我們要發現一個東西，往往是在參照之中、對比之中才能發現。這念念相續從未間斷的

執以為「我」的這種執，一向以來就是我們所有思惟行動的背景，當然你很難發現它，也很難撬動它。這裏打個比喻，我們要用一根棍子撬一塊石頭，如果這塊石頭沒有邊也沒有縫，你根本插不進去，又怎麼撬動它？然而要撬動也是完全有可能的，那就是你的心！禪修中必須足夠專注、細膩，在生滅起落之中，在這裏就能夠透過。

　　通常我們說，禪修要有一個方法。其實禪修不需要方法，因為都是心，就是念頭，這個對象從來都在那兒，沒有停止過。法門是甚麼呢？古人講：這些法門都是敲門磚。我們要把門敲開，要用一塊磚，進去了就不需要了。從禪修到達我們的日常生活，生活態度、待人接物，到達我們的性格、氣質，乃至於到達我們人生的軌跡、命運的軌跡，我們必須把這些理路統一起來。如果能統一起來，你會發現，坐禪實際上是世界上最有意思的一件事。為甚麼呢？因為坐禪等於是在讀一本書──心靈的書，也可以說是讀我們心靈這本經。我們在這一本經上看見我們自己，也能看見佛──這裏說的佛不是佛像。如果我們真正能看見自己，那我們就離看見佛性不遠了，那打坐就一點都不枯燥，而是世界上最有意思的事。同時，在打坐中我們自身會發生變化，很多內心深處潛藏的執著、習

性會顯現出來。一旦顯現出來，它就容易剝落，我們就容易放下它。只有到了這種時候，我們才會樂此不疲，一天到晚打坐也不會煩。腿痛，你就觀察痛，你深入觀察一下你的心念是怎麼對待這個痛的感受的。我們在方方面面都能看見自己，看見自己的見，看見自己的心。我們在打坐中出現的任何問題，都可能是我們的鑰匙——它是鎖，也是鑰匙；它是關，也是門；它是我們的困難，也是我們的希望。這樣，修行離我們就不會遙遠。

轉化負能量，培養健康人格

我們這次給居士發了一份問卷，其中一個問題問：「到這裏禪修的目的是甚麼？為甚麼？」我還沒來得及看問卷的回饋，我相信如果用這個問題問大家，恐怕答案會有很多，也許有幾種答案會經常被說出來：為甚麼要禪修呢？是要明心見性、要了生脫死、要成佛。這些想法都是非常正確的，但是此時此地面對我們這一期的人生、我們每個人所面臨的因緣，我覺得禪修還應該有更加具體的目標。這個具體的目標，就是要解決自己的問題。所以你回答為甚麼來禪修，如果你說，我想通過禪修解決自己的問題，我覺得這個回答更好一些。

每個人的問題因人而異。有的人的問題接觸到了生從何處來、死到哪裏去，接觸到甚麼是自己的本來面目、真正的自我。但是我相信恐怕有更多的人，還沒有接觸到這裏。雖然如此，但是生死大事、明心見性的問題，在每個人身上的表現都非常具體，實際上就是我剛才講的，每個人有自己的問題，所以禪修要從充滿一個人身心的問題這個實際情況出發。事實上就是要明心見性、要成佛，在修行的路途中你也繞不開自己的實際問題。這些實際問題可能是我們性格的一種偏執，是我們某一種頑固不化的習性，是我們內心深處縈繞不解的一個心結，是我們內心難以放下的一個後悔，是我們內心關於未來不能放下的一個擔憂、焦慮，甚至是我們一些非常具體的習慣，所以禪修就是要從這些實際出發，這些實際就是佛教講的那個「我執」、煩惱掛礙的具體體現。

　　所以我們禪修要有正確的觀念。如果你僅僅是感覺到坐在那裏很舒服，在靜坐的時候，忘掉了人間的苦惱、紅塵的麻煩，這種心態應該説是一個逃避的心態。因為你不能老坐在那裏，你還要睜眼，還要下地，居士們還要回家，還要面對現實。面對現實的時候，怎樣心無掛礙、沒有煩惱，怎樣以智慧生活，這個是我們的目標。所以禪修不可以繞開每個人的實際問題，不可以當

成逃避現實的一種方法，也不可以簡單地把它當成練一種功夫——通過練這種功夫，你覺得你比別人更了不起，更能贏得別人的尊敬，這更加錯誤。

　　不管是禪修還是佛法的修行，一定要向自己開刀，要把通常世俗生活中的一些觀念打破。這些觀念是甚麼呢？通常世俗生活中的一些觀念的前提是接受這個「我」再說別的，所以我們遇到問題的時候有時候會說「反正我就是這個脾氣，我就是這個毛病」……意思是我這個毛病、脾氣是不能變的，這個是前提，別的都要在這個前提上說，所以才有「江山易改，本性難移」這樣的話嘛！這個是世間法的觀點，在禪修裏不可以有，禪修就是要改變你脾氣，改變你這個毛病，就是要把你這個人來一個顛覆、革命，禪修是這個，佛法的修行也是這個。當然這不是一件容易的事。禪修恰恰是佛法修行裏最核心的，用這樣的力量才可以真正地改變我們，把我們自己顛覆掉。所以當我們深入地靜坐，有時心中會出現一些問題，生起煩惱，我覺得生起煩惱正是你解決煩惱的機會，這些問題出現正好是我們修正自己的時候。我們掌握這種方法、理念正是要向禪修中出現的問題下手。深入地透視我們內心的這些問題，就會發現我們生活是非常執著的，一路走來有很多掛礙、落下了很多陰影、有很多坑洞。

實際上所有這些問題——傷疤、坑洞、陰影，都是我們生命中的負能量。禪修是把這種負能量轉化，不是把它弄得沒有，不可能沒有。你只能通過禪修轉化、調節、理順它，這樣一個經過轉化、調節而理順了的人格，就是一個健康的人。

可能有的人會問：你說通過禪修來改變自己的性格，那我們要有一個參照啊，以誰為參照？我們在生活中一些性格的形成，乃至一些毛病、習氣的形成，確實也是有參照物的。有生活環境、自己的生活經歷，還有自己的父母、家庭、師長的行為模式，社會上灌輸給我們的英雄豪傑等的人格做參照物，我們正是受這些因素的影響，才成了現在這樣的一個人。現在你說要把自己這個性格脾氣用佛法來改，怎麼改啊？以甚麼為參照呢？以釋迦牟尼佛為參照。你說釋迦牟尼佛我沒見過，我怎麼知道他是一個甚麼樣的人？我們只是看到書上說：佛，覺者，覺悟的人。釋迦牟尼佛我們沒有見過，但是我們可以從佛經裏了解釋迦牟尼佛的偉大人格；釋迦牟尼佛我們沒有見過，但是我們每個人有自己的師父——這一條很重要，你是見過你師父的，你師父有師父，師父有師父……上溯，就到釋迦牟尼佛了，所以這個能量、電流就接上了。我們從很多高僧大德身上可以領略到，我們可以想像釋迦牟尼佛的人格，再通過佛

經的學習，我們就更加能夠了解他那種大智慧，那種光明，沒有掛礙，那種慈悲心，善巧方便，那種暢達⋯⋯這是我們要學習的。

我們看看自己的問題，每個人包括我在內，都有很多偏向。比如我們喜歡一類人，討厭一個人，這就跟慈悲心不符合，不平等嘛，對吧？還有，比如我們一個人獨處沒有問題，跟別人合作就有問題了，在一個團隊中就有問題了，這就是你的問題，釋迦牟尼佛不會這樣。還有的人在集體和團隊中可以，一個人獨處不行，待不住，耐不住寂寞，這同樣是問題。有的人特別忍受不了別人比自己強，有的人特別聽不進不同的意見，有的人自尊心過強、過於敏感，有的人又根本聽不進別人建議，又太封閉⋯⋯種種這些性格上的偏執，我們要跟佛陀的人格比較一下，那簡直沒法比。我們看看釋迦牟尼佛都接引過甚麼樣的人，他教化的人，從國王、商人、出家人，到乞丐、妓女、平民、強盜，多了去了，釋迦牟尼佛回答的提問無奇不有，五花八門，這些都是我們的參照。

在一個禪七之後，當我們心能靜下來的時候，我們要進一步地反求諸己，在你有一定的定力之後，要在內心深處進行深入地挖掘。希望大家好好用功！

前行與基礎

調飲食、調睡眠和調身

坐禪的過程其實就是一個不斷調的過程。這個調的意思是指調整、調節、調伏。佛教裏有一些比喻，揭示了修行的過程就是這種不斷調整的過程。當然調的意思還包括訓練，就是不斷地重複。

佛教裏有時比喻說我們修行就像調象，可能在古代印度有很多野象，野象要為人所利用掌握，必須要有一些人來調服。這個調，就是調伏、訓練。專門做這個工作的人叫調象師，調象師的工作就是把野象調到聽話。也有比喻說修行的過程就像琴師調琴弦，弦繃太緊，彈的時候會繃斷，弦太鬆弛，彈的時候就不會出聲，所以應該是不鬆也不緊，適度，中道。

在禪宗的祖師語錄中，也有這樣的比喻：「如人習射，久久方中」——就像一個人學習射箭，久了自然就中那個靶心。從祖師語錄我們可以想像，即使是古代的大祖師，也是經過了長時間、多次的自我訓練、調整、調伏，最後才入道。入道就是射中靶心了。可能在射的過程中箭偏左了，偏右了，偏上了，偏下

了，甚至射飛了或者接近靶心了，但是最後終有一箭直中靶的中心。

宋朝也有禪師用另外一個比喻來說明我們的修行，就是牧牛。牛是有野性的，牧牛，就是怎樣把牛的鼻頭掌握在手，讓它聽話，不要去吃別人地裏的莊稼，直到有一天人牛雙忘，渾然一體。總共有十個步驟，所以叫牧牛圖。這個圖是專門用來比喻我們修行中的調心。

之所以講這些，就是要大家懂得，整個修行過程既要鍥而不捨，又要不斷地調整。不斷地調整意味著甚麼呢？意味著你要經常反省自己，覺察自己現在的狀態。

關於修行禪定，古人講要調五事：第一要調飲食，第二要調睡眠，第三要調身，第四要調呼吸，第五要調心。

調睡眠，很顯然，打坐是需要精力的。睡眠不夠會昏沉、疲憊；睡眠太多，也會沒有精神，提不起陽氣來，所以剛坐禪的人睡眠要適度。隨著坐禪深入，你會發現對睡眠的需求量會減少。在禪七中諸位應該有體會，睡眠不是那麼多了，但你仍會感覺精神很足。睡眠實際上是一個中性的法，但有的時候它也是個煩惱，在五蓋中就有睡眠蓋，可以成為一個障礙

禪定生起的緣。在禪坐中的昏沉其實就是一種睡眠。慾界眾生是有睡眠的，但不同的人對睡眠需求的量不同，如果我們排除神經和健康出問題這種情形，可以說睡眠越少的人生命境界越高。特別依賴睡眠的人，心智暗昧。坐禪相應了以後，真正有禪悅和法喜的時候，睡眠自然會減少，而且睡眠品質會提高。在那個時候，可能會感覺睡眠是一種負擔，不是一件很快樂的事，入睡的時候希望早早地醒過來。

飲食也是身體所必須。但如果對飲食、口味特別貪求，那也是障礙修行的。昨天講到，在坐禪中的飲食，不要吃得太飽，會昏沉，當然也不要飢餓，可能會精力不夠。同時在坐禪中不要吃刺激性、辛辣的東西。我們漢地的出家人不吃葱、蒜、韭菜，因為這幾樣東西是刺激性的，讓我們血熱，刺激人的情慾。在坐禪中，對這些有刺激性的東西要迴避。對居士們來講，如果長時間禪修，吃素是最好的。因為素比較清淡，不渾濁。

最重要的，當然是調身、調息和調心。

調身，身體要放鬆。穿的服裝要寬鬆，不要太緊，太緊容易造成身體血液循環不暢，活動也不方便，盤腿有障礙。

坐禪通常是要跏趺坐，單跏趺就是單盤，也可以

雙跏趺（雙盤），實在坐不了，散盤也可以。我們漢地的禪堂是一個特別專業的禪修的地方，對出家人來說，對於坐禪的姿勢，還是很重視採用單跏趺和雙跏趺的。不過很多現代人接受不了。我們去年（2009年）6月去德國，那裏的禪堂墊子形形色色，有統一的可以跏趺坐的墊子，還有非常高的墊子，像個小板櫈一樣，坐到那裏，腿不用盤，甚至也有櫈子，可以垂腿坐在上面。可能是因為你讓這些外國人來坐禪，如果上來就腿痛不已的話，他會畏難而退。

實際上跏趺坐的姿勢，和我們靜坐中身體能量的運行和心態是相關聯的，這個絕對不是可有可無的，等你深入了就會明白，其實這個姿勢是有它的道理的。我們知道最好的是雙盤（雙跏趺）的狀態，身體非常之穩，又叫降魔坐。在雙盤時，身體的能量特別積聚，能歸於身體的通道、經脈裏，比較容易專注。在雙跏趺和單跏趺的情況下，大家想一下，下面是個三角形，上面是頭，整個人體是一個甚麼形狀呢？是個金字塔。科學家做過實驗，金字塔的形狀聚集宇宙的能量最強。他們用種子做實驗，把一個種子放在金字塔形狀的東西裏，長得非常好。我們漢地古代建築的房頂其實也有點類似於金字塔，也有聚集能量這種意思。

靜坐中的人在跏趺坐的情況下，後面應該墊高。有兩個原因，第一個原因是我們人身體的重心在軀幹上，前面的腿盤著，人容易後仰。為了避免往後仰，你本能地會躬腰，以身體前傾來避免身體往後仰，這樣你的軀幹就不能挺直。在後面墊高的情況下，人體的重心前移，差不多會移到腿中間的位置，坐得更穩，人體的軀幹會自然挺直，這是一個原因。還有一個原因，我們脊柱的尾端在人體裏是一個重要部位，在後面墊高的情況下，脊柱的尾端很容易放鬆，不會死死地被壓住。這個部位放鬆有助於人體的熱能沿著脊柱向上。這個部位是人體全身陽氣的一個樞紐，如果你把這個部位壓得很緊、很死，那靜坐的時候就不容易做到清明專注。只有在這裏放鬆的情況下，脊柱自然挺直，氣血上下通暢，你大腦的狀態才可能是清明專注的，所以身體跏趺坐有很深的道理在。

　　手呢，就要在前面的腹部結定印，兩個拇指相扣，和鼻端相對。舌頭輕抵上顎。眼睛是閉七分、開三分。通常我很提倡剛坐禪的人要學會睜開眼睛靜坐。睜開眼睛靜坐第一個好處，就是不容易昏沉。我們額頭這個地方，有一個視神經交叉的地方，當我們閉上眼睛的時候，這個地方會形成一個視覺熒幕，這個熒幕會放很多電影，我們心裏的很多雜念和原來你

取著的那些景象就會放出來。當你睜開眼睛注目於鼻端的時候，這個問題就容易避免。養成睜開眼睛靜坐還有一個好處，就是如果你在靜坐中得到了定力，由於靜坐的時候是睜開眼睛的，你就比較容易把這種體會帶到日常生活中。因為在日常生活中，你不可能是閉上眼睛過日子的，而你靜坐中是睜開眼睛的，所以在日常生活中很容易提起那種靜坐中的境界和感受。

很多人，特別是女居士，閉上眼睛打坐的時候，前面會出現各種各樣的幻覺，其實都是心裏的妄想投射在前面。對於這種問題比較嚴重的人，睜開眼睛就沒問題了。還有的人閉上眼睛打坐很容易昏沉，那麼只要你睜開眼睛，昏沉就會少。昏沉的時候要觀，首先你要把眼睛睜開來看。但是如果你們要試一試的話，可能會有一個問題，睜開眼睛打坐的時候會感覺眼睛很累，老要眨，實際上不是這樣的，睜開眼睛可以一直不眨的，當你垂目於鼻端的時候，並不是死死地盯著某一個點，你們可以試一下，這樣其實可以長時間不眨。或者這樣說吧，在打坐中，眨和不眨對你來說不是問題，你根本不在意，已經忘記這個問題了。所以大家可以訓練一下，就是微睜眼睛隨目凝視這種狀態。

上面是講調身。

在靜坐中身體會有很多變化。有的人問，我靜坐中腳心為甚麼會冒寒氣？通常長時間靜坐，我們身體會有很多問題暴露出來，原來生過的病，身體以前積累的疲勞，情緒波動造成心胸部位的堵塞，受的風寒等，當你一靜下來，這些東西會在調整的過程中表現出來。有的同修寫條子說坐在那裏一直哆嗦，這個也是很自然的，可能是你以前受寒了，或者你的神經系統平時有些緊張，你放鬆的時候它就哆嗦了唄！有的人說某個部位一直發熱，或者有的部位一直發麻、發冷，這些都是在靜坐中身體調整的表現。

我的建議是一概不管它。如果身體有動的狀態，只要沒有動到影響別人就隨它去，但是你不要放縱它動，有的人誇張，本來是小小的動，結果他一誇張，變成大動，有的人還以為神上到他身上來了，那就完了，那你就出偏了。很簡單的問題，沒有那麼神秘，有時候就是你身體氣血的調整，所以要稍微地做一個觀照和控制。注意！靜坐有一個精神，就是一切都在你的掌握中，任何時候都不要失控。只要失控，一定是你有問題。現在我們講的是身體，有的人非常誇張地讓身體動，還有人做一些姿勢，這些都是偏差、不正確的現象，所以禪修中的一切動態一定要在自己的掌控之中。

調息和調心

前面我們講到調身體，講到打坐的姿勢，其中有個要點忘了說，就是我們的頸椎，我們頸部的姿勢相當重要。我們的頸部應該是個甚麼形狀呢？頸部和整個脊椎這個形狀，注意啊，它不是板直的，不是一個絕對的直線，如果是這樣就有問題了。我們的脊椎是有生理彎曲的，它是 S 形的，所以靜坐的所謂坐直，是自然直，自然直的意思是在保持生理自然彎曲、身體曲線情況下的直。那麼在頸部和肩這一帶，是略微有一點前傾，這個實際上是放鬆狀態，因為你使勁地板直是用力。我們看佛像就知道，放鬆是頸部和肩部有點略微前傾。怎樣找這個感覺呢？當你脊柱自然坐直以後，略收下巴，就是略微地收下頜。還有另外一個用意念的部位，就是頭頂。當你略收下頜的時候，你感覺頭頂好像從上往下有根線，這根線往上抽了一下，調直了一下，有這樣一種感覺。在練武裏講，這種情況下頭頂可以放碗水。它實際上是把脊柱做了一個輕微的調整。所以在入座以後，要觀照頭部，因為頭部涉及到頸部。如果長時間養成不良習慣，搞不好頸部就會出問題。頸部還要注意防風寒，在靜坐中如果頸椎入了風寒就很麻煩。這是調身裏的一個點。

還有一個點是關於我們的兩隻手。有的人靜坐以

後，兩手結定印，靜坐一會兒後手會發熱。基本上每個人都是這樣，手的溫度會升高。在冬天溫度升高，一般人能夠接受，但也有特殊的人，他的手溫度迅速升高，升到很燥熱的情況，像普通人夏天一樣，這時可以把兩手放在兩個膝蓋上，手心朝下，這樣做有散熱的作用。在南方寺院的禪堂裏，每個禪和子都有一個竹子做的禪板，夏天坐禪會把這個禪板放在腿上、腹前，當兩手結定印，溫度太高、太熱的時候，就會把手心朝下扶在竹子做的禪板上。因為竹子是涼快的，就會達到散熱的目的。這也是與身體有關的一個情況，之前沒有講到。

現在我們要講講調呼吸。

呼吸是最難調的，為甚麼呢？呼吸是我們的身體和心態以及意念之間的一個橋樑，是個連接。呼吸對一般人來說，是我們生命正在進行的表徵，會反映我們的身體狀態。我們身體的疾病、哪裏通暢哪裏不通暢，會反映到呼吸的品質上。呼吸同時也反映我們的情緒和意念，我們情緒波動會反映在呼吸上，意識波動也會反映在呼吸上。

前面我們講到，靜坐中把呼吸當作專注的對象，它不僅僅是一個專注對象，還有一個就是，當你專注於呼吸的時候，呼吸能得到自然的調整。所謂的調呼

吸，不是要人為地去控制、去調，而是當你專注於呼吸、心靜下來的時候，呼吸自然調暢。有時候刻意去調，反而會累。其他外道也有用呼吸法來靜坐的，佛教與之不一樣在哪裏呢？佛教一般對呼吸的專注是自然的，沒有人為刻意地去調。

呼吸有幾個情形屬於問題。比如出聲，呼吸能聽到聲音；或者沉重，就是在胸部；或者呼吸有阻礙；或者呼吸感覺很粗；或者呼吸感覺不深、很淺⋯⋯凡是上述現象都是呼吸沒有調柔。當呼吸沒有調柔的時候，你說我馬上把它弄好，不可能，有時候好幾天你也弄不好。剛才我講了，呼吸既然是反映身體以及意識、情緒的狀態，就不可能馬上能調好。當你發現這幾個問題的時候，就更加用心地專注於它，讓它自然變深、變勻、變細，自然地得到調暢。當呼吸真正調柔的時候，你會發現意念要專注在鼻端的呼吸上非常容易，那個時候，呼吸好像清晰可見，不是散的，很容易被把握住，很深、很勻，與心念息息相依，這個就叫息（呼吸的息相），這時候你基本上能沉靜下來。

有的人說，我靜坐時呼吸能停住。告訴你們，初學靜坐的人呼吸不可能停住，只有達到色界禪定的人才可能。這種感受來自於甚麼呢？來自於一種錯覺。這種錯覺有兩種可能，第一種可能是他的心很粗、很

昏沉，不夠敏銳，自己覺察不到呼吸；第二個可能是他的呼吸很細、很微弱，呼吸很慢，由於靜下來，人體的代謝變慢，需要的氧氣減少，呼吸變慢、變得非常細，可能吸一點點就能管很長時間，於是他就錯誤地認為能停住呼吸，這是錯覺，不太可能。有人可能在靜坐中有意地控制呼吸，把它拉長或是在呼和吸轉換之間停頓，對於初學坐禪的人，都不要這樣做。

調心當然是我們禪修的根本目的。調心的原則是讓心不要浮、但也不要太沉。心浮的時候會散亂，心沉的時候會昏沉。不要讓心特別警覺，特別警覺的時候會緊張；不要讓心特別鬆散，特別鬆散的時候會掉舉。所以調心也是一個不斷進行的過程，是一種不調之調。所謂「不調之調」，是說你特別刻意地調本身就是錯的——刻意本身就是心念上的問題，渾然不調又不是修行。所以你要有一個觀照，又不能死死地觀照、刻意地觀照，這個分寸需要我們在實踐中體會。

在佛教的修行方法中，「七覺支」都是講調心的。我們的心在禪修之中，需要喜悅、輕安，也需要觀照、安穩、平等。這些都是互相對待的情況，特別喜悅就會浮，特別安穩就會沉，特別定就會死、呆板，特別敏銳就會散亂，都是兩個方向，所以調心就是在兩個方向之間，以正念為工具去調和。就是昨天我講

的「如人習射，久久方中」，就像射箭一樣，開始時會偏左偏右、偏上偏下，最後射中靶心。當心真正調好的時候呼吸也會調柔。

禪修就是要調，調飲食、調睡眠、調身、調息、調心。從前面所講的我們能知道：所有這些調都要取中道，不要走極端。我們也能得到一個印象，禪修是世界上最精細的工作之一，不是粗心大意就能辦的，不是光苦幹、蠻幹就可以辦的，既要苦幹又要巧幹。表面上坐到那裏不動，實際上有很多的分寸在其中，希望大家體會。如果體會得到，那他在生活中一定是一個很有智慧、很有分寸感的人，不會是一個呆呆木木的人，這是由禪修所訓練出來的一種心理素質。

禪堂規矩對調身的作用

幾天禪坐下來，大家的腿子有些受不了了。這在每次禪七裏對每個人都是一個考驗。如果頭一個七能堅持下來，那麼以後幾個七就是一種享受。腿痛有沒有甚麼妙法能快速解決呢？沒有！只有咬牙忍，咬牙堅持。反正第一疼不死，第二腿不會痛斷。從古至今沒聽說哪一個打坐腿痛斷了的。當然如果說有方法也還是有，那就是要善調其身。

本來在禪堂裏修行的一些規矩古人施設得非常合理，就有調身的作用。從早晨到晚上，甚麼時候喝茶，甚麼時候吃點心，當然按過去的規矩我們還要吃包子，這些都是有它的道理的。我們坐禪用功太猛容易上火，口乾舌燥，這時候這一杯茶就是用來調身的。我們坐在橙子上不動，時間長了，坐久生勞，所以要下來行香。

我們這裏行香都是快行，在宗門裏也有慢行的法。從史料上看，慢行的法在曹洞宗有，現在日本還保留著這種法，非常慢。快行似乎是臨濟宗獨有的，應該是從宋朝就開始了，也有的說是從清代開始的。快行也叫做跑香。跑香本身就有調身的作用。因為我們打坐注意力容易往上走，心氣也往上走，容易上火，這樣一快行，一活動，血液暢通，對身體是有好

處的。另外在跑的狀態中特別適合參禪。按說身體劇烈運動，怎麼參？心怎麼能靜下來呢？參禪的法是定慧等持。心是在特別猛烈、敏銳的揀擇之中，同時又很專注，所以這時身體無論是靜，是動，是快，是慢，都不影響。打個比方說，一位母親有個心愛的兒子在外面玩，突然有人跟她說，「你兒子掉到水裏了！」這位母親會怎樣做呢？她會朝著兒子落水的方向跑，跑得很快，而且一路要經過很多地方，但她心裏會有幾個念頭呢？只有一個，就是想著她的兒子。參禪跑香也有一點這個味道。當你的疑情生起來，功夫成片，你跑起來，無論多快，也都彷彿身體是沒有的。再比如說，有一個人在街上撿到一張巨額支票，他拿到支票後趕緊往銀行跑。為甚麼呢？因為跑慢了兌不出錢，銀行要關門了。他跑的時候身體雖然是在劇烈運動，但心裏只有一件事，那就是錢。當然比喻只是比喻，我是想用它來說明禪堂的這一套制度是非常嚴謹、科學、合理的。

　　說到跑香，有的人說是從清代開始的。這裏還有一個典故要講給大家聽，讓大家放鬆一下。清朝雍正年間，高旻寺的住持叫天慧實徹禪師，出家多年，修行也不錯，有所悟入，在高旻寺領眾。清朝初年，順治皇帝的老師是玉琳國師。到雍正做皇帝的時候——

首先説明，雍正是一位開了悟的皇帝。他沒做皇帝之前，就在現在的雍和宮打禪七，最後自己明心見性。實際上他是一位禪師，對禪宗非常關心——他想給玉琳國師物色一個接法的人，後來有人推薦説高旻寺的天慧實徹不錯，於是他就把天慧實徹召到宮裏，問他，玉琳國師的宗旨是甚麼？這句話是禪機，這個宗旨可不是用理論去講，不能一點、兩點、三點地説出來，你得把你的境界拿出來。天慧實徹禪師在生理上有一個缺陷，是個瘌痢頭，頭上有癩瘡。天慧禪師就指了指自己的頭説，老子有瘌痢頭在。雍正皇帝不是平庸之輩，突然拿一把寶劍説，把你的瘌痢頭剁下來怎麼辦呢？天慧禪師一下沒話了。不僅沒話，而且很怕。因為皇帝的話不是隨便説的，在古代，天子一言九鼎啊！雍正皇帝知道他沒有徹悟，就説，給你七天的時間，找一個地方封閉，你就在裏面參吧：玉琳國師的宗旨究竟是甚麼？七天的時間如果參不出來，不能開悟的話，對不起，你的瘌痢頭就交給我了。於是找了個地方把他關起來。剛開始幾天，天慧禪師還可以坐一坐，靜坐，後來看看時間越來越少，有些著急了，坐不住了，就在房子裏面打轉，開始跑，七天七夜如果不能悟徹，命就沒了。到了第七天，他正跑著呢（雖然身體在跑，但他心裏沒離開那件事），突然一

下碰到一根柱子上，開悟了。開悟以後去見皇上，一見面，還沒開口，皇上先開口說：「恭喜恭喜！」因為雍正皇帝也是一個明眼人。這位天慧禪師是我們臨濟宗的祖師，在我們的法卷上都有他的名字，排在玉琳通琇的後面。

現在我們是打五個七，有的叢林打七個七，最多的是十個七，十個七就是七十天。我記得虛雲老和尚在高旻寺打七，那就是十個七，如果我沒記錯的話，他就是在第八個七開的悟，所以咱們的五個七都太少了。像我們這麼密集地集中時間從早到晚打坐參禪，身體很重要。身體調不好弄出病來，弄出虛火來就沒辦法參禪了，所以有必要講一講調身。

前面講我們要善於利用禪堂這一套施設和方法來調身。行香的時候要放鬆，身體在跑，無論快慢都要放鬆。我們這種行香的方法一些老外特喜歡。老和尚有一個歐洲徒弟，法國的，十月份來這裏，在禪堂裏坐了幾次，喜歡得不得了。回到法國以後給我寫信，說回到法國以後，把這套方法教給其他的外國人，大家都覺得很好。因為這些外國人跟南傳佛教學得多，而南傳佛教的行香都是慢的，特別慢，可能是他們性子急吧，太慢了他們受不了，所以這種跑香他們覺得特來勁。

特別是學禪的人，要放鬆，身心很自在、很灑脫，不要拘謹。不管是快一點還是慢一點。在禪堂裏要跑圈子，跑的時候，你的眼光要有個落處，落在前面人的衣領上，不要東張西望。因為這個圈子有速度，跑得快的在中間，跑得慢的在外面。你是哪一個速度，你就在哪一個圈子。盯著前面人的衣領，雖然是在跑，但與坐著是一樣的，身體放鬆，這對身體有好處。我們禪堂有的師父開靜以後到院子裏活動，當然到外面透透空氣可以，實際上如果要活動身體的話，還不如在禪堂裏行香呢！因為腿腳很要緊。如果腿腳的血液通暢了，打坐時腿就不痛。

　　另外要注意這幾次喝茶。如果感覺到體內有一點火，有點急躁，就要注意喝水。

　　上座以後的調身，要依通常坐禪的要領，後面要墊高一些，身體軀幹自然挺直，兩肩要放鬆。頭和頸部是自然挺的，下巴微收，不能揚著。這種微收的感覺怎麼去找呢？要想著你的頭上頂著一個東西，就比如頂著一碗水，下巴不敢揚著，一揚，碗不就掉下來了嗎？你往前低頭水也掉了。要略微地收下下巴，就好像頭部到下巴有一條直線給抻直了，上面放一碗水也不妨礙，是這種感覺。腿單盤、雙盤都可以，我覺得每次坐禪都要讓它痛一痛，要堅持一下。如果不堅

持一下，永遠不能進步。不要一痛就翻，這樣就會一直停留在原來的水準上。手結定印，拇指相扣，這樣坐定以後，深呼吸三次，從鼻中吸氣，從口中呼出，這樣做三次。然後檢查一下自己的身體從上到下有沒有全部放鬆。不管你用哪種方法修行，靜坐的時候身體一定要放鬆，放鬆，再放鬆。身體的放鬆也就是說我們的肌肉和神經系統沒有緊張，但我們體內多多少少都隱藏著一些緊張，這種緊張可能來自於我們生活和工作中的操勞，也有可能來自於我們情緒的波動。這一點是絕對的。我們情緒的波動會投射到我們的身體、肌肉和神經系統，從而造成身體的緊張，甚至變形。人有時候甚至只是動個念頭，身體內部都有相應的變化。還不僅僅是氣的變化，肌肉和神經系統都有內在相應的變化，特別是面部肌肉。有一種人特別會察言觀色，看你面部肌肉一個微小的動作，能察覺你內心動了甚麼想法。其實這並不神秘，因為我們思想和情緒的波動會反射到身體上。所以在靜坐的時候，要自己檢查一下，不斷地檢查，哪裏緊張就放鬆哪裏，整個身體要處於放鬆狀態，不管你的功夫用得多麼緊、多麼密，都要放鬆。

說到腿痛我也講過，本身痛的感受，痛的部位是可以用來修行的。把它當成你修行的一個主題，你

想痛的是誰呢？另外你可以直接觀察痛的感受，直接觀察，觀察到能和它分離，好像痛是痛，你是你。你能夠和它分離了，就不太容易為它所轉，不會因為痛而生苦惱，不會因為痛而有壓迫感。當然這需要一個鍛煉的過程。另外我們在修行中有時也會生病，要看醫生、要吃藥，這是通常的方法。通常的這種做法是我們對治疾病的規律。我們修行佛法也要遵循這種規律。雖然醫生、醫療手段是世間法，但也是佛法，所以我們要遵循它，有病要看。但是有時候，我們修行精進，有些病也是過去的業障現前，有一些病、身體不適就是障道因緣，這種情形我看得太多了。出家師父圍著身體打轉，他一想修行，身體就生病，於是就想把身體看好再修行。為了看病，這裏跑，那裏弄，這種藥、那種藥，就這樣病的目的達到了。病就是一個魔障，你圍著它轉，它的目的就達到了。所以真正有道心的人，病苦現前的時候要就著病苦修行。怎樣就著病苦修行呢？我覺得就是要逐漸地把這個身體置之度外。它不是叫你圍著它轉嗎？你不理它。有時候病叫我們圍著它，轉來轉去，光陰就過去了。轉一通病好了，又有其他一系列的事情。你圍著它轉的時候可能又造了一些其他的業，有其他的各種差別因緣，總而言之到岔路上去了，往往不知不覺幾年就過去

了，再想提起用功的心已經沒有力量了，所以說身體是我們修行的第一關。這一關很不好過。為甚麼呢？因為我們對身體的執著是與生俱來的，與生俱來的身執，身見。我們在禪堂用功的時候，身見對我們的考驗就是腿痛。大家想一想，腿痛的時候苦，腿不痛的時候苦在哪裏呢？老子講過，「吾有大患，為吾有身」。「為吾有身」的這個「有」是甚麼呢？我理解的是問題不在於這個身，而在於對身體的執著。這個「有身」是指對身體的執著，所以腿痛的時候苦，腿不痛的時候也苦。不過這個苦的表現是身體種種舒服，種種溫暖，好吃的、好的觸覺、好的味覺那種舒服勁兒（舒服勁兒在佛學裏叫做「樂受」），對這種樂受的執著。樂受我們會執著，苦受來臨的時候同樣也會執著，由此苦受才成為苦受。所以如果腿痛都熬不過的話，「臘月三十」到來的時候，四大分離、八苦交煎怎麼過呀？所以這也是要發出離心的。希望大家咬牙堅持，把腿這一關先過了。

禪修中的心理機制建設

我們在禪坐的時候，特別是密集的禪坐，像禪七這樣的修行中，是需要心理機制的。我所說的心理機制，就彷彿我們每個人在小時候面對父母或師長的

管教。我們修行，自己既是父母師長，又是被管教的調皮的小孩，所以心的自我教育、自我調整有一個過程，就是《淨行品》裏講的，要「善用其心」。我們以自己的心反過來調伏粗猛的身心，這需要一個過程。

在這個過程裏，有一些作意是必須的，特別對初學坐禪的人來說。剛剛上座、盤好腿以後，最好念三遍三皈依，心裏默念「皈依佛、皈依法、皈依僧」，然後發願，「我為一切眾生的安樂修行禪坐」，然後再跏趺坐，坐好，進入禪修。老參如果用參話頭的方法，功夫已經成片，心念已經純一，那就沒有必要了。對於初學的人，需要提起正念（三皈依和發願）之後進入禪坐。

在禪坐的過程中，我們會出現很多身心的反應、現象，這些身心的反應、現象出現的時候，還要用這個心來不斷地做調整。這裏面有幾個作意是必須要知道的。第一個重要的心理機制就是正念，第二個就是正知。正念和正知有點差異，正念是指心安住，緣在它要緣的對象上。比如我們要修數息觀，就緣在數字和呼吸進出的那個觸點上；如果是參話頭，心緣在話頭上，緣在疑情上；念佛號的人，心中佛號念念相續，這都是正念。正知是甚麼呢？正知是對正念乃至整個身心狀態的覺察。正念相當於一個倉庫裏放的財

寶，正知相當於在倉庫門口守護財寶的警衛，倉庫裏面放的是財寶，警衛員在門口守護著。

這兩種心理機制在我們修行中是不可少的。妨害正念有掉舉，就是心本來緣在一個對象上，結果丟了、斷了。妨害正念的另一個敵人就是昏沉，因為吃飯太多，或者身體疲憊，出現昏沉，心本來緣在佛號、呼吸或者其他的對象上，現在不清晰、暗昧，乃至於完全墮入昏昧之中。正知是甚麼呢？正知是自己對目前狀態保持的覺察，知道自己現在在甚麼狀態。正知裏頭一定有正念，但是有正念未必有正知。打個比方，有個人念佛，念到一心不亂，念念相續，乃至於得到念佛三昧。心一心不亂，完全專注在佛號上，身心輕安，但是未必知道自己現在是甚麼狀態，未必對他現在的狀態保持覺察，所以完整的正知要有一個前行，就是對佛法的修行理路有相當好的聞思做基礎，依照聞思和了解，對自己目前身心的狀態保持覺察，知道我現在有甚麼，沒有甚麼。這有一個甚麼好處呢？知道有甚麼，已有的善法讓它增長，已有的惡法慢慢地對治，未生的惡法防備它生出來，所以正知是必要的。這是兩個心理機制。

下面介紹一個重要的心理機制。我們不管用甚麼方法坐禪，一定要有慾。佛學裏的「慾」是一個中

性詞。貪慾屬於染污慾，要戒掉。還有善法慾，就是以佛法為對象，想求善法、修善法的興趣，所以慾基本含義就是興趣。不知道大家有沒有觀察一下自己？我學佛以後，曾經觀察過自己，有一段時間，我觀察到，我拿一本喜歡的世間小說，看兩三個小時覺得很快，拿一本佛經看一兩個小時覺得時間很長。這是怎麼回事呢？我思惟了，這說明我看佛經的慾（興趣），不如看喜歡的小說的慾強大。我看喜歡看的小說、興趣強大的時候，很專注；看佛經的時候，興趣不夠強大，所以覺得慢。世間法講，興趣是最好的老師，就是慾是最好的老師。

我們在坐禪的時候，一定要對自己所修的法門生起慾，對自己坐禪這件事生起強烈的慾，要這樣作意。用正知覺察自己有點疲軟，有點興趣喪失、信心疲勞，這個時候要用各種善巧作意來增長慾、增長興趣。增長我們修行的慾的作意很多。以數息觀來說，打坐中間專注力不夠強，有點疲勞，不想幹了，這種感覺有點像牛拉車，拉了一段時間以後，不想再走了，磨蹭，心也會這樣。在沒有得到法樂、沒有得到輕安、心沒有寧靜專注之前，它就是想溜號。這個時候要通過一種作意來生起慾。

以數息來說，應該怎麼作意呢？我曾經對很多

事情都發生過興趣，我曾經對好吃的、好看的衣服那麼有興趣，樂此不疲，我曾經對網路樂此不疲，我曾經對手機各種功能研究得很用心——我曾經對很多東西都仔細研究，但是，我有沒有研究過自己的生命？我自己生命狀態中最重要的一件事，每天每時每刻每一剎那，沒有停止過發生的事情就是呼吸的進出！我從生下來到現在，從來都沒有研究過呼吸。我研究過那麼多外面的東西，我追逐過那麼多外面的五慾六塵，但是，我沒有關注我生命中最重要的這件事——呼吸，因為呼吸一旦停下來就死了。沒有呼吸的人只有幾種：母親肚子裏的胎兒沒有呼吸，潛在水底下的人沒有呼吸，死了的人沒有呼吸，入無想定的人沒有呼吸，入滅盡定的人沒有呼吸，進入四禪的人沒有呼吸，生到色界天的天人沒有呼吸。現在我不屬於這幾種情況，我的呼吸一刻也沒有停下來過，我有沒有研究過它呢？當你這樣想的時候，你的注意力就會更加自覺自願專注在呼吸上面。因為你生起了興趣：哎呀！現在我要研究一下我的呼吸了，這就是慾。這是發自內心的、對自己的呼吸有研究的興趣，因為自己的呼吸別人是研究不了的。若有一個別人能研究，那也可以，但是不可能。自己呼吸究竟是怎麼回事？自己的呼吸跟身體是怎麼一個關聯？自己的呼吸跟心念

是怎麼一個關聯？只有自己去研究，去發現！

我們現在以安般念作為禪修的法門，就是要專注在呼吸上，要研究它。研究它可能會有很多的發現，這個發現可能在書上看不到，別人不能跟你講，因為自己的發現是第一手資料，這第一手資料只有在禪坐之中才有可能得到。當你這樣作意的時候，心力就生起來了。

在禪堂念佛的同修，你在心裏默念，也要有相應的激發自己修這個法門的興趣的作意。這個作意就很豐富：阿彌陀佛四十八願，至心稱念彌陀聖號，一定能夠得到阿彌陀佛的加持，此生命終能夠正念往生。阿彌陀佛是菩提心的化身，是無量光明。我現在稱念他的佛號，等於是在給他打電話，我在這邊撥號碼，阿彌陀佛一定會聽到回應。《大勢至菩薩念佛圓通章》裏講「如母憶子」——母親一直是在想兒子，只是兒子不回頭。現在我回頭，我想母親，自然會感應道交。你這樣作意，再念阿彌陀佛，那你的慾就起來了，你就會克服身心的疲憊、興趣的疲勞。

參話頭也有相應的作意。當你不能專注，當你的正念提不起來，也要有這樣的作意來讓自己生起慾、生起興趣。所以激發自己對所修法門的慾，這個機制是非常重要、不可缺少的，這也是一種警策。

下面説自我警策的心理機制。自我警策的作意，是我們在修行路上要一而再、再而三地用，是每天都要用的。我們出家人上晚課，有一個偈子，「是日已過，命亦隨減，如少水魚，斯有何樂。大眾！當勤精進，如救頭燃。但念無常，慎勿放逸」，這就是警策偈。我們在修行中遇到困難，想打退堂鼓，也要不斷地自我警策。

現在禪七已經進行到第三天，可能有的同參腿很痛，身體有不適，這時你要用警策這一心理機制來激勵自己。這個時候，你是你的老師，也是你的學生。怎麼警策呀？我現在得到人身很不容易，遇到三寶更不容易，現在遇到這樣一個道場，能來打禪七，不容易中的不容易，這裏面有多重不容易。如果我現在不能忍受這點苦，不就把所有這些不容易得到的良機都喪失了嗎？還有，我曾經在吃喝玩樂上花費大量的時間，為了謀生忍耐很多痛苦，或者是來自於氣候，冬冷夏熱的痛苦，或者是來自於被責罵的痛苦，或者是來自於為生計奔波的痛苦……我們這個世間，一路過來有很多的苦，生有生的苦，老有老的苦……現在我為了修行，為了離苦，要忍耐腿痛，忍耐腰痠，這算甚麼呢？這點苦算不了甚麼。我在修行佛法以前，所有這些苦——為生計奔波，為了自己的名和利而受的

苦——都不能了結苦，反而只能讓苦更加增長。現在為了修行打坐受的這點苦，它會幫我們了斷所有輪迴之苦。當這些苦了斷的時候，智慧的快樂、解脫的快樂、禪悅法喜的快樂會呈現出來。所以，現在我在這裏打坐太值得了，不僅值得，還要為自己感到高興：哎呀，我真幸福，我還有機會能受這種修行打坐的苦。你要這樣警策自己、激勵自己。這樣激勵以後，你的心力會增強，面對修行中的困難會更有信心。

這種自我警策機制不僅在禪堂中，在日常生活中、在每天的工作生活中也需要用。這就是「八正道」講的正思惟，取甚麼，捨甚麼。有正確的取捨，在修行的道路上按正確的方向前進，不會停也不會偏離。大家要知道，在修行路上，讓我們停下來的緣太多了！讓我們偏離方向的緣太多了！讓我們往後退的緣太多了！如果你沒有自我警策的心理習慣，沒有自我警策的能力，不知不覺之間，善法越來越少，懈怠越來越多，離修行就越來越遠，所以每天要自我警策。

用功原則與心態、方法

怎樣觀心

打坐就是和我們的身體、心念打交道。前面我們講到數息、觀呼吸，通常在漢傳佛教裏，另外一個比較被重視的方法就是觀察心念、念頭。相比觀呼吸來說，這種禪修的方法更細膩一點，要有一定的止的修行作為基礎，坐在那裏心能靜下來，能聽話，才可以做觀心的修行。觀察心念的禪修，比數息更加直接，它是在那最核心的要害問題上用功。這種觀察要能念念相續，每個當下都能生起來。

實際上禪宗參話頭也是一種觀心，但是它以話頭帶來的疑情作為方便，讓我們全力以赴地投入其中，行住坐臥、晝夜六時不放棄，被這個疑情吸住，它的善巧的地方在這裏。也有不用話頭，直接觀每個心念當下的生滅。這裏面最重要的技巧就是平等心。

關於平等心，禪宗三祖僧璨大師有一個重要的文獻，叫《信心銘》。這個偈子不長，都是講怎樣用功。在這個銘文中，他開始就講：「至道無難，惟嫌揀擇，但莫憎愛，洞然明白」，講的就是平等心。「揀擇」和

「憎愛」就是分別、不平等。後面他還講到，「一種平懷，泯然自盡」，這個實際上是觀心的技巧。因為我們的心，常常會有一些妄想出現，在那裏念念生滅，你希望不要有念頭出來，想要壓制、止住妄想，你想止住本身就是一個妄想，所以會越來越麻煩、越來越動。「一種平懷，泯然自盡」，「平懷」就是平等心，不管念頭是好的還是壞的，你都不要分別；「泯然自盡」，就像長空的煙霞，它自己就會消失。在這幾句話裏，他道出了觀心最要害的東西，就是對於這些妄想心，你沒有必要當真、執著，在妄想上再生妄想。它自己會解決自己。它本身也是緣生緣滅、幻化的。

這種緣生緣滅、幻化的道理，在禪宗裏講得不太多，但唯識宗的有些經講得多，如《楞伽經》，就是展開講這個道理的。所以我也建議喜歡禪修的人，特別是喜歡觀心、參禪的人應該花時間好好地研讀一下《楞伽經》。它把我們的心念是怎麼回事，怎麼來的，它的體性是甚麼這些問題講得很透徹。這種學習會使我們有正見，這種正見在我們觀心的時候——當然我現在講的也不是參話頭的方法，參話頭是把一切都放下——使我們能慢慢地契入、明白我們那些念頭的體系。大家可以觀察一下，我們不了解一個人，不認識他，如果天天跟他打交道，慢慢就會摸透他的脾氣。對於一

個工具，我們不了解，但慢慢地、天天跟它打交道，我們也能掌握它的特性，乃至運用它。

我們的心念也是同樣的道理，但冤枉的是，我們一直都把注意力向外馳求。所謂「向外」，其實就是執，不一定是身體外，只要有執就是向外——內、外都是權立的假名。當然，從我們的心理結構來說，我們有一種不安定、不滿足感，總想向外抓個東西，這也就是向外的意思。現在我們要和心念相處，跟它打交道，把它的脾氣摸透。它的脾氣被摸透以後，就不會牽著我們的鼻子，主宰和奴役我們了。這樣講，問題好像並不複雜，複雜的是甚麼呢？複雜的是你在和你的心念打交道的時候，會幻化出來種種心念，包括各種見解、以前沉澱的各種印象、往事、情緒、心裏的很多結、很多我們在意的東西。當這些東西被牽扯出來的時候，我們的心又往往隨之而動，那幾乎是本能反應、條件反射，不需要時間。禪修就是要讓我們在這中間看出空缺來。平時我們都是本能地反應，其實中間都有空缺，有念頭的起落。你在那裏找到下手處，用功就容易得力。

在這裏，我們就能重新認識到參話頭的價值。它的價值是甚麼？話頭是外在的，是祖師們留下來的，所以對初打坐的人來講，每次提起話頭，剎那之間就

有看到自己心念起落空缺的機會。當然，這種機會本來念念都有，任何時候都有，但平時我們完全被動、完全被主宰，所以要靠提起話頭、內在反照。

觀心的要害是不要壓制心念。但在《圓覺經》裏討論到另外一種可能性，就是心念它生起的時候你完全不處理、放任，自己被它裏挾而去，這是一種病，叫「任病」。所以，既不能壓制它，又不能被它裏挾而去，這裏就是我們要用功之處。

如果我們能經常體味祖師大德的這些開示，像《信心銘》，然後將之運用在觀心的禪修中——不僅僅是打坐，日常生活起心動念都可以運用，長時間持之以恆，你一定會有收穫。慢慢你能做自己的主，不會完全被淹沒在各種情緒妄想的大海中，這是「主看賓」，主在主的位置，客在客的位置，關係已被扶正，沒有顛倒，這樣你就有信心了。通常我建議學禪的人要研讀一下祖師的這些教導。像《信心銘》這樣的開示非常簡要，但也是精華。祖師是過來人，過來人把自己的經驗用簡單的話講了出來。與禪修相關的經典，像《楞伽經》、《首楞嚴經》、《圓覺經》等都很重要，它們可以用來指導我們的禪修。

冷眼旁觀你的心念

基本上每個人在打坐的過程中都會發現，我們的心念沒有停止過流動。這些心念，既有以概念、符號表達的念頭，又有從內心深處翻出來的對一些事物的印象。或者是以前體驗過的情緒，比如快樂、恐懼等；或者是以前所經歷過的事情，在靜坐中像放電影一樣在心裏重新放了一遍。我們的心就像是一個無底洞，從裏面出來的這些心念好像永遠不會窮盡。

那麼我們在靜坐中怎樣對待這些心念呢？就是要依道的原則：不要隨它、被它牽著鼻子，不要追逐它，也不要壓制它，而是用在靜坐中培養的定力和觀照力，冷眼旁觀它。經過一次又一次這樣的冷眼旁觀，心裏出現的這些念頭、景象、情緒對我們內心的控制就削弱了，我們不再被它們牽著走，這就是所謂的自在了。

要做到這一點是很難的。我們心裏一定要有正見，這個正見還不能是在思惟層面，而是要變成一種觀照的力量、不執取的力量。你擁有了這種力量，才不會被心中出現的心念牽著鼻子走，才能夠清醒地立在上風，不被它牽制、不被它所奪取。對於沒有獲得這種正見的力量的人，要提高自己的定力，同時培養與光明、善法相應的那種相續的念頭。

為甚麼説念佛其實也是一種禪修呢？因為當你把心專注在「阿彌陀佛」佛號上而生起慈悲心、出離心的時候，心的相續的力量強大了，那些雜七雜八的念頭就不會插入進來了。參話頭也是一樣的。你參話頭的疑情很重、力量很強的時候，那些雜七雜八的東西也插不進來，如古人所説「風吹不進，雨打不入」。古典小説裏這樣描寫武藝高強的人：他拿著一個兵器舞動的時候，在身體周圍形成一個防護圈，連水都潑不進去哩！念佛、參話頭起著類似的作用。對於我們初學的人來説，這需要一個鍛煉的過程。假如你能夠一分一秒地延長你的專注，讓心裏的疑情或者佛號相續不斷，那你對於妄念、雜念的防護力就增強了，這就像形成了一個防護的盔甲。當然，這只是修行路途中的事，因為盔甲從根本上説也是個妄想，不是究竟的，但在我們見到真正的實相之前，它是有必要的，也是必須經歷的。

　　有的時候我們也會發現，外面的「風吹不進，雨打不入」——我們的六根對外境不起妄想、不為所動，還相對容易做，難的是前面講的「無底洞」裏面不斷翻出的各種各樣的影像，我們會抵擋不住而被它牽著鼻子走，所以古人説「客塵易伏，家賊難防」。實際上剛才那個比喻——舞動一個武器形成的防護圈，是既要

防護來自於外在的，又要防護來自於內在的。當心足夠專一的時候，內外都沒有問題。我們內心翻出來的一些影像往往是我們過去很在意的東西，所以難免為它所動。這就需要我們通過足夠強的觀照力，一次又一次地減弱它對我們心的控制，慢慢地當這些內心深處的妄念沒有力量左右我們的時候，我們正念的力量就強了。正念深深地扎了根，控制了局面，從而在行禪、坐禪，以及生活中的一切時候都能相續，力量夠強大，功夫就能成片，修行就上路了。

所以，我們首先要訓練功夫成片。對於在念佛堂念佛的人，晝夜六時，心中的佛號能連續不斷、強有力地控制內心的局面，使雜念插不進來，這就是功夫成片；對於參話頭的人，疑情還在，內心深處的那個工作還在進行，這樣就屬於功夫成片。即使在日常生活中跟人講話或處理事情時，你的正念和覺照力還在。希望大家好好用功，向這個方向努力。

了心與斷念

佛教有很多宗派，修行有很多法門，有的是方便法門，有的是究竟了義的法門。任何一個宗派，其實都是一個關於心的法門，都是一個究竟了義的法門，其他的一切都是為這個心修行做準備、做服務的。關

於心的法門或者心的修行，簡單地講，就是要了這個心，也可以叫安心。這個心如果不了，永遠都是一個大患。

我們要了的這個心是個甚麼心呢？就是那個妄想分別心。我們在茫茫無盡的生死輪迴的路上受苦，就是因為這個妄想分別心。這個妄想分別心就像一匹野馬，拖著我們，讓我們受盡千般的苦楚。我們一直以來都是用妄想分別心生活，心總是向外攀緣、分別，特別在意外境好壞，外面的人事美醜是非。心用在境上，就是這樣。但外境的遷流與變化是無常的，也是無窮盡的——當然，根本上也是因為我們的妄想分別心無窮盡。依這個妄想分別心無窮盡，有外境之無窮盡，有世界的無窮盡，有我們眾生界的無窮盡，有我們生死輪迴的無窮盡，永遠沒有到頭的一天。

但如果我們修行能了心，則不然。了心是用心認識我們的心，了掉這個妄想分別。有人馬上會問，用心來了自己的心？本來一個心，怎麼現在成兩個了呢？沒有一個、兩個！這裏說了心的時候，正是現前、當下你的心發生作用的時候。心發生作用的時候，你當下念念觀照自己，觀照起心動念，就是了心。

我們迴光返照看自己，會看到分別心。我們平時正是通過這個分別心生活，這個所謂的外境，即我們

所感受到的世界，山河大地、人際關係、苦樂好惡，就是通過這個分別心在影響我們。在禪堂打坐的時候，我們腰痠腿痛，身體種種感受，也都是通過分別心起作用。因此，那些境都是幻。任何時候都要當下觀照自己的分別心，能照見它，這樣它就不再支配你了。這是一件事，不是兩件事，覺知、覺照分別心，就是在了心。

在禪堂參禪時，我們提起話頭，實際上是在提起一種覺照，用這個話頭在心裏揣摩來、揣摩去，種種分別意識現前，乃至身體的種種境界現前的時候，你能不跟著它跑，還能提起你的話頭，提起修行的功夫，那你就出頭了。出頭是甚麼意思呢？你沒有被那些妄想分別的河流淹沒，沒有跟著它跑。我們套用臨濟禪師的話，這種情況叫主看賓。本來我們的心是王，是主人，一切境是賓。心能居於主動地位，不被境淹沒、牽著鼻子走，就叫主看賓。但是要做到主看賓不容易，因為通常一不小心，心不能轉境反被境轉。所以，在修行的時候，我們需要一個法門。

大家可能都有這樣的體會：不管用甚麼法門，念佛或是參話頭，時時都需要一個斷的力量：切斷！你只要一覺照到，就要從境界裏出來，戛然而止，「咔嚓」一下。你現在打坐身體很舒服嗎？心裏很快樂嗎？

這也是個境界，切斷，心不要跟它走；你腿痛，心裏很煩，可能已淹沒在裏面了，提起覺照，切斷；你想起過去所經歷的某件快樂的事，越想越快樂，時時地回憶，沉浸其中，切斷；你想起過去有一個人對你不好，跟你有怨仇，在內心生起種種的害心，希望他倒楣、生病、家破人亡，切斷。心念才起，馬上切斷，切斷妄想之流。不斷地切斷，你的功夫才能真正地相續。參一個話頭也好，念一句佛也好，其實也是一個妄想。但我們以妄止妄，這樣一來，功夫才能相繼，否則就會中斷，很難有進展。

即使坐得很舒服，很輕安，心裏沒有太多的念頭，也很喜歡打坐，喜歡沉浸在這個境界裏，也要切斷，要重新提起心裏的功夫。外面的種種境界、周圍的人和事，分散著你的注意力，你才一分心，瞟一眼，心已經跑了，這個也要切斷。所以在這些地方要果斷，不要給自己留情面。修行人正是在這樣的一種功夫裏培養了剛毅、果決、灑脫的氣質。禪和子身上這種剛毅、果決、灑脫、轉身就走的氣質，不是學來的，是在用功的時候，覺照之力切斷妄想、由內及外培養起來的。不能猶猶豫豫、藕斷絲連，黏黏乎乎、拖泥帶水，這不是修行的樣子。修行的樣子是一下切斷，再不回頭。這樣我們的心才不會被境淹沒，不會

隨妄想分別之流漂泊，出沒在生死輪迴的苦海裏。

　　前面我講了，生死輪迴隨分別心頭出頭沒，沒有窮盡，苦海無邊。大家注意，我現在講的是這種理，很深奧，好像有些拗口，但是這種相在我們的世界裏卻可以真實地被觀察到。大家觀察一下這個世間相，在生活中相續不斷，沒有窮盡，沒有哪一天是完的時候。打個比方，醫生與疾病，幾乎每個敬業的醫生都希望把這個世界上的疾病徹底地醫好、醫光了，再沒有哪個人生病，但是從古到今這只是一個理想，到未來也會只是一個理想，實現不了的。醫藥與疾病總是糾纏在一起，得了疾病，你找醫藥，待醫藥找到了，新的疾病又出現了。為甚麼會這樣呢？與眾生的煩惱、業力有關係。眾生的煩惱無窮盡，造業無窮盡，表現在眾生的身體上，疾病也無窮盡。

　　再比如，我們都希望這個世界永遠沒有戰爭，和平來臨，再也不要有鬥爭。但這個理想恐怕很難實現。因為通常人類用以達成和平的手段，本身就蘊含了新的戰爭的因。用這個因，又想帶來與它相反的果，這怎麼可能呢？

　　就像治病一樣，我們為了研究一種治療某種疾病的藥物，用了許多殺生的手段，用老鼠做解剖，用動物做藥物實驗，犧牲了很多動物的生命，用了很多

殺生的因，製造了一種藥，希望這種藥把疾病都消滅掉，可能嗎？因與果不相稱啊！殺生的因能帶來不殺生、永遠健康的果嗎？不可能。所以，我們生活的這個世界的荒謬和悖論，都從這裏來。

這個世界的許多事情，用個比喻來講，都如喝鹽水止渴。你很渴嗎？很渴。那應該喝茶啊，但是我們都在喝鹽水止渴。喝鹽水止渴，這個渴是沒有辦法止的，只能越喝越渴，越渴越喝，沒有窮盡。

世間相相續是普遍存在的，永遠不要抱幻想甚麼時候它自己結束。不要把你的心依靠在一個外在的境上，不要等待，要馬上從我們的心下手去修，了這個心——這個則是有盼頭、有盡頭的，會有海晏河清的一天。

生死輪迴是個無盡的事情。人們在生死輪迴中總盼望能得到最後的安樂、快樂與幸福，但卻永遠得不到。不斷地解決煩惱，不斷地來新的煩惱，這就是輪迴中的現實。只有把心了了，才是一了百了。

凡所有相，皆是虛妄

坐禪就是觀察我們的心。做這種觀察的時候，有時會出現很多幻覺，居士們出現這種情況比較多。有的居士跟我講，坐禪的時候，耳邊聽到念佛的聲音，

或者看見佛菩薩。凡是在坐禪中所見、所聞，乃至於所觸（感觸、觸覺），都是虛妄。講到觸覺，有的人坐在那裏可能突然覺得身體變得很大，像虛空一樣；或者突然覺得身體變得很細、很小，這叫觸；也有人聞到香味，這些都是虛妄。

我這樣講，可能讓一些居士有點失望，因為他們費了半天勁打坐，好不容易才有了一點佛菩薩的影子，我這兒卻說是「虛妄」——我要強調，就是虛妄！

這些虛妄，多半來自於內在的妄想，就是我們的意識。意識的倉庫裏有這些素材，比如念佛的聲音或者佛像，當你靜下來時，它們就可能浮現出來。特別是見地不正，打坐的出發點錯了，可能想看見一點甚麼、聽見一點甚麼，就更容易出現這些情況。

內在的因素除了我們的心理，還有身體。說到身體，還稍微複雜一點。你的禪坐要到很深的程度，才會出現身體引起的妄想，身體會影響到意識。我們身體的氣血、能量的狀態會投射到我們的意識熒幕上。你感覺身體很高大或者變得很細，可能與身體有關。也有來自外在的因素，這種比較少。有一種情況，如果沒有真正地三皈依，出發點不正確，可能招致一些外來邪氣的干擾，形成你意識上的妄想。還有一種情況也可能發生——那就是修行到很精進、很深入的狀

態，才會招致一些外在的魔障。凡此種種，我們一定要抱定這種主見，就是——「凡所有相，皆是虛妄」。

這樣講了以後，有的居士可能會問，那咱們打坐究竟圖甚麼？這個問題真是應該問一下。我知道，有的居士喜歡以打坐中出現的這種幻相為驕傲，或者作為自己有修行的驗證，這就錯了。還有的人，可能陶醉在坐禪中出現的這些幻相中，很歡喜，這當然也錯，而且更危險。因此，說來說去，發心特別重要，你一定要知道你想幹甚麼。

坐禪幹甚麼呢？就是修定慧，修止觀，由止觀生起定慧，最終的目的是智慧。智慧有甚麼用呢？智慧能對治心中的迷惑，能讓我們明白，我們明白的時候迷惑就沒有了，迷惑沒有了就不會犯錯誤！這就是解脫和自在。

這樣講起來有點抽象，好像不如那些幻覺更真實。其實不抽象，我們修行、坐禪是否得力，可以在生活中自我檢驗：煩惱是不是減輕，事情能否看透；遇到困難、問題能否放得下、想得開等。心胸開闊，心態調柔；能理解別人，能包容異己；沒有怨恨，活得瀟脫，這些就是修行好的驗證。

能做到這些，是因為你的心沒有掛礙。《心經》裏講：「無掛礙故，無有恐怖。」無掛礙不僅僅會沒有

恐怖——《心經》是以恐怖為主來講。恐怖在我們心中是很根深蒂固的，由恐怖我們還派生出了很多其他心理行為，如自我保護，害怕失去甚麼東西，要抓牢一些東西，這些都來自於恐怖，乃至於生活中的鬥爭，也來自於恐怖。

心中無掛礙，在生活中就會表現出剛才講的那些特質，會有滿足感，會覺得人生有意義、和三寶有連接感，連接感就是一體。上和佛菩薩有連接感，下和眾生有連接感。和眾生有連接感，就意味著你的心量大，有慈悲心，最起碼有很深的同情心。你特別能理解跟你情況不同的眾生的處境，這來自於一種連接感，感同身受，感同身受提升了就是大悲心，這也是無掛礙帶給我們的心態的變化。然後你覺得生活有意義，即使是平時生活中的小事，也會覺得有滋味。對於未來，沒有焦慮、沒有擔憂，對於過去沒有後悔，對於你周遭的環境和人沒有抱怨。這就是你修行得力的正確的驗證——不管是念經還是禪坐——而不在於你把眼睛閉上以後聽到甚麼、看到甚麼，那些都沒用。因為心、佛、眾生三無差別！一切法都在我們心裏，你向心外求那些相，即使那相是佛菩薩的相，也是錯的。

有的同修修念佛法門，念佛法門有觀像念佛，雖然現在用這個法門的人並不多。念佛的觀像，是在正

念的把持、覺照下自主地開展，是能自我做主的。念阿彌陀佛聖號，念得相應，不一定是你一念就能看見阿彌陀佛，而應該是你的心越來越多地具有阿彌陀佛的品質。阿彌陀佛的品質就是慈、悲、喜、捨，就是無量光明，光明透脫。如果你能在心裏體驗到阿彌陀佛這種品質的連接，你自然充滿信心。你的信心不應該來自於你看到甚麼相了，或聽到甚麼了，而應該來自於你心態的改變，心力的增強，來自於這種心態改善帶來的生活品質的提高。

河北這個地方，民間信仰很複雜，許多信徒對修行有誤解。可能有的人說到佛門裏坐禪，實際上他坐的那個禪不一定是佛教的禪，而是那些妄想禪、幻覺禪、弄神弄鬼的禪，這就與佛法完全不相應！佛法是光明正大的，是與世間法圓融無礙的，是非常具有正氣、和氣的法，不是很神秘、怪異、個別的法。

禪宗裏有個公案：有個禪師叫文喜，據說他朝五台山的時候，在路上見到文殊菩薩來接他。他怎麼說？他說，不可以有兩個文殊。甚麼意思？他講的是一種自信——我就是文殊，怎麼又跑出個文殊來？其實這樣的話才是文殊菩薩愛聽的。

後來他回到寺院修行，在大寮裏做飯，舀水的時候，水缸裏出現文殊菩薩；炒菜的時候，鍋裏又出現

文殊菩薩。要是換了我們，還不得趕緊磕頭啊——把舀水的瓢扔下啪啪磕頭，肯定會這樣。文喜禪師怎麼做的呢？水缸裏出現他就朝水缸裏打，鍋裏出現就朝鍋裏打——「凡所有相，皆是虛妄」。他能做到這一點，乃是因為他見到了自己和文殊菩薩一樣的心性，所以他不會再被外面的境界迷惑了。對他來說，這樣做就是對文殊菩薩最好的禮敬。水缸裏出現了文殊菩薩，或許是文殊菩薩檢驗他呢，看他還著不著相，心是否為外境所動。

這樣的公案故事，在過去大德的修行裏有很多。所以我們坐禪，還是要牢牢地把握住心。這個心，應該是平常心，不要求奇求怪，這樣開始我們的修行，就不會走彎路。想要做到這一點，發心要正，理路要清，知見要正，這幾點最重要。

坐禪中的心念特徵：專注、清明、綿密

昨天我們講到打坐要面對、處理的三個要素：第一個是身體，第二個是呼吸，第三個是心、心念。

身體要正，要鬆，要緩；呼吸要深、要細、要勻；心念，遵照我們淨慧老和尚的教導，打坐中的心念，正常的，應該是也有三個特徵：第一個是專注，第二個是清明，第三個是綿密——專注、清明、綿

密。專注，是專一，不改變目標；清明是心、心念對所緣對象的了知很清晰；綿密是說，這個專注、清明的心念，能夠有力地相續、不間斷。有綿密這種信念一定會有力量，有力量你才不會被外境左右。不管你用甚麼方法來禪修，講到心念，我覺得這三個目標，應該是具有共性的。

當然反過來說在禪坐中，可能障礙我們的問題也在這裏。不能專注，心會很散亂；不能做到清明，心會很昏沉；不能做到綿密，中間經常被打斷。這種心，就像風中的蠟燭，燈光很微弱，可能會被風熄滅掉。當然這種訓練，需要時間、功夫的積累，功夫積累到一定時候，一些特徵才會呈現出來，所以古人說，就像射箭一樣，「如人學射，久久方中」，久而久之自然能射中那個靶心。因此我們在禪坐中，要不斷地調整這個心，就像射箭，如果往左偏了往右糾正，往右偏了往左糾正，如果往上偏了往下糾正，往下了你要往上糾正。在這種調整和糾正之中，是一種甚麼力量在起作用呢？就是我們的心有正念的力量，正知，正念。正知就是如實知，我現在是怎麼樣，我現在偏左了，要往右調，我現在右了，要往左調，所以調心是一個非常精細的工作。

專注是基礎，如果沒有一定的專注，後面的工作

都談不上，這就是我們講的止觀雙運中，要先有止才有觀，觀是觀察。我們不管用甚麼方法禪坐，我們的心都會緣一個對象，緣佛號，或是緣一個話頭等，所以先要在我們的心念緣這個對象的過程中培養專注的力量，不斷地抓它，終於能抓住了。專注的力量有深淺，依宗門的用功不大重視深度地訓練這個專注，深度的訓練就是禪定了，只是一般層面的訓練，可能還到不了初禪呢！

通常在靜坐中，很多人都能體驗到短時間的專注和一定程度、比較淺的專注，真正的專注出現的時候，身體就是放鬆的，恰恰身體不是緊張的，呼吸是深長的，而心念就像被一個吸鐵石吸住了，不用太費力就能專一在目標上，通常我們在靜坐中都會體驗到的。僅僅是這種膚淺的專注，你就已經能體驗到一定的禪悅了，已經能讓你很舒服了。

一定的專注會給我們身心帶來愉悅，我相信這大概也是許多人喜歡坐禪的原因之一，但是如果你是因為喜歡坐禪帶給你的那種愉悅而來坐禪的話，那你又錯了——你的目標錯了，發心錯了。這種愉悅固然能讓我們有信心，但是它不應該成為坐禪的目的，不能成為我們的發心。貪著於靜定帶給我們的愉悅，是修行的一個偏差。我們真正的目的，最後是要用在觀察

上，觀察就需要清明，需要綿綿不斷。

有的人可能在禪坐中會有各種各樣的體驗，比如說心裏空空的，好像坐在一團白色的光芒中，這些都是一時的境界，你千萬不要以為怎樣。我們這個意識有很多境界。打個比方，就像我們早上看到初升的紅日，那一種由視覺帶來的印象，也會在我們的意識上形成相應的感覺，或者皓月當空那種視覺景象，也能在意識上形成相應的感覺，所以在一定的因緣下，也會有像空空如也呀，一片光明啊這樣的意識境界。這個所謂的因緣包括你的身體狀態，包括可能你正好坐這一支香的時候，用功用得比較好……裏面有很多的因緣。為甚麼有的人坐這支香腿很痛，下一支香就不痛了，奇怪！有的時候你會發現，這支香你不能專一，下支香很專一，這裏面因緣很複雜，千頭萬緒。

諸多的因緣裏面身體是很重要的。如果今天晚上吃飯吃多了，那你的養息香坐的效果可能就差了。雖然今天晚上吃得也多，但是你的消化特別好，腸胃很好，可能仍然不影響你的養息香，使你能進入到你覺得很好的境界裏去。你看，吃飯，這是個因素、是個緣吧？如果你進禪堂以前，接觸到一些與修行無關的資訊，你的這一支香可能不好靜下來，這是個緣吧？也可能你在進禪堂以前，有人跟你講到一些讓你很愉

悅的話，就這樣一個緣就會使你在這一支香上座以後可能有很好的體會，為甚麼？因為你心裏有一點點喜悅，這也是緣，所以這裏的緣是無限的，很多。有些我們能用凡夫心了解到，有些我們甚至都了解不到。

在各種因緣裏面，還有一個重要的緣，就是我們的意識。我們的意識對佛法的見解和認知的水準會在靜坐中不斷地造作、作意，使你按照你的理解塑造某種境界，再加上其他的因緣就可能使你體會到剛才講的空空的、一片光明等境界。你以為是怎麼了，其實不是甚麼。

凡此種種我們都不能執著。那些都不是甚麼。說到底，在坐禪中最核心的就是觀察和思惟，再沒有別的了，但是觀察和思惟的前提是要有專注力。對我們來說，禪坐中的觀察是沒有止境的，你覺得你沒有妄想，其實你有很多的妄想。我們整個的生命就是一條河流，是由無數的妄想的種子、無數的妄想構成的。有很顯眼的，也有很微細的妄想，有潛伏在下面的，也有浮在上面的妄想。所以為甚麼我說，當你有了專注以後，對自己的觀察應該是無止境的，原因在此。當你真正能靜下來，真正把粗的妄想歇下來再深入觀察的時候，你就能發現，心靈的河流，有很多的流水，從來沒有停止過。包括我們的身體，以及我們關

於身體的感受，在深入的觀察中，最後你也會發現，那也都是一些妄想而已。這個色身是一堆妄想，或者說色身這個法呈現出來，是與我們連綿不斷、強有力、微細的妄想支流分不開的。至於我們每個人心中潛在的貪、嗔、癡、慢，以及每個人的個性、性格，還有過去生活中積壓的情結就更多了。

這樣一個觀察的過程，恰恰是一個淨化的過程。在觀察中我們的心得到淨化、提升，我們的生命得到蛻變，就像洗澡一樣。如果觀察、專注的力量夠，你的信心將會增長。因為你從這專注和觀察的力量中，獲得了一些主動權。甚麼叫主動權呢？一直以來，我們就像大海上的一葉小舟，是被海水漂著的，被動的，在禪坐的專注和觀察中，我們能感受、體驗到越來越多的心靈空間、心靈自主，這樣我們的信心就增長了，那麼心力也會增強。

這是講坐禪中的心念，請大家記住老和尚的教導：專注——現在可能這是我們主要的問題了，清明——清明是觀察清晰，綿密。

問題與對治

禪修中的五蓋

學習坐禪有一個由淺入深的過程——由一般性到特殊性。一般性，就是不管你修行甚麼法門，坐禪有一般性的要求和規律；特殊性，就是你自己專修的那個法門的特殊要求。要了解坐禪一般性的要求，有一本著作不得不看，就是隋朝智者大師的《童蒙止觀》，又叫《小止觀》。這個書並不厚，講了坐禪的一般性的要求、規律。關於坐禪深入的次第境界，智者大師也有一本書，叫《釋禪波羅蜜次第法門》，比較深、比較高一點。一般基礎性的了解，就是《小止觀》（《童蒙止觀》）。

「童蒙」的意思就是剛剛開始，啟蒙階段。在這個書裏，智者大師講到了障礙禪定生起的五蓋，這個蓋就是蓋覆，讓禪定不能現前，不能顯露，蓋覆住了。哪五蓋呢？第一叫貪，第二叫嗔，第三叫疑，第四叫掉悔，第五叫昏睡、睡眠。如果這五樣東西在我們修禪定、坐禪中現行，我們的禪修就難以深入。止也好，觀也好，難以顯現。可能大家接觸了佛教的名

相會發現，有些詞會反覆出現，比如貪、嗔，你講煩惱的時候講了，這裏講五蓋又講。你要知道，同樣的名相在不同的地方出現，含義是不一樣的。五蓋裏的這些貪、嗔、疑，指的是在禪修中現行的。我們知道這些煩惱有種子、習氣，種子就是現在沒有現行、沒有起作用、沒有支配我們的；現行的是正在三業中起作用的。煩惱在我們的三業中正在起作用，禪定就不會現前，止觀就沒辦法進行，所以叫「蓋」。至於煩惱習氣的種子，它沒有現行，還在那兒潛伏著，並不會障礙止觀，止觀到了一定的境界還會轉化它們。

五蓋中的貪有很多種。有的人可能貪男女的慾望，若它在禪修中現行的話，顯然禪定是不會出現的。因為在那種情況下，你的身心會熱惱；還有的人貪飲食，吃得很多，心中經常現行各種關於飲食的念想，也沒辦法專注；還有貪名譽等。當這些貪現前的時候，心就沒法專注，也沒法進行深度的觀察。所以第一個蓋叫貪。

第二個蓋叫嗔，就是嗔恨、嗔怒。你打坐的時候，突然想起一個你討厭的人，怒火中燒，那也沒辦法禪修；想起一件讓你不開心的事，難以釋懷，老是想發洩一下，那你也沒辦法專一。當然廣義地講，對無情也可能嗔，你對你打坐的環境、天氣都可能嗔。

因為有居士給我寫條子說，有的同修在禪堂打坐，其他的人老咳嗽，或者弄出各種聲音，於是心理會很複雜，有的時候有一種厭惡的感覺，有的時候又有點惱火，有的時候你恨不得過去給他一下（那叫害心），這都屬於嗔的範圍。你在這種情況下，怎能專一啊？沒辦法專一。所以，這就是為甚麼我們也說，盡可能地不要干擾別人。但是，作為每個修禪的個體來說，你要要求自己的心不要對這些情況起心動念。

疑是甚麼呢？在五蓋中的疑，它指的是懷疑，不是參禪的疑情的疑。疑情的疑，恰恰是信，這裏是懷疑。很多人對自己用功的法門沒信心或信心不夠，還有的人對坐禪是不是真地能增長智慧也有疑議。實際上五蓋裏的疑，要是借用佛教心理學的說法，也包括不信。 在佛教心理學中，不信和疑還是兩種。不信是消極的，疑是積極的。不信這種消極的狀態是甚麼呢？是指信心不夠，信心疲勞、怠惰。疑是主動性地對某個對象不接受、不順從，這種心態出現，也使禪修難以深入。這種狀態也可能發生在你正在禪修時，當你深入到一個境界的時候，你突然會生起疑：行嗎？能繼續下去嗎？因為擔憂、懷疑，可能就此打住了。所以，疑是一個蓋。

掉悔是甚麼呢？嚴格地講，掉悔是兩個心態，但

這兩個心態很接近。「掉」的意思，顧名思義，就是你抓著一個東西，一鬆手它不就掉下來了嗎？坐禪的時候，我們的心總是抓一個東西，專注於一個對象，但是經常會把它搞丟，這叫掉。悔是甚麼呢？悔是後悔。在掉的狀態，心容易浮。悔裏有後悔、追悔，悔見。如果我們有時候對自己以前犯的錯誤難以釋懷，就會有悔心所、追悔，有一個結在心中。本來這個心是要讓我們專一在禪修的對象上，專注在念佛或數息上，但時不時地要放下來，情不自禁地把自己的專注對象弄丟了，去追憶、追悔其他的對象、事情。這就叫掉悔。打個比方，小孩子回家做作業，但他很喜歡看電視，於是寫一會兒就放下，跑去把電視打開，看看電視。可能看著看著還是覺得要寫作業，不寫的話，上學不好交代，他又寫一下，然後他又停下來把電視打開。這就叫掉。他的任務本來是寫作業，但他經常把這個事丟下，去弄別的。如果有這種心態的話，禪修就不容易專一。在禪修裏面，這種蓋具有相當的普遍性。

這下我們就能觀察到：為甚麼由戒生定呢？因為戒的功德能帶來一個心態，叫無悔，沒有悔。在出家人的戒本前面有幾句話：「說戒亦如是，全毀生憂喜，如兩陣共戰，勇怯有進退。」持戒就像兩支軍隊打仗一

樣，勇敢的人前進，膽怯的人後退，清淨的人就喜，有問題的人就憂。如果持戒不夠清淨，會產生一些障礙禪定的煩惱心所出來。

第五個蓋叫睡眠。睡眠本來是我們人道的眾生不能缺的，那麼作為蓋的睡眠是甚麼呢？過度的睡眠、打坐中的昏沉都屬於蓋的睡眠。坐禪中昏昏欲睡，平時生活中過度地放縱睡眠，嗜睡如命，把睡眠當成一種享受的心態，這就有問題了。睡眠是一個不定法。它可以是一個煩惱心，也可以不是煩惱心。因為正常情況下，在我們的觀照下，為了身心更好地修行，這個不算煩惱。但是，你放縱地、貪嗜地睡，那就是煩惱，一種蓋覆禪定的障礙。當然打坐中昏昏欲睡，那也障礙禪定。

這就是五個蓋。我們可以用這五種蓋，反過來觀照自己，看看問題和障礙主要出現在哪些地方，然後去對治。

五蓋的對治（一）

前面講的是禪修中的五種障礙，又叫五蓋。蓋是蓋覆，一種比喻，蓋覆令禪定不顯現。五蓋是甚麼？第一是貪慾，第二是瞋恚，第三是昏眠，第四是掉悔，第五是疑惑。貪瞋昏掉疑，這五種煩惱是禪定

現前的障礙，所以在禪修中，我們可以自我檢查，如果這五種蓋都得到了對治，禪定一定會現前。對這五種蓋，我們可以粗線條地做一種對應的認識：貪瞋，主要是煩惱障；昏眠，主要是業障；掉悔，主要是業障，也有煩惱障；疑惑，主要是所知障。但這些對應不是絕對的，因為貪瞋裏面也有業障，昏眠其實也是一種煩惱。

古代祖師講，「客塵易伏，家賊難防」。客塵就是由外面來的，引申為煩惱的緣，當我們在禪七或是封閉的禪修狀態下，客塵通常都被減少和排斥在外面。比如說你在一個封閉的環境閉關，很多會引發你貪瞋癡的外緣就沒有了。但是家賊難防，家賊是甚麼？就是我們心裏本來就有的煩惱習氣種子。因為無量劫來，我們在六道輪迴裏頭出頭沒，造了一大堆貪瞋癡的業，經歷過許許多多貪瞋癡的惡習，所以當外面的環境對我們不造成障礙，我們的注意力完全內轉的時候，內心會現前煩惱習氣種子。

我們可以一個個地簡單分析一下這些煩惱習氣種子。比如說如果貪慾現前，它有可能在你心中顯現一個想，想蘊。所謂的想就是與貪相應的一個概念現前了。它有可能是你很貪愛的東西，打個比方說，一位居士在寺院坐禪，有一天突然心裏想，家裏面的古

董會不會被別人偷走？這就是來自於他對這個東西的貪。或者是他心中顯現一個異性，對她有貪慾，如是等等的人或物。

　　嗔恚的煩惱也是一樣。你在禪坐中突然想起一個人，或者曾經跟他在一起的某件事，然後心裏生起怨恨和惱怒。那件事過去很久了，甚至有可能那件事發生的時候，你的嗔恨並不強，只是心裏不舒服，然後很快就淡忘了。為甚麼淡忘了？因為在日常生活裏，我們眼前總是不斷地出現新的境界吸引我們的注意力，所以，你當時所經歷的不快轉眼就放下了，或者只是在心中徘徊一個短暫的時間，就放下了、不會再注意它，但是在禪修中把它翻出來的時候，你非常生氣。

　　不管是貪還是嗔，這兩種煩惱，如果你在禪修中翻出這個種子的話，就是很大的障礙。它有可能是微細的，也有可能是很猛烈的，在你心中現前。當它現前的時候，會不會造成你氣機紊亂、心緒不寧、呼吸粗重呢？因為人在禪坐中，心會更加安靜，煩惱在安靜之中被放大了，似乎對我們的影響也變大了。這時候怎麼辦？當然這裏講的是極特殊的，比較嚴重的。這個時候古人講，對治這種煩惱，你只能用正見去觀察。所謂的正見，都是十方諸佛般若智慧裏開顯出來的。

　　用正見去觀察現前的煩惱，是有很多理路的。在

這裏我們就要提到《楞嚴經》，坐禪的人一定要研讀《楞嚴經》——「成佛的《法華》，開悟的《楞嚴》」。因為《楞嚴經》在前面七處徵心，釋迦牟尼佛其實就教授給我們一種觀察煩惱心所的方法，用《楞嚴經》前面的那種觀察方法，任何一種煩惱現前，你都可以觀察它。在這種觀察下，煩惱了不可得。關於《楞嚴經》這個觀察方法，你們下來去看。

　　不管是貪還是嗔的心念現前的時候，天台宗有另外一個觀察理路，這個理路來自於中觀的一個偈子，說一切的煩惱心所：「諸法不自生，亦不從他生；不共不無因，是故說無生」，這個偈子大家都很熟悉。「諸法不自生」，注意這裏說的諸法，包括心、心所和色法。這裏的諸法是說，我們現在對一個對象生起貪慾；對一件事，我一想起就惱火——這個惱火的心、貪心是自己生出來的嗎？不是。因為如果是它自己生出來的，它已經有自己了，為甚麼還要生？那是他生的嗎？從另外一個對象生出來的？也不是。你在這裏要作深入的觀察。因為你自己可能會說，一想起這件事就惱火。比如說他罵你一句，你一想起他罵我這件事就惱火。這個話裏面包含的你的嗔恨，是從他罵你這件事生出來的，那麼就是他生嗎？怎麼會不是從他生呢？這裏要觀察，要用因明、邏輯來觀察。這個人

罵你，你就生氣，就相當於説，任何一個人罵你這件事，具有讓你生氣的自性，是這個意思。好了，在這個結論下，我們就會發現，很多時候有人罵我們，我們不生氣，對吧？如果你師父罵你，你可能還感到高興，消我的業；如果你父母罵你，你還感到一種親昵、愛意，可見有人罵你這件事，並不具備讓你生氣的特性，所以不從他生。可能你會説，我想起那個人就惱火，那你觀察一下，你的惱火是不是從那個人生出來的呢？如果那個人具有讓你心裏生嗔恨的特性的話，為甚麼別的人看見他不惱火？如果他具有讓你一見就生嗔的特性，應該是所有見到他的眾生都會生嗔恨，有沒有呢？沒有，所以不從他生。

這個觀察也適用於貪。比如有人説，我們任何時候見到錢都會生貪心，錢就是讓我們生貪心的一種東西。這不一定。因為在那個説法裏，錢具有讓我們生起貪心的自性，但是在有一種情況下，有些人看到錢可能會害怕。比如我們出家人裏有一些修行人修苦行的，自我要求很嚴的，看到錢嫌麻煩、嫌髒不願意碰。那你説，錢究竟是甚麼自性呢？好像也沒有一定讓我們生貪的自性，也沒有一定讓我們覺得它髒的自性，所以不自生不他生。

下面説「不共不無因」，就是自生和他生兩個合

起來會不會生這個煩惱？如果自不生這個煩惱，他也不生這個煩惱，兩個合起來，同樣是不會生。這是三個檢查、三個推窮，但是煩惱生出來，又一定是因緣法，它不是從這個人生的，但又離不開這個人，離不開這件事。它是因緣聚合而現前的，所以下面接著說「是故說無生」，這是講無生。如果我們的資糧足夠，可能從這四句話上，能當下悟入諸法不生不滅的空性。如果我們的資糧不夠，這四個推窮就能夠對治我們對煩惱，以及引起煩惱的相的執取。即使僅是對這四句偈子有決定見，有決定的信解，它也能幫助我們對治在禪坐中現前的煩惱障，因為我們堅信不自生、不他生。其實你的煩惱不是從某件事生出來的。最終回到前面說的，了不可得，煩惱不可得。它在哪裏？這樣就加倍使我們的心緒復歸寧靜。

這是講在禪坐中，特別是在長時間的封閉禪修中，如果有煩惱障現前，觀察它的理路。那麼觀察它的理路有很多方法，就是我們平時所聞思的經論裏面的核心教導。其實釋迦牟尼佛講的法，諸大菩薩、祖師講的法，都是幫助我們認清煩惱的面目、對治煩惱現前的可以操作、可以實修的方法，而不是一個純粹的理論，用來思辨、做學術研究的對象——肯定超過這個的。這是貪和嗔。

下面説昏眠。為甚麼前面我説昏眠是更傾向於業障呢？因為我們身心裏往往有一種渾濁的業氣，沒有淨化，沒有與戒定慧相應，所以我們就很容易昏眠。有的時候是由於吃飯多，有的時候是由於疲憊，根本上是我們在身體能量的層面，還很粗、很躁、很濁。昏眠這個障礙起來時怎麼辦？佛陀在經裏講過，如果你打坐覺得昏睡、昏沉，應該把眼睛睜得大大的。如果眼睛睜得大大的還想昏睡，應該做光明觀，觀想太陽在你的頭頂或是心尖。如果你很想睡，佛陀説你可以眺望遠處，當然這是對在樹林、在寂靜處禪修的人説的。如果還想瞌睡？你也可以用冷水洗洗臉，然後走動走動。如果起來走動了，還想瞌睡呢，那你就睡會兒吧！我可能少説了幾檔，在你真正睡覺之前還有好幾檔，你們可以去查一查資料。那麼佛陀教導説，你可以去躺下睡一會兒，但是當你躺下睡的時候，你應該隨時準備起來，就是在昏沉、疲乏得到緩解之後馬上起來。

　　在深入的禪修中，我們有時會感覺到內心沒有妄念，身體很安穩、很放鬆，但是心裏面很黯淡。黯淡的意思，就像是一個燈泡的光不強，電量不夠，很黯淡，那是一種昏沉。有的人誤認為那是一種定，其實那是一種昏沉，輕度的、微細的昏沉。越細的昏沉，

越不容易發現。對治昏沉，在座下要多拜佛，多修懺悔，持好戒；在禪坐之中就要多修止觀，用觀來提起正念，觀能對治昏沉。如果你的心偏於止，就容易昏沉。你提起精進，提起正念，就能對治昏沉。那麼，當你的昏沉得到對治，正念很夠、很高的時候，又可能會出現下面這個掉悔蓋。

掉悔，就是心散亂了。掉悔蓋是兩個，並不是一個，之間有交叉。悔是屬於掉，但是掉未必是悔。掉是一個比喻，比如我們手裏拿一樣東西，不小心手鬆了，掉下去了。在禪坐的時候，我們的心持一個對象，然後鬆開了，總是鬆開，總是抓不住。鬆開以後，可能會去抓別的。悔是掉，悔是甚麼意思？是追悔。比如在禪坐的時候，你會想到說：哎呀，出門的時候忘了給家裏的花澆水，當時要澆了就好了，不然在這裏坐七天，花可能就枯了。這叫悔，追悔。當然我只是打個比喻。

那麼生起掉悔的因緣是甚麼？這裏就講到平時的生活了。在日常生活中生起掉悔（往往是掉）的因緣，是來自於我們喜歡開玩笑，說綺語，有時候是情不自禁的。比如一個人坐在那裏，情不自禁地晃腿；有的人走路，情不自禁地東張西望，其實也不是刻意要去尋找甚麼，這都屬於掉。大家一定要知道，在世

俗的生活中，很多活動都是屬於掉、與掉相應的。修行人如果對這一點沒有覺察的話，他的修行將沒辦法深入。那麼哪些活動是屬於掉呢？那就太多了。說出來，也許居士們覺得這個日子沒法過了。其實，世間的人，唱歌、跳舞、看電影、看電視、聊天、打撲克，全部是掉，都是與細掉相應的。由此可見，修行是多麼難。為甚麼要出家？如果修行容易，大家都不用出家，在家也能修成。要真正地修行，是會面臨這些挑戰。你不一定非出家，但在家面對我剛才所講的會造成細掉的對境時，得有正念，盡可能迴避，當然也可以修行。

總而言之，你要修行（不管是在家還是出家），都要有出離心，需要生死心切。如果沒有出離心，沒有生死心，你就隨著世俗的文化、世俗的時尚、世間的一些生活習慣隨波逐流，有一點時間到廟裏來打七，還坐不住，心裏總牽掛著世俗的那點東西，所以前面我說，修行一定要有果敢、決斷、放下的精神。

今天講了五蓋中的四蓋半。如果能真正對治五蓋，禪修一定相應。

五蓋的對治（二）

前面講到五蓋。對於貪和嗔，我講到在禪修中，

可以對貪慾的心、嗔恚的心作觀察。今天我補充一點，在平常的生活中，對治貪嗔最簡單的法門就是修佈施、修供養。

作為在家居士，首先是財物的佈施和供養。經常做財物的佈施和供養，能夠對治貪嗔之心，通俗地說能擴大心量。我們一定要知道，修行到最後會進步到一個甚麼境界呢？就是不僅身外的財物可以佈施，連自己的身體、頭目髓腦，乃至於如果你是一位國王，你的王位、整個國家、富甲天下的財物，都可以全部放下，全部佈施出去。我們要相信，終有一天我們會達到這個境界。現在我們還做不到佈施頭目髓腦，也做不到佈施整個世界，首先這個世界不是你的，你也沒有王位。當我們思惟釋迦牟尼佛過去生在因地修佈施、修供養，思惟剛才講的菩薩道的修行中最高、最殊勝的佈施和供養，我們就知道，根據自己眼前的條件修佈施、修供養，我們可以有很多發心。比如有的人供養佈施是為了求福報，這個發心還是有為的、有限量的。那麼與法最相應的發心是甚麼？修佈施、修供養是從根本上對治我們的執著。執著表現在心態上最主要的兩種煩惱就是貪嗔。對治執著，拓展心量，能把一切都放下，也是修行核心內容。這是對昨天講貪嗔做的補充。

昨天講到細掉，所謂掉悔的掉，就是細掉。掉是甚麼意思？就是心不能夠長時間地把持住專注的對象，搞丟了。為甚麼會這樣？因為長時間地持，他持不住，一定要放鬆一下。我們觀察整個人類的生活，「掉」是一個普遍存在的特徵，眾生的心不能長時間地持住一個對象，所以你們看，每七天要有一個週六週日，從身體上、心理上轉換目標，把在前五天抓住的對象放一放。當然我昨天還講到各種的娛樂，其實都是掉心的表現。在禪修中，我們要做到的是長時間地持住一個對象。比如長時間地念佛，長時間地數息，長時間地在疑情上參話頭。這裏不存在歇會兒，應該讓它一直在心中相續，所以掉就是一個障礙。在禪坐中出現掉心、不樂住於你所專注的對象的時候，有一個對治方法是，你要通過作意在心裏生起慾樂，對你所修的這個法門在心裏生起興趣，以興趣鼓舞這個心，讓它專注。

　　悔是甚麼？悔是追悔。在禪坐中，你可能會翻出以前做錯的事、有愧疚的事，然後在心裏自責追悔，這也是禪定現前的障礙。翻出以前做錯的具體的一件事，犯的具體的一條戒，愧對的具體的一個人，這是一種悔心，且悔的內容很清楚。還有一種感覺是甚麼？是在禪坐中，悔的具體內容沒有顯現，但是你

的心不踏實，是鬆散的、不集中。因為我們對過去做的很多事心中有悔，沒有做到無悔。如果有悔，在禪坐的時候注意力就難以集中。世俗講「後悔的藥買不到」，對治悔，只有修懺悔法門，通過懺悔把令你牽掛的事放下、不再攀緣這件事，內心就平穩了。這是第四蓋，掉悔蓋。

我們通過坐禪明白了平時持戒很重要。如果戒持得不好，坐禪時很容易生起掉悔心。很多你早就淡忘的事，很久以前犯的錯誤、說錯的話，乃至動錯的念頭，在這時候就現前了。所以，只有平時盡可能地把戒持得嚴謹，禪坐時才不容易有掉悔心，定自然現前、由戒而生。

第五個是疑惑蓋。疑的蓋是與我們對佛法的知見不決定、不明確、不堅固有關係。我們也許聞思到一些法義，但對這些法義有沒有真正地深入觀察、思惟，得到決定而產生力量呢？對我們自己所修的法門，要有相當的了解和較強的信心，然後在這個信心的推動下去修持。疑，其實是放不下，放不下自己以前的不正見。放不下心裏的各種知見，所以對於眼前的法門，對於自己能否修行、能否得到利益就會動搖。對治疑蓋，也需要我們平時在聞思佛法方面要深入，要決定；同時在日常生活裏遇到事情的時候，要

養成決斷的習慣，要果敢。猶豫是一個不好的習慣，是一個跟修行相悖的習氣。左顧右盼、瞻前顧後、患得患失都是疑的表現。

另外，有些修行人有個習慣，就是修一個法門，修了一段時間就換一個，修了一段時間再換一個。這也是疑的一種表現，就是對所修法門信的力量不夠，起了懷疑。就像一個人在地上挖井，挖了幾米，看看沒有水，換一個地方再挖；挖幾米，也許挖到了石土，但沒有見到水，又換個地方，結果他永遠也挖不出一口井來。這就是疑，也是我們修行的障礙。所以，你平時做事、考慮問題，要養成決斷、專注的能力，不要令疑的習氣在心裏滋長，不要養成狐疑的習氣，這個很重要。把利害得失看得重也會造成疑心重、懷疑重。

前面講的這五蓋，如果能在禪坐中得到淨化，用功自然就容易相應。

甚麼是魔障

在佛教裏，甚麼是「魔」呢？大家不要把魔想得太奇怪，魔就是障礙、惱害的意思。一件事情或一個人，只要障礙我們修道就可以說是一種魔障。修行的魔障通常分成四種：蘊魔、煩惱魔、死魔和天魔。

蘊魔，就是色受想行識五蘊——我們眾生的身體和精神。五蘊何以在修行中成為障礙呢？比如疾病，在修行中身體上火、心緒焦躁不安，就是五蘊魔障礙我們修道，表現就是五蘊熾盛。

　　煩惱魔容易理解，我們內心的貪嗔癡煩惱，不修行還好，一修行反而更厲害，使我們的修道沒辦法進展。

　　死魔是甚麼？它有時表現為一種悲觀情緒，有時是遇到困難的時候想一死了之，這就是所謂的死魔。並沒有一個長得很兇惡的魔出現在我們面前，奪走我們的命。如果我們心裏消極悲觀，對生命沒有正面的看法、不珍惜生命，那可以說就是死魔的影子。現在社會上有很多人得了一種病，叫抑鬱症。抑鬱症嚴重的人會有自殺傾向，覺得生不如死，那就是死魔的一種現象。修行人在修行中深入觀察內心的時候，可能會翻出一些東西，因為在生生世世的輪迴中，安知我們過去世沒有過自殺的想法，甚至做法呢？這些過去世的業習有可能會翻起來障礙我們修道。

　　天魔是指欲界天的第六層天——他化自在天。我們要出欲界時，要經過他化自在天天主這一關的考驗。因為他不希望我們出欲界，所以嚴格來說，即使我們修行要進入到色界，生起色界的禪定，都可能會

面臨這種魔障。這種魔障也不奇怪，它不是一個東西，而是表現在我們修行過程中會出現一些莫名其妙的因緣，比如你修行的時候本來很清淨，但是你曾經喜歡過的一個人，現在纏上你了；或者你本來好好的，突然遭遇男女的障道因緣；或者你突然有一種嗜好現前，欲罷不能，這些應該都是天魔的力量。以上就是我們通常講的四種魔。

關於魔還有一種更細的分法，就是分為外魔、內魔和隱暗魔。我只能簡單地介紹一下。外魔有六種。第一種叫冤親憎愛魔，冤家是憎，喜歡的人是愛，就是你在修道時碰上冤親找你的麻煩。比如有的人出家以後家裏親人來找他，也有的人出家以後冤家來找他。第二種叫倒引鬼魔，就是干擾修行人的非人、鬼魅。如果你修行中戒行清淨，過去沒有結惡緣，就不會有倒引鬼魔。第三種叫道取惡師伴魔，一個人修行中偏偏碰見非常不好的、不負責任的師父，或者是不好的同修伴侶。遭遇了這種魔的人，他聽不進去好的師父、好的同參道友的話，這樣的真有。我們鄉下有句俗話「人牽著不走，鬼牽著跑得飛快」，他偏把這些邪師外道的話認取為真理，這其實是一種魔障。第四種叫雜想福德魔。本來修道、坐禪功夫用得很好，再繼續努力可能就要破參見道的時候，突然打了妄

想：是不是修修福報啊？到哪兒去造一座露天大佛？人身難得，把這個事辦了！其實這些事情雖是好事，但對於你的修道來說，就是一個分心的事。第五種叫貪執食財，就是修行人貪著於食物、錢財。人貪起錢財來有時可以到一種變態的境界。最近社會上反貪，有一些貪官被發現了。河北有一個貪官，四年貪了兩千多萬，但他並沒有花，而是把這些鈔票放在一個專門的房間，碼在書櫃裏，就跟碼書一樣。他自己有空就跑到那個房間把門反鎖上，從櫃子裏取出錢來，點著玩，點完了再放回去。這就是貪著錢財著了魔。這樣的貪官還有很多。第六種叫學識功德魔。學識功德通常是形容一個人有學問、有本事，怎麼會是魔呢？原因是在修道路上到了關鍵的時候，你要斷惑證真，但突然貪戀起詩詞、繪畫，並沉溺在裏面，使你的修道大業放慢了速度甚至中斷了；或者有的人修著道，突然想去學學醫術，解救眾生的病苦；或者想學工巧明，學咒術等等，就叫學識功德魔。這些是外魔。內魔，簡單地說就是煩惱，所以不多講了。

隱暗魔是甚麼呢？就是你不容易覺察到的，以為沒有甚麼，而實際上是一種障礙。隱暗魔也有六種。第一種叫貪執宗派，這是我們很多修行人都有的，就是把自己學的宗派無限地抬高——只有我這個宗派是

最好的——把別的宗派貶低。貪執宗派表現出來的是對自己學的法很忠誠，而裏面存在的執著和排他性就是魔障。第二種叫我慢執魔。這是來自於修行的過程中，在佛法的思惟見地上有突破、有所見後，生起的我慢心。第三種叫腹行無方魔，腹指肚子，腹行無方指的是有一類修行人一味地謙虛：我這個人甚麼都不會，沒德行，也不學習。因為他一味地謙虛，結果真地就是這樣，既不學習，也不修行。承認自己是這樣，實際上這是一種魔障。第四個叫證相傲心魔。這是在修行上有所體驗、有所證的時候，心經常陶醉其中，經常暗喜，不跟人說，也不跟自己的師父說。昨天我講過，有體驗不要隨便跟人說，但是如果你有了體驗，自己心裏經常陶醉在裏面，產生傲慢心，就是另外一種錯誤。逢人便講、誇大其詞不對，在心中暗暗沉醉其間、產生傲慢也不對。第五個叫信心疲勞魔。就是修道中沒有進展，慢慢地信心疲勞了，對因果、三寶、修行證果，不像剛開始發心那麼猛、那麼親切。出家師父容易有這個魔。第六個叫失道悲憫。就是自己沒有智慧和真正的慈悲心，但是過早地表現出慈悲利他。這個利他當然就不究竟，而且也妨礙自己的修道，這也是一種障礙。

魔的相狀大概如此。大家注意，所有這些障礙往

往是修行比較認真、精進的人，在修到一定程度的時候，才有可能出現或感召來。從這個意義上說，如果我們能克服這些障礙，我們的道力便得到強化，障礙也不再是障礙，而是助道因緣。

魔障出現的原因及對治

昨天我們講了修行中會出現的魔障。所謂的魔就是障礙，使我們的修行停滯不前。以佛法的正知見來看，本來是沒有魔的。因為在佛菩薩的境界裏一切平等無二，再沒有甚麼東西可以障礙他了，所以魔是對我們眾生而言的。所謂「竹密不妨流水過，山高豈礙白雲飛」，不管竹子多麼密，水都能流過去；山多麼高，雲都能飛過去。為甚麼在我們眾生的份上成為障礙呢？因為我們沒有達到那個境界。所以，就修道過程來說，對魔障有一些了解是必要的。

今天我想再簡單地介紹一下出現這些魔障比較常見的原因。有的是因為修行不夠精進或者懈怠，魔趁虛而入。有的是因為智慧小。為甚麼智慧小？深入經藏不夠、聞思不夠，有一類修行人特別不重視聞思和學習。有的是因為沒有善知識攝受，這一條現在也比較普遍。他以為自己看看書就可以，缺乏善知識的教導、攝受。有的是親近了善知識，但是所得不深、得

少為足──學得很淺就離開了。有的是因為與惡友為伴，親近惡人。有的是因為喜歡酒肉──喝酒心神散亂，容易招致魔障。還有一種情況叫「初業喜獨處蘭若」，甚麼意思呢？初業就是指剛剛開始修行的人，就喜歡一個人去住山洞、茅棚或者去閉關。剛修行的人不要這樣，要處眾。以寺院來講，在眾中修行，僧團攝受我們，是我們修行的保護傘和屏障，使我們不容易著魔，也不容易出偏。還有的是因為置身於鬥爭的地方或者容易生起鬥爭的地方。由於外在的鬥爭可能會殃及到我們，修行人不要去這些地方。還有一種修行人喜歡執著夢境，也會成為著魔的因。本來我們醒著就是夢，晚上的夢更是夢中夢。有的人太過於執著，把夢當成是真實的。固然在修行的過程中，我們可以用夢來觀察我們的內心習氣、善根，但是如果執以為實，也容易著魔。因為外魔就利用他這種執著。還有一種人喜歡各種各樣的兆頭──這個好，那個不好，把自己的生活搞得神神秘秘的，也是容易著魔的因。有的人談論太多，心容易散亂；有的人心緒繁多，理不清，都是著魔的因。所以，修行的人最好心態簡單一點、單純一點，這樣最適合修行。

古人也教導我們，有些人修行中的表現是魔力加持。魔力加持也有各種各樣的表現，比較常見的有以

下這些：比如或者突然生病，卻不去求醫，那這個可能是死魔，因為你可能會因為不去求醫而死掉；還有的人喪失正念，癡癡呆呆的；還有的無緣無故地表現得悶悶不樂，心情鬱悶，這些都要覺照一下。還有的人老想去尋死。還有的人非時捨自身血肉，就是在不合適的時候，在自己的境界還沒到的時候，捨自己的血肉行菩薩行，以頭目髓腦做供養或佈施，這種行為也要注意；或者無意義地斷割身肉，有的修行人無意義地傷殘肢體。還有的修行人沒有出離心，希望自己具足世間的一切資具——世間的財富，吃的、穿的、用的這些東西。還有的人對於外在的各種受用生起很大的貪心，包括一切衣食住行，比如出門坐的車，等等。還有的人經常變卦、改變主意，說話不算數。這些要注意，都有可能是魔力所為。還有的人自讚毀他、於三寶分別好惡，就是讚嘆自己、誹謗別人，分別這個師父好、那個師父不好，對自己的師長失去淨信，說師長的過錯，這也是魔力加持，要覺照。現在這種於三寶分別好惡的情況相對比較普遍——對道場、寺院、出家人包括高僧大德分別。這使我想起我們老和尚講，過去虛雲和尚的座下弟子調皮、不聽話的時候，他就經常罵「魔王」，這個當然不是罵人，而是罵我們心裏這些煩惱。實際上分別熾盛確實是一種

魔。還有一種修行人，染上一種特別的嗜好，比如看戲、唱歌、跳舞，或者喜歡去喧嘩熱鬧的地方——商場、網吧等等，他在寺院或者安靜的地方待不住，老想到人多的地方去；看佛經、誦經也待不住，這個也要覺照，也是魔力加持。

總而言之，最大的魔是甚麼呢？就是煩惱，就是貪嗔癡慢疑。眾生之為眾生就是因為有這些煩惱。眾生的世界有它自身的惰性和慣性，我們把眾生輪迴六道、成立貪嗔癡慢疑的這種惰性稱為「魔」。你想超越這個境界或出離這個境界時，有一個力量要拉你回來，因為我們都在這輪迴，你出去還得了嗎？其實這就是魔障。

怎麼對治這些障礙呢？很簡單，要真正地發起出離心、慈悲心和菩提心，那麼前面說的所有魔障——不管是外在的、內在的，還是隱蔽的、顯露的，都不會出現，也障礙不了我們。每位修行人一定要檢查自己的修行資糧、自己的功德，出離心有沒有夠，菩提心有沒有夠，有沒有慈悲心、平等心，每天都要檢查。再有就是，修行一定要依止善知識，遵循常規。這個常規不是世間的，而是佛陀的戒定慧的教導。我們要遵循釋迦牟尼佛的教導：持戒、修定、發慧，聞、思、修，要依止善知識。對出家人來說，五夏之

前專精戒律。我們遵循佛陀的這些教導，就一定不會有甚麼魔障。

當然，如果我們的修行很精進，真正到了要斷惑證真的關頭，也許還會有各種考驗，但是這些考驗只會使我們的道力更強，那也是修道過程中必須經歷的。釋迦牟尼佛在菩提樹下證道時，也示現降魔，之後再成道。有的人也許會問：釋迦牟尼佛在菩提樹下打坐的時候，已經是一生補處菩薩了，怎麼還會有魔障來障礙他呢？其實這是他老人家的一種示現。在你悟道之前，一定會顯現各種考驗，只要你真正地資糧具備、道力足夠時，這些顯現的考驗自然就是小事兒。所以佛陀在菩提樹下時，魔君軟硬兼施——軟的就是有很多美女，硬的就是向他放箭——美女來的時候，佛陀用手一指，她們都變成老太婆，牙齒也掉了，頭髮也白了，臉上都是皺紋——這是無常的本相啊！箭放過來的時候，他用手一指，箭變成了蓮花，嗔怒之箭在佛陀的慈悲心下成為蓮花，變得清涼。這些都是很深的表法。由此來看，各種魔障又好像是我們修道路上的逆增上緣。我們不經過這些東西的考驗，修道也很難進步。作為我們來講，要從因地打好基礎，要精進，防患於未然。希望大家好好用功！

與自己的身心打交道

進到禪堂裏打坐，首先要面對的就是這個身體，這個色殼子。也可以說，坐禪就是跟你自己的身心打交道，跟自己的身體在一起待著。有的人會說，平時我們不是一直和身體一起待著嗎？不然！平時我們六根對六塵起種種妄想分別，注意力都是向外的，與身心是錯位的。坐禪呢，要你把心收回來。平時，我們可能沒覺得這個身體給我們施加了甚麼壓力。實際上，不僅腿是這樣，我們的整個身軀都是這樣，平時我們只是不斷地用它、用它、用它，世間的人以身體為工具，縱情聲色，現在我們才知道，這個身體潛伏著各種各樣的可能性，它可能會反過來壓迫我們。

佛教裏講，由身體派發出來的法就是「受」，受有三種：第一是苦受，第二是樂受，第三是不苦不樂受——捨受。我們都追求樂受，即追求舒服、暖和、安逸的感受，逃避苦受，而對捨受不太注意。人們通常追求樂受，不惜代價，但是要知道，身體給我們的受並不僅僅是樂受，同時還有苦受和捨受。苦受的苦究竟是從哪裏來的呢？好好地審察就會發現，所謂的苦實際上就是從受而來。苦既從苦受中來，也從樂受和捨受中來。當我們的身體沒有苦受的時候，我們就貪著樂受，那種舒服的感覺貪著得越深，苦受來臨的

時候，就越會覺得難以忍受。可見，苦受來臨的時間沒有起點，你貪著於樂受的時候，苦受已經開始了。由此可見，不管是苦受、樂受，還是捨受，都是苦。有受皆苦。只要你有受，就有苦。

《心經》裏講：「照見五蘊皆空。」五蘊就是色、受、想、行、識。受蘊之為蘊，是因為我們執著它，沒有照見它的空性，受它的壓迫，因而感覺到苦。這就是佛所講的苦諦。苦諦的苦，並不僅僅是苦受，同時包括樂受和捨受。深入地觀察，我們就會知道，有身體就會有受，有受就會有苦，這也是老子所說的，「吾所以有大患者，為吾有身」——我們之所以有大問題，就是因為我們有身體嘛！當然，並不是說身體就是問題，有沒有問題取決於我們能不能照見五蘊皆空。有照見五蘊皆空的智慧，身體就是我們修道的利器，利益眾生的好工具。對我們初修行的人來說，剛跟我們的身體打照面，我們就領略到了它的厲害，平時我們這樣依賴它、驕縱它、愛護它，在禪堂裏坐下來之後才知道：哎喲！這個東西還有令人難受得厲害的一面啊！生病的人更能領略到身體的厲害。

那麼，這個問題應該怎樣解決呢？不管是疾病，還是腿痛，都是我們的老師，都在教導我們要認識自己的身體，認識自己的身體帶給我們的感受，讓我們明白，

這個身體有問題存在：有一天這個身體老了、病了、壞了，怎麼辦呢？我們活著的時候，不僅僅依賴腿啊！整個身體——五官、四肢……我們都極其地貪著，極其地依賴，有一天這架機器壞了、老了，我們到哪裏安身立命啊？我們放焰口的時候，最後說，到哪裏安身立命啊？有的師父在下面說，到西方極樂世界。哪有那麼容易啊！跟上大學一樣，你說你要上北大，北大要你嗎？你考分夠嗎？我們說到西方極樂世界，西方極樂世界要我們嗎？我們有那種資格嗎？焰口本上另外有兩句，說得更好，「處處總成華藏界，從教何處不毗盧」。這是甚麼意思呢？任何地方都是佛國，都是華藏界，都是佛的法身。說到這一點，問題更嚴重了，我們更沒有資格了。「處處總成華藏界」，現在讓我們反觀一下自己，是不是這樣的？可能不是，因為我們的修行還沒有達到那個境界。這樣一想，我們就知道了我們為甚麼要修行。我們要修行是因為我們人生是有問題的：我們住在一個充滿了危險的房子裏，這個房子隨時可能倒塌、起火；我們坐在一條漏洞百出的破船上，這個破船在生死的苦海上隨風飄盪，隨時都會沉沒，哪裏是我們的岸啊？認識到這個問題的嚴重性，我們就能發起出離心。發出離心很重要，真正地發起了出離心，我們就能精進，腿子再痛也能忍耐。

踏上禪修這條道，首先要從根本上解決腿子的問題。當然，除了忍之外，也有一些技巧，比如每天按摩一下，回到房間用熱水燙燙腳，行香的時候行起來。為甚麼維那師要催促大眾行起來？行起來，你的身體就能發熱、放鬆，坐香的時候你的腿痛就會好受得多，因為腿痛有時候反映的是我們整個身體的問題，五臟六腑的問題，風濕的問題，氣血不通的問題……種種問題。所以行起來，放鬆一些，行快一點，再打坐時，腿子就會好一點。

除了要過腿子關之外，打坐時，我們還要面對各種各樣的念頭。只要我們把眼睛一閉，各種念頭、各種形象就會出現：原來見到過的人，遇到過的事情，重新浮現在眼前，這個叫「想」。不管是受，還是想，都要透過，都不能跟著它走。打坐的時候，有時可能身體很舒服，覺得可以一直坐下去——這裏也請大家注意，我們現在打禪七所用的法門，主要是參禪。當然有的人在念佛，這也不要緊，如果你能用上功，你還是念你的佛，但是我們要明白，我們這個參禪法門，是要開悟、開智慧的，所謂開智慧，最起碼的是要樹立正見。釋迦牟尼佛出世講法四十九年，就是要我們樹立正見。《妙法蓮華經》中講，諸佛出世，「慾令眾生開、示、悟、入佛之知見」，所以稱佛為「世

間眼」，世間的導師。佛是整個世間的眼睛，給我們智慧，叫正法眼、正知見。修行人要開發這個知見，需要付出努力，需要有禪定，需要有種種功夫。禪門裏稱正知見為眼，所謂做功夫，首先就是要開眼目。固然我們修習禪定要對治昏沉和散亂，但根本上是要打開我們的眼目！

所以各位要注意，禪坐中由身體帶來的一切感受，包括舒服的感受、迷惑你的各種感受，你都得放下。因為正知見恰恰就是要放下，恰恰就是要無所住，恰恰就是要看破。如果説在禪堂裏，只是圖坐得很舒服，圖看到一些奇形怪狀的東西，或者能練出一點特異功能，那還要釋迦牟尼佛做甚麼？那還要達摩祖師做甚麼呢？大家可以想一想，釋迦牟尼佛出世，真是石破天驚啊！「人天長夜，宇宙淡黯，誰濟以光明。」光明啊！就是智慧的光明。達摩祖師從印度到中國來，也是給我們點眼嘛！在這以前，在人類文明史上，有沒有人打坐呢？我相信有的。有沒有人一坐就是幾個小時、幾天呢？也是有的。在印度就有九十六種外道，有的外道禪定很深。當然，我這裏不是否定禪定，只是要我們知道主次。有正知見作指導，你在坐禪的時候就不會貪著身體上的種種感受，就能時時提起觀照。提起了觀照，你就不會沉溺於其中。經常

有人身體坐在那裏動不了，為甚麼動不了呢？因為你的覺照失去了，你掉進了受蘊、想蘊裏了，掉在受蘊、想蘊那個洞裏出不來了，那個洞裏可真是暗無天日。我跟你說，蘊就是見不到光明。在那樣的環境下，你修得再好，禪定修得再深，未來你還是落入生死輪迴，落到鬼道、仙道，比較好的會落到天道。這裏講的是正知見的重要性。

總之，各位進到禪堂裏來，對身體引發的各種感受，要有正知見，要看破，不能執著。打七期間，該坐就坐，該行就行，該喝茶就喝茶，要隨眾，不要搞特殊化。在禪堂裏修行，就是要讓我們的功夫打成一片，行也在用功，坐也在用功，吃水果也在用功，喝茶也在用功，吃飯也在用功，乃至睡覺也在用功。如果你五七三十五天，白天黑夜一直都在用功，那就有希望了。

放下幻相和幻覺

坐禪的過程實際上就是一個不斷放下的過程。不斷地放下，而不是不斷地提起。當然徹底地放下，也是徹底地提起。通常我們講提起，就是心容易住著在一些現象上。《六祖壇經》裏六祖大師說：「心不住法，道即通流」。「心不住法」的法，包括了世間法，

世間的惡、善；也包括出世間法。出世間法為甚麼也不住著呢？因為你已經在這條路上走了，你的心經常惦記它，或者把你已經得到的境界放在心上，這些其實都是障礙，所以無所住本身就是法，就是道。

有的同修對於坐禪之中或之後很多的感覺、幻相、幻覺很在意，說看見甚麼影像了，看見甚麼情景了，聽到甚麼聲音了，或者是夢見甚麼了。有的同修甚至心裏暗暗得意，沾沾自喜，也跟別的人交流。所有在靜坐中所發生的由感官（眼、耳、鼻、舌、身、意）感觸到的異常現象，都是幻相，都得放下。可能這樣講讓很多人很傷心，因為費了老大勁，就有這麼點感覺，現在你說都是幻覺，要放下，那他們怎麼能樂意呢！

坐禪的人沉溺在由坐禪帶來的各種奇異的現象和幻覺中，乃至於沉溺在由靜坐帶來的那種身心的混混沌沌、沒有甚麼太多念頭這種舒服的感覺中，這後面是有一些心理機制、心理背景的。有可能在現實生活中，這些坐禪的人有一些被壓抑的東西沒有舒展開，比如，受到別人的尊重、自信、自我肯定，這些沒有完全舒展和實現，於是就有人把坐禪中得到的那些東西作為一種滿足、一種補償。如果是這種情況的話，這樣的修行人容易與現實生活脫節，厭離現實生活，

跟周圍的人不合作，自我封閉。我們知道在修行人中，也有遠離人世的頭陀行，也有深山老林的閉關苦行，也有出離心生起的厭離行，但是，前面說的這種坐禪的偏差，和剛才講的不一樣，它們是兩種，不要搞錯。前面我所說的沉溺在坐禪的各種奇異幻覺裏，作為對現實生活、心靈世界一些漏洞的補償，這種情況是一個修行的錯誤，應該要避免。

有的同修可能還會說，我的感覺不是幻覺，很真實。不要說你坐禪的感覺是幻覺，就是你現在摸你的身體，夠真實的吧，這也是幻。可能還有一些人坐禪的時候，得到一種特異感知能力，比如預見一件事情的能力等等，後來都得到了印證，難道不是真的嗎？這個也一樣，應該說更可怕，因為你更容易沉溺在這種能力中。一旦你沉溺在這種能力中，你的修行也就停下來了，甚至可以說劃句號了。就像你從石家莊坐車到北京，離北京還遠著，在定州那兒有個花園很漂亮，你進去歇會兒，一進去就不出來了，你以為那個花園是北京，這就被耽誤了。

那麼你們就要問一個問題：你說要我們坐禪，究竟要幹甚麼？其實前面已經跟大家講過了，我們之所以輪迴，我們跟佛之間根本的差異在於一個見地——佛是佛見，我們是眾生見。佛的見是如實見，我們是顛倒

見。這個見，當然可以用語言文字去表達，但是，根本上是在起心動念處，心和境相對的時候發生作用的方式的轉變。這種轉變會整個改變你的世界觀、人生觀，改變你眼見、耳聞、鼻嗅、舌嘗、身觸、意想六根運作的方式。雖然你還是聽，還是見，但是不一樣了，主客觀顛倒了。

在古代禪師們討論修行的時候，也有這樣的公案。有個禪師覺得修行很到家，點一炷香，把腿一盤，在香點完之前，能坐脫立亡。坐化，這個厲害啊！坐化之後把身體一燒，燒出很多舍利。但是，另外一位禪師就說，你就是坐脫立亡，燒出再多的舍利，不如下得一句轉語。「下得一句轉語」是個禪宗術語，它指的是禪師在對答之間，表現自己跟佛一樣見地的那一句話。因為跟佛一樣的見地，不是以一種特異能力來表現的，也不是以五眼六通來表現的，那個見地就在禪師們的機鋒往返之中，你和盤托出的、流露的真正的那個東西。你有了這個，就見與佛齊。

跟有些宗派和傳承比，這可以說是禪宗不共的地方。我們知道，現在漢傳佛教之外，有的傳承的修行不是這種思路。禪宗的思路，如我剛才講的，重視見地，「只貴子見地」，甚至有的禪師說「不貴子行履，只貴子見地」，不重視你的行，只重視你的見地。「行

履」是甚麼意思啊？比如，我一晚上沒睡覺，徹夜打坐，我如何地苦行，這個不重視，重視的是見地。當然沒有得到那個見地之前，我們還得用功，還得有行履。這是它的不共的地方。我們現在打禪七，沒有讓你們所有的人都必須參話頭，但是如果你們能樹立我剛才所講的這種修行的正見，你坐在那兒具體操作怎麼用功，並不是第一重要的。第一重要的是關於你修行的正見，究竟想幹甚麼，為了甚麼，要甚麼，這個重要。以這種正見去統攝和指導你的修行，那就是禪。

也有的同修在坐禪之後做一些夢，夢境就更不真實。夢境有時是我們現實生活的思想、願望、慾望心中情結的流露，也有的是我們在坐禪深入以後，內心深處潛伏的意識種子、業的種子表現在夢中，以圖像顯現，就像一些故事。再打個比喻，就像一個作家，他寫電影劇本，肯定最早是有一個基本的想法。不管這個電影劇本演出來有多麼地生動，它的來源是一些基本的理念、想法和素材。我們心裏也有這些劇本的原型，平時顯現不出來，靜坐深入，白天的意識活動趨於平靜，在夢中，這些深處的東西就翻出來了。所以，也不可依夢境生出很多的見解、想法來，也要讓它過去，還是那一句「心不住法」。有的人做有預見性的夢，你也不要以為奇怪，也不要沾沾自喜。因為我

們對自己的心並不了解，它有很深層次的心意識，它本身就是超越時間的，超越過去、現在、未來，它有過去的資訊，也有未來的資訊。所謂過去、現在、未來是時間，而時間是依分別建立的。

有的同修坐禪以後意識活動很敏銳，作詩、作偈，這也是一個禪病。如同剛才我所講的，從石家莊到北京，走到定州停下來了，有個花園進去轉不出來了。為甚麼呢？因為在靜坐中，由於內心的平靜，造成你的心智敏銳、才情橫溢、下筆萬言、滔滔不絕，這個沒有甚麼，你要是執著它，就是病了。有時候看看寫的偈子，好像也蠻有點味道。古代開悟的人不是寫偈子嗎？我也能寫，是不是也到家了呢？這不一樣，這是一種病，是你的意識現象。你的意識就像猴子一樣，很聰明，可以變出各種花樣來，它在搞鬼。古代的禪師開悟以後寫的偈子是怎麼來的呢？他是得到了根本的正見，在根本正見的指導下流露出來，它不是意識的花樣。以敏銳的心智這種力量玩點意識的花樣，比如寫這些偈子，並不難。所有的凡夫都能做到，沒有甚麼奇特，不要以為是甚麼，也不要被你寫的東西陶醉了——這個又是潑冷水了，意思是你得放下。

事實上，古代大德的開示中說，你就是明心見性，真正見到了那個，你還得放下；你已經體悟了自

己跟佛平等無二的心性，你還要把你體悟的那個境界放下，那才是真正的體悟。最後是甚麼呢？《楞嚴經》裏講：「圓滿菩提，歸無所得。」這個讓我們聽著有點沮喪，其實無所得一定就無所不得。就像我們用一個杯子裝水裝得很少，用碗裝更大，用更大的容器更大，不管多麼大都是有限；你只有把容器打碎掉，同虛空一樣，那才是無邊的。你也不要執著虛空的相狀，執著又是有邊。最終到達的是這個方向。因此，趙州和尚在他的師父南泉普願禪師跟前問：如何是道？南泉禪師説：平常心是道。現在的人可能經常講「平常心是道」，但是這句話份量相當重。這個平常心可不是一般的，而是經過了修道的各種歷程，得到、放下，再得到、再放下⋯⋯層層地超越，層層地放下，最後歸於平常心。「飢來吃飯困來眠」，餓了就吃、困了就睡，這個有甚麼，我們都會！不然，你這個會，跟祖師的會有天壤之別。

有這樣一個方向以後，我們就不會被坐禪中自己絲絲點點的這些感覺所迷惑。古人也有講，坐禪中，你貪著於這些幻相的幻覺，叫「鬼窟裏做活計」，這是個比喻。「鬼窟裏做活計」是說的陰境，都在五蘊之中，沒有超出五蘊，心只要有執著，就是陰境。虛雲老和尚有時候又比喻是「鬧鬼」。這樣一執著就是陰境，不執著

就是坦蕩的光明相，差異就在這裏。希望有上面說的這些情況的同修們，自己警策、觀照和調整。

懈怠狀態的對治

外面的天氣很冷，有很多人在寒風中為生計奮鬥——我們到高速公路或是到國道上，總能看到很多大型貨車，有時候因為天氣、路面的原因，這些長途奔波的貨車拋錨，司機在那裏想辦法。當然社會上還有很多這樣的人。當社會上有很多人在為了自己的生計奔波的時候，我們大家有因緣在非常暖和的房間裏專心致志地坐禪，渴了有茶，餓了有飯，對於我們每個人來說，這是一個非常珍貴的機會，也是非常不可思議的一件事。

說是不可思議的一件事，為甚麼？我們很多人曾經可能也跟那些在路上、在寒風中拼搏的人一樣，為了生計，吃過很多苦，受凍、受餓，忍耐身體和思想上的各種痛苦。現在我們聽聞了佛法，能夠在寺院禪堂很暖和的環境裏，衣食無憂，這是我們的福報，但是我們也要忍耐一點身體和心智上的痛苦：腿痛，那就是身體上的痛苦；內心煩躁，那就是心智上的痛苦。大家想一想，有多少人能有這樣的機會為自己的生死大事受苦？我們自己的一生又有多長時間用在這

上面呢？這樣一想，你就知道能在禪堂裏打坐、忍耐腿痛是人生的第一大幸福。有的人沒這個機會，因為外面的因緣、自身的因緣，沒有這種機會在禪堂、道場裏為自己的生死大事受苦。

當然在這樣一個房間暖和、衣食無憂的環境下，我們的規矩和管理又並不是很嚴厲，在這種情況下長時間地坐禪，可能有的人也容易進入一種懈怠狀態。前面我講到止禪，講到禪定的訓練，要把心安住在一個目標上。我講到把呼吸當作修行對象這樣一種修行方式，在我們這樣一個舒適的環境下，可能容易進入一種停滯的狀態，不能深入，或者信心疲勞，缺少了剛開始用功的那種銳氣。我想在禪堂裏，特別是冬天外面的環境又比較冷，這個時候實際上容易進入停滯。一天到晚都很舒服，上座以後打一個盹，可能引磬就響了，我們要警惕這種狀態。不管你是修止禪，還是修觀禪，這種狀態下都不太可能用上功。特別是修止禪，因為觀禪有觀察、探求的力量，而止，心是安住的，所以容易進入這種信心疲勞、身心停滯的境界，這就要求我們要培養自己的信心。

第一個信心。你對你所修的這個法門要有信心。對自己通過這種方法提高禪定的力量、體驗禪悅，或者念佛能證得念佛三昧，或者參話頭能參得心光顯露

等要有信心。對你自己本身要有信心，相信古人能做到，我也能做到；祖師能做到，我也能做到；佛能做到，我也能做到……這樣激勵自己。在我們修行的路上，我們要學會自我激勵，要有那種探法源底的意願，這種意願就會推動我們。每次打坐你都要有一種新鮮感，念念不放棄。

第二個，有了信，你就會有精進的力量，精進的力量根本就在於心念不空過。心念如果不空過，在一支香和一支香之間的坐香，當然也不會空過，也不會稀裏糊塗行、稀裏糊塗坐，一晃一天過去了，再一晃又一天過去了。要提起精進力。

第三個，對我們的禪修非常重要，就是正念。正念指甚麼呢？就是指我們對禪修目標要不斷地憶念，不要丟，不要搞丟你的對象。之前我也講到，如果你修安那般那專注呼吸，有時候我們的妄想很多、力量也很強，可以在開始的時候心裏默念「呼吸、呼吸、呼吸」。甚麼意思啊？注意力要回到你的呼吸、禪修的目標上，知道我現在的任務是甚麼，要做甚麼。讓這個念頭不要中斷。出了禪堂以後，當我們説話（我們是不讓説話的，可能回到寮房有人還會説）、走路或者做甚麼事情，很容易把禪堂裏面修行的目標又丟掉了。如果丟掉，你回到禪堂再上座要撿起來，還要一點時間。

當然有些同修們在禪堂裏、禪堂外、座上、座下都能用上功，都是一個勁兒。能做到這點，那你功夫的力量就會增長，念念增長。如果不能做到這點，一下座離開禪堂，中斷了，用功的力量要強化起來就會慢。

我們靜坐，不管你用甚麼法門，一定是要產生力量的，力量要體現在你的身心上，而這種力量，在我們面對煩惱、困惑時能起作用，所以正念很重要。正念意味著我們任何時候都保持清醒，知道自己在做甚麼。然後，心惦記——用通俗的話說惦記著你修行的那個題目、對象，惦記著它，不忘記。一忘記那叫「失念」，把念頭搞丟了。念頭丟掉，在修行中常會有，一丟，你要拉回來，拽回來。在生活中，可以在不妨礙日常事務、工作的同時，心還能夠保持在修行目標上。所以趙州和尚有這樣的話，他說他在南方的叢林裏修禪的時候，只有二時粥飯是雜用心處。就是只有在早上、中午吃飯時，他覺得心念比較雜，其他的時間都是一如的。我覺得趙州禪師說的話都是非常本分的。當然他的雜用心比我們深奧得多，不可同日而語，但是他揭示了修行的一個規律，就是說，任何時候都不要忘記你的目標。在禪堂裏行香、坐香，始終要有一股銳氣，要有一種新鮮感，不要墮入昏沉。

禪定要生起來是有一些因緣的，這些因緣包括持

戒要清淨，飲食要知足、知量，不能吃太多。我們這裏是晚上用藥石再坐養息香，現在有些叢林，像雲居山，晚上不用藥石，它是放養息的時候大家都休息，休息之後再坐養息香。這個養息香可能很長，這個時候是空腹的，空腹打坐很舒服。坐完養息香以後再吃東西。現在因為我們晚上用藥石，可能有的人養息香坐起來很難，那你吃的時候，要少吃一點，不能吃太多。在養息香之後還有點心嘛，所以你晚上用藥石可以象徵性地吃一點，最好是喝點粥。這樣坐這支香的時候，腹中比較空，坐完以後要是餓的話，可以吃點心。

再有一點，就是要少事少務。少事少務平時可能我們很多人沒條件，但是禪七中就有條件了。事情多了，你的心容易散亂。就修禪定來說，事情多你一定會多多地觀察、思惟，那你止的力量就難以凝聚。就像一個做生意的人，一邊掙錢一邊花，花得很快，掙的速度趕不上花錢速度，那不行。我們禪七中有些同修給我們服務——外寮，禪堂裏面有護七的人。護七的人對這個工作要熟悉，按照規程來，這樣可以使工作的複雜性簡化，不容易影響自己的修行。同修之間不要沒事找事，這樣心容易專一。

我講的戒行清淨、飲食知量、少事少務，再加上前面說到的要有信心、要精進、要有正念，不忘失自

己禪修的那個題目，都是我們生起禪定的因緣，你這樣去努力，禪定最終會出現。希望大家好好用功！

禪修境界與生活和心靈的關係

在禪七這種密集的修行中，在禪堂裏一支接一支香的禪修中，我們可以體驗到身心的一些狀態。這些狀態出現時，一定要有正知見來認識它。禪堂就像是一面鏡子，打禪七就是每個人在禪堂這面鏡子前照一照自己。平時我們很難得照自己，都是在向外馳求、攀緣，難得有機會真正跟自己在一起。我們總是在不斷地分別、執取外面的六塵境界中，消耗我們的心念。如果我們禪七坐得好，能夠切斷外緣，收攝身心，就是跟自己在一起；照一照鏡子，就會發現自己的很多問題。

我們在禪坐中出現的身心各種境界，對初修行的人而言，多數都與我們平時的修行和生活有關，所以在照鏡子的過程中，最重要的是，我們面對自己身心的這些狀態不要氣餒，不要對修行生起懷疑、喪失信心。在這個前提下，對於身心所生起的各種情況，要善於以緣起的規律去認識，去追蹤，去反省。也就是說，我們要把在禪七中身心出現的一些現象、障礙，與我們平時的生活方式和修行建立一個因果聯繫。建

立這種因果聯繫的重要性在於，它可以告訴我們，以後修行時要注意甚麼、避免甚麼，哪些法門要彌補、要修，哪些地方做得不夠。打禪七應該對我們平時的修行有指導意義。

比如說，通常我們打坐時，會感覺氣息粗，身體裏有一種渾濁的、甚至是躁動的力量，難以真正靜下來。這一定是說明平時懺悔的法修得不夠，身體裏有一些盲動的、很浮躁的力量，其實就是業的力量。因為我們的心念不是孤立的，一種心念狀態，一定是對應於一種身體內在能量的運行狀態。那麼身體內在的能量運行可以有很多詞來說，我們中國人最喜歡說的是「氣」或者是「脈」，能量運行的通道叫脈。對這些東西你都不能執著。當然不執著它，不等於忽略它，因為在坐禪的過程中，沒辦法忽略。你的呼吸總是很粗，身體總是很熱燥，胸口發悶，完全靜不下來，這其實就是你身體內在的能量很粗，很熱惱。熱惱這個詞很準確，熱是不清涼，惱是不寧靜，這就是內在的業障。業障是可以淨化的，我們一定要通過平時懺悔來淨化它。修懺悔可以轉化這種粗淺的、浮躁的、熱惱的身體氣質，淨化之後再坐禪，你就感覺容易靜下來，呼吸也容易變得細、變得深長，心念也容易寧靜，身體在自我的感受上，好像也容易細膩，而不是

浮躁的。如果你在禪堂裏遇到浮躁、心裏難以靜下來的情況，就打退堂鼓的話，你很難進步。如果你能把這個狀態和平時的修行做個因果連接，你就知道自己該在哪些地方補課。對要補課的地方，你可以在禪七中禪堂之外去補，當然打完禪七更需要去補。

同時，你也能慢慢認識到身和心的一種關聯性，互相的依賴，以及互相轉化的這種關係。甚至，如果你的心更細膩的話，你也能觀察到，為甚麼這支香這麼昏沉？你可以仔細地了解自己，也許是今天早上吃得太多或者中飯吃得太多，你會發現一些很細膩的關聯性。為甚麼剛剛那支香還很好，現在這支香胸悶了呢？你可以去檢查，也許這個兩支香中間，你喝茶吃東西，是不是又犯錯誤了？自己可以不斷地去反省、去追查。當然最多的情況是，我們在禪坐中心裏老是浮現一些妄想，會散亂。有的時候有一些妄想總是出現，那你要觀察與這些妄想相應的煩惱心所是甚麼？也許是貪慾，也許是嗔恨，也許是驕慢，也許是懷疑，也許是嫉妒，也許是傷感……在你心中總是不斷出現的妄想、總是不斷浮現的情景，它們大多數時候並不是從外面來的，而是來自於我們的執著。

每個人的執著是不一樣的。可能你很在意這些事，他很在意那些事。也許你在禪坐中能翻出十幾

年、幾十年前的一個情景，然後你的心在那裏盤旋、反覆地體會、玩味，難以釋懷，難以放下。這個時候你就可以做深入的觀察：這是為甚麼？為甚麼這一段我放不下？為甚麼這一類的情景老是會縈繞於懷？當你深入地觀察，能找到一些因果關係，同時也能對自己增加一分了解，能看到自己在哪些煩惱心所方面偏強、偏盛，對於哪些事情特別容易執著。

眾生的習性各有不同，有的人貪慾偏多，有的人嗔恨偏多，有的人傲慢偏多，有的人懷疑偏多，有各種不同類型的習性。即使是世間法在了解人的時候，也是將人的性格分成好幾類。一個坐禪的人，應該對這個了解得更細膩。當你能深入地觀察了解自己的時候，在生活中對待別人、了解別人就容易了。你就會很敏銳，因為都是你的心在了解、在觀察。對自我的了解其實很重要。它能幫助我們在日常生活中、平時的修行中去對治自己的習氣。如果我們的貪慾偏多，我們就要迴避那些與貪慾相應的外境；如果我們的嗔恨偏多，我們也要迴避那些容易引起嗔怒的外境。這個是對治心態。

另一方面你也要知道，一個貪慾習氣偏多的人，在修行上也有他的長處。貪慾習氣偏多的人，也許心比較調柔，性格很溫和；也許修慈悲心更容易契入。

每個人是不一樣的。有一種人好勝好強，但在修行的時候很精進，能吃苦，有力量，這是他修行上的長處。這種了解不能讓別人來做，必須是我們自己來了解自己。我們在禪堂中得到這第一手資料，在平時就可以運用，可以有針對性地對自己進行矯正。特別偏盛的煩惱，要在生活中慢慢地去調伏。在禪坐中看到的，在生活中要對治。

輯三・禪

朗朗無塵自性天，雲遮霧繞暗經年。
慧風一掃乾坤轉，無限江山奏凱旋。

明海

禪宗和禪七

本土化和生活化的佛教——禪宗

佛教發源於古代印度，從印度向周邊的國家和地區傳播。傳播所到達的這些國家和地區，後來都有很多人修行佛法，得到佛法的真實受用，得到修證體驗，進入到釋迦牟尼佛教法所說的各種聖賢的境界。如果我們想像一下，這樣一個修證體系，跨越了語言、地區和國度，在一個完全不同的自然環境、民族習俗、國家制度裏面，能夠讓這麼多的眾生得度，確實是一個偉大的奇蹟。

現在的學者經常說，佛教從印度傳到中國，首先中國化。中國化的意思是說它適應中國的文化環境，適應這個國家的制度，適應中國人的根性。佛教除了適應中國，同時它也教化了中國，所以有學者寫了一本書叫《佛教征服中國》，這是外國人寫的。它教化了中國幾千年歷史上的無數眾生，也有無數的高僧大德、修行人得到佛法真實的受用。

如果我們要觀察佛教在中國文化裏所發生的這種教化的力量，我們就一定要理解，作為一個宗教，它

首先要適應中國，這個中國化是在不同的層面上發生的。

在信仰的層面上，中國漢地的眾生，有他表達信仰的方式。中國漢地的佛像有逐漸從印度到中國的中國化痕跡，不同朝代有不同的佛教造像風格。

在解的層面，從印度到中國來，釋迦牟尼佛在印度傳講大乘、小乘、顯教、密教的佛法。這些大、小、顯、密的經典，都先後被傳譯到漢地，但是中國漢地的祖師們對這些經典所給予的關注、研究和修行，並不是完全不加選擇的，它是有特殊側重的，而且在表述上（最早是在翻譯上，然後在對佛法的義理闡述上），也有非常明顯的跟中國本土文化相適應的痕跡。這是解的層面。

然後是行的層面——修行實踐，在中國漢傳佛教體系裏，就更加有中國特色。中國唐朝有八大宗派，中國的佛教徒修證佛法，有其特殊的傾向、趣味和方式。

其實最重要的是證。因為佛法最終的實證境界是超越於語言、文字、文化差異、民族和國家的差異及分別思惟的。大家想，佛法從印度傳到中國來，釋迦牟尼佛的見地、印度祖師的見地，能被中國的祖師原封不動、原汁原味地體證到，這可不是鬧著玩的。他能原汁原味地體證到佛的見地、印度祖師的見地，一

定必須是超越於分別心和妄想，由此超越於建立在分別妄想之上的語言、邏輯、符號和文化習俗。我覺得這個是佛法從印度到中國來最核心的地方，是佛教與中國相適應最核心的地方，就是中國的祖師們體證到了佛法的精髓。他只有體證到這個境界，才有可能完全自由地、靈活地、不拘一格地以中國本土文化的風格，把那個境界表達出來，在教學中完全自由、不拘一格地用中國人能適應的方式來展開教學。也可以這樣說，正是因為祖師對佛法的體證深入到了極點，才有可能「淺出」地教化，淺出到這個國家的人一聽就懂，表現為完全中國風格、中國特色、中國語言的教學方式。祖師們所創立的這個「深入淺出」的宗派，就是禪宗。

我們看禪宗祖師的語錄，看祖師們講修行，講佛法，他們的語言完全是靈活的、生活化的，這是我們今天的人一定要注意的，也是我們要學習的。當我們學習古代祖師的開示，特別是禪宗祖師的教導的時候，你一定要注意，由於他們已經證入了佛法超越語言文字的那個見地，所以當他在中國語言和文化的環境裏講法、講開示、接引人，他就是純粹中國化的，他很少用到佛經裏的術語，而中國祖師這些講修行方法、修行體驗的開示，我們作為中國人聽起來就特別

直接、簡潔、清晰明瞭。但是那個時代過去了，時代差異來臨了。今天的我們讀古代禪宗祖師的開示，會有語言隔閡，有時代文化差異的隔閡，這是一個很大的問題。如果我們能跨越這種隔閡，能適應中國古代禪宗祖師開示的語言方式，能理解他們用中國本土的語言、生活的語言講我們用功，可以説那你是一個很有福報的人。因為你能完全直接地聆聽祖師關於修行的開示啊！所以我們講到在禪堂用功，古代的祖師他講用功的表達，就不一定是那種佛學理論術語。

其實，達摩祖師到中國來，有一個教導，是幾句口訣，大家可能聽説過，叫「外息諸緣，內心無喘，心如牆壁，可以入道」。這四句話，我相信一定是達摩祖師的教導。我同時也相信，達摩祖師的這個教導的意思，一定是被他的門人根據他的教導，把它用中國化的語言概括出來的。因為達摩祖師從印度到中國來傳法，我相信他有這種智慧。假如他的語言還沒有完全中國化，我也相信這幾句話。

「外息諸緣」這個意思我們懂。我們修行，要把外面的緣「息」掉，息是休息的息。「內心無喘」，你看這個詞，在佛經、佛學理論裏面，你就找不到了。「喘」是指甚麼？喘是説我們的呼吸很緊促、很急切，喘氣。人跑，劇烈運動，喘氣、喘息嘛！這裏講的內

心無喘，也許在另外一個文化環境裏的人，比如說西方人，甚至說印度人，他會覺得很模糊，甚麼叫內心無喘呢？有點模糊，有點不清晰。但是它妙就妙在這個模糊、不清晰，它很直觀。內心無喘是指我們的心沒有波動，完全鬆弛，沒有緊張，我們的心是平的，不刻意、不造作的本然的狀態，叫內心無喘。

第三句話更加模糊，但是也更加直觀和形象。說「心如牆壁」，他說的心如牆壁是指甚麼呀？這個很形象啊，牆壁是硬的，對吧？你想把一個東西貼到牆壁上，很難，它是堅硬的、陡峭的、直的。你要把一個東西貼在牆上，貼得住嗎？你要把它放在牆上，放得了嗎？它會掉下來，所以心如牆壁是指心的「無住」，不住著。任何東西放在上面，它會掉下來，不入心，跟心不會粘著。這就是一個很中國式的表達，這種開示我們聽起來就很親切。如果在禪堂裏用功，你聽祖師這種開示，你就很容易懂，很容易知道他在說甚麼。也許你沒有太多的佛學理論，但是好像不妨礙你明白他的開示，也不妨礙你按照這個開示去糾正自己的修行，糾正自己的用功。

後來的祖師也有類似這樣的開示，也很生活化。他怎麼講呢？他說「內不放出，外不放入」。你看，「內」、「外」。那麼這兩句是指甚麼？這兩句是指

我們在用功的時候，如果你參話頭，相應了，你的心孤立起來了。這個心孤立起來，古代祖師還用一個很感性的話描述它，叫「孤明歷歷」。孤明，孤獨的孤，它是明；歷歷就是很清晰啊！歷史的歷，歷在這裏的意思就是清晰。

我們在靜坐的時候「外不放入」。外不放入，「外」是指所有的外境。我們在用功的時候面對兩個問題。第一，所有外境你會生心動念。為甚麼禪七中建議大家不要講話，別人說了你一句甚麼話，或者行茶的人沒給你倒滿，他把點心從你跟前過的時候，過得特別快，你懷疑他是不是故意的，這就是外境讓你心動。打你香板，你感覺到他打得有點重，是不是刻意地特別對我啊？平時對我有意見，現在找機會發洩一下。由外境導致你的心動，外就放入了，簡單來說外面有東西進到你心裏。漢語裏還有一個詞叫「陰」、叫「賊」，就是陰暗的，在你心裏落下了一個陰影，這就叫「外放入」了。這個外放入也包括你的身體，你的身體對你的心來說也是一個外境，腿痛、腰痠，令你心煩。身體是最直接、最有效地影響我們內心的一個對境。所有這些讓我們心動的外境，它不再能讓我們心動，彷彿有一個門關死了，叫「外不放入」。

「內不放出」是指甚麼？你用功，不管你是參

話頭還是念佛，你用功的那個念頭沒有孤立，沒有在心裏居於主導地位，內心翻出來一個妄想——這個妄想有很多種啊，有的是妄念，比如想著打完七去哪裏參學？這是念頭。還有可能是甚麼呢？「想」，就是色受想行識的「想」，一個景象、一個圖景在你心裏翻騰。當它們在內心出現的時候，你對它們產生了認同——認同是現代心理學的話，意思是說，那個念頭就是我，那是我的念頭。這裏有兩種認同，第一種叫我執，第二種叫我所執。打個比喻，有時候我們在街上過，也許我們會遇到一個有神經病的人，他在那裏大喊大叫說：我看到甚麼甚麼了，我怎麼怎麼了，有人要殺我呀，等等。其實沒有，他是幻覺。我們看到這樣一個人的時候，我們會產生認同嗎？你會認同說有人要殺我？不會，為甚麼？因為你知道這是他的幻覺，不是我的幻覺。但是我們在打坐的時候，我們心裏出現的情緒波動，冒出的妄想，我們卻有那種認同，叫我所執——我的。也許你冒出一個很糟糕的念頭，感到很有負罪感。我怎麼修行會想這個？哎呦，罪過太大，這個也是我所執，也是內心有喘，「內不放出」就是指這個放出。為甚麼叫放出呢？內心的妄想、雜念，讓你產生執著了。

打坐的人有一個問題，就是往往你會特別期待

你的心聽話，不要有妄想，不要有雜念。只要你有這種期待，那麼你的妄想就會很多，因為這個期待就是一個大大的妄想，一個大大的錯誤。為甚麼你期待你沒有妄想呢？因為你首先把妄想當成你的了，如果你看你內心的妄想，如同看街上某一個精神失常的人他的妄想一樣，你會在乎嗎？不會。所以打坐用功的時候，內心有雜念、有妄想，這是正常的。我們要做的只是不被它轉，不跟它跑，更不對它產生愛和憎：壞念頭你很憎，怕它；好的妄想，你貪著它。產生不良情緒，要壓制它；產生美好情緒，會跟隨它……只有你能做到不落在這兩邊，看你心裏的妄想，就如同看路邊那個精神失常的人，看他的妄想一樣，妄想才不會支配你、影響你、主宰你。這個「內」就沒有放出（這個「出」是指的變成一種現行）。其實說，你現在有一個認為是很糟糕的妄念，你只要不認同它，它不成為業，對你沒有影響，你不要緊張。你的緊張恰恰是被它所牽制了，是一個放出。大家體會一下祖師的這種開示。「外不放入，內不放出」就是用功的這個正念。「一念驀直去」，這個語言也是中國式的，直著去，不回頭，沒有第二念。這些地方都是我們在用功的時候要注意的。

祖師禪的手眼

出家人有這樣一句話，叫「久住有緣，久坐有禪」，說一個人在一個寺院住久了，自然就跟這個寺院有了緣；打坐久了，都有禪的受用。這當然也意味著，剛開始坐，不大容易有體驗。

每天這樣在禪堂裏行行坐坐，只要我們能堅持坐下來，不缺香，就不簡單。在這個過程裏可能我們會體驗到腿痛、腰痠、胸悶、煩躁、上火，乃至身體、心態上各種障礙，慢慢地，這些障礙就像空中的塵埃一樣，會悄悄地落地。這些障礙的浮塵落地的時候，我們再在禪櫈上坐下來，就能有一些坐禪的受用。當然，這個過程還會多次重複，各種狀態的浮塵又會泛起來。我們能透過一層，就能有深一層的受用，所以希望大家要鍥而不捨地在禪櫈上做這個挖寶的工作。這個挖寶的工作是在我們心裏挖，我們心裏有跟佛一樣的功德、無價寶，現在我們要把這個無價寶挖出來。對釋迦牟尼佛給我們的這個指引，我們要有堅定的信心。也許我們現在沒有挖到寶，挖的是磚頭瓦塊，荊棘雜草，不要放棄，也不要下結論說，看來我這個人就這樣了，都是這些東西，沒有寶。那就錯了。

昨天講到漢傳佛教禪堂裏用功的方法。從禪宗燈錄的記載上看，早在唐朝，我們禪宗的叢林寺院就

有禪堂。禪堂，法堂，這是主要的殿堂。禪堂裏的禪榻，稱為長連床。為甚麼叫長連床？我想應該就是，它既是打坐的也是睡覺的。我們後來稱為廣單。禪堂有時候在燈錄裏又叫僧堂，所以禪堂和僧堂應該是一個地方。在趙州和尚的自傳裏有講到僧堂——「僧堂無前後架」，這個僧堂就是出家人白天坐禪用功、晚上放參休息的地方。那個時候禪和子在禪堂裏究竟怎樣用功，沒有文獻詳細記載。

由於那時候宗門裏具備大智慧、大手眼的禪師很多，所以在禪堂住的人主要是親近那個有大智慧、大手眼的大德。這些大祖師大德接引學人完全不落窠臼，沒有固定套路，沒有死法給人，他們能在日常生活中，和學人一問一答之際，或是擎拳合掌、一棒一喝之際，出其不意地令這個學人或在心裏生起疑情，或者當下就把心念截斷，在自心上有所突破和發現。當然老師是一個，學人有很多，對不同的學人，老師應該有不同的方法。因此，我想，那時候這些學人們在禪堂裏打坐，應該都是個個依照自己的受用，依照老師給自己的點撥，依照自己在跟老師起疑、起意中，在心地上發明，依照這個在用功。有的也許在明心見性之前的用功中，有的也許在發明了心地以後的用功中，都一樣。

臨濟禪師語錄裏講到：有一天黃檗禪師到僧堂裏來，看見首座在那裏打坐，臨濟義玄禪師——那時候還沒有到河北來——在長連床上躺著睡覺。我想，他們應該用功境界不一樣。你不要認為睡覺就沒有用功。睡覺的人是任運起修，不用功的用功。這是在唐朝，唐朝這個時期的禪被後來的人稱為「純禪」，純粹的禪，又被稱為「祖師禪」。它最核心、最關鍵的一個要素就是老師，而那個時代也以「老師」這個詞稱呼那些具備大手眼、有善巧方便引導學人悟入的禪師。比如趙州和尚的師父叫南泉普願，俗家姓王，所以人們稱他為「王老師」——看來唐朝不太避諱出家人俗家的姓。在那樣一個時代，這個老師就太重要了。這個老師不僅要自己已經明心見性，有自受用，而且能夠把自受用變成他受用，分享給學人。那可不是鬧著玩的，要有鍛鍊學人的手段。所以，禪堂有另外一個詞叫「大冶洪爐」，好比一個煉鋼的爐子，老師就是煉鋼的工人，學人就是那些鋼啊、鐵啊、石頭，他把我們煉成鋼，就在這個爐子裏煉。

　　為甚麼說這個老師很重要呢？他光有自受用還不行，還得用他的自受用來幫助眼前的學人契入，而他的教學又不能完全遵循一個死的套路，必須是靈活的，應機而發。這裏頭不能有提前的準備，不能有思

惟理路，間不容髮，所以古人比喻這個工作叫「善舞太阿」。太阿是古代的寶劍，非常鋒利，吹毛見血，這些禪師就像一個拿著太阿寶劍的高手在那裏舞劍，舞得好當然好，舞得不好可能把自己砍傷，把別人砍傷。為甚麼？因為他在接引學人的時候，臨濟禪師講，「有時奪人不奪境，有時奪境不奪人，有時人境俱奪，有時全體作用」，他完全沒有固定的套路，要根據學人的根性，當時一眼看穿，同時下手，他哪有時間準備啊？假如說，他出手有誤，那就可能把眼前這個人搞壞了，教壞了，叫「瞎人眼目」，甚至可能讓對方著魔發狂，得病，都可能，不是開玩笑的。那個喝，那個棒，不是瞎來的，你來錯了，那對方可能著魔、神經病，甚至死了。宋朝就有過例子。宋朝有一位善知識接引一個禪和子，大喝一聲，把他喝懵了，後來他想了幾天幾夜沒想通，自己找根繩子上吊了。你們看，這是真正的禪師接引人要負的責任。因此古人比喻「善舞太阿」。

還有一個比喻，稱這樣的老師叫「郢匠」。郢匠是個典故，從《莊子》裏來。說有一個人鼻子尖上沾了一點白堊，就是一種白色的礦物質，相當於我們今天的白石灰一類的，沾到鼻子上洗不掉。洗不掉怎麼辦呢？郢這個地方有一個人，特別善於用斧頭——郢是

湖北江陵縣，現在江陵縣西北的古城叫郢，過去是楚國的都城——他過來，把斧頭在空中掄起來，呼呼生風，一斧頭砍過去，把鼻尖的白堊削掉了，鼻子一點沒受傷。這是《莊子》裏的故事。你們想像一下，那麼薄的一層白灰，你拿一個斧頭把它削下來，還不能讓對方鼻子的皮，乃至汗毛受傷，這個工作很有難度。

還有一個比喻，是醫學裏的，叫「金錍」。這是我們中國古代一個治眼病的器械。它的頭兒是尖的，很鋒利。它治甚麼病呢？眼睛裏面長了一層膜，把眼睛給蒙住了。醫生拿這個金錍刺過去，要恰到好處，必須把那個膜刺穿，但你若再往前刺，就把人家的眼睛刺瞎了。如果你刺淺了，這個膜刺不穿。這是唐朝的大禪師們，他們的教學。

事實上，唐朝有很多偉大的禪師，他們認為，即使在盛唐，禪宗最繁榮的時代，具備這種資格的善知識，也不是很多，所以黃檗禪師有一句名言，叫「大唐國裏無禪師」。還有一位禪師評價馬祖座下的弟子，都不錯，都很優秀，但是真正能達到自受用他受用都圓滿的，也不多。

這是禪最經典的教學，這種教學就叫以心傳心，以心印心，直指人心，見性成佛。這裏面最要害的就是我前面講的，就是這個老師。由於老師、善知識這

個增上緣具足，就能在一問一答、舉手投足之際，令學人當時見到自心本來面目。見不到，也會起疑情，起了疑情不用老師說，他自己在禪堂裏就會坐在那去參。這是在禪最繁榮的時代的情況。

但同時，我們在唐朝的祖師教導中，也已經看到一些可以稱為用功的方法、下手處——如果你沒有搞明白的話，你就用這個方法。我們在黃檗希運禪師的語錄中看到，他說，你參趙州的「無」。大家看看，趙州和尚的這個「狗子無佛性」的「無」，其實最早在黃檗禪師那個時代就已經提出來了。你就在這個「無」上參，用心。後來又有各種各樣類似於「無」的話頭，比如「萬法歸一，一歸何處」、「如何是父母未生前本來面目」、「拖死屍的是誰」，再後來有「念佛的是誰」，以及很多大祖師的公案、機鋒轉語作為學人參究的對象。這個就被稱為「話頭禪」。學禪的人，我們選一個話頭，自己在打坐、行香時，行行坐坐，一天到晚在心裏琢磨、參究。其實禪堂裏我們現在打七的這一套制度最適合用的就是這種參話頭方法。明清以後，參的最多的是「誰」。我們知道虛雲老和尚參「拖死屍的是誰」，現在國內很多禪宗道場，提倡參「念佛的是誰」。

其實，這些話頭可能不一樣，但是它們的作用是

一樣的。我們趙州禪師有「無」，我們的禪堂叫無門關，就參「無」，它的作用跟「誰」是一樣的。特別是佛學院的同學不妨用用功，也許你們有的只是在數息，但是你們試一試，參參話頭，參「誰」，或者參「無」。在最初的時候，你的心念千頭萬緒。慢慢地，「久坐有禪」，時間久，天天不間斷，不放棄，提起那個話頭，這個心念就慢慢由繁到簡，由多歸一，最後歸於這個話頭。這個用功的方法，也是止觀雙修的：你不看其他，只是專注，專注於訓練；同時有疑情牽引你，想去探究，這就是一種觀察，向內觀察，反觀。事實上，這個方法，依我個人看，是一種非常直接、非常有效的方法，也是最容易產生體驗的。我希望，能有多一些師父發心，最起碼在這兩個七中全力以赴用這個功夫。

打七的淵源及時代演變

現在柏林寺打禪七的這個制度，是中國漢傳佛教禪宗寺院一個傳統的修行制度。各禪宗寺院又叫「叢林」，因為住的僧人多，所以古代把禪宗寺院叫叢林。往往在冬季天冷的時候，各禪宗的叢林就會結制打七。所以禪堂的這種行香、行行坐坐的制度，還有鐘板、法器，包括禪堂管理的這個人事制度，像維那、

當值、監香、護七，這一切都是淵源於禪宗叢林的傳統打七。

禪宗叢林傳統的打七是要做甚麼？古人說要克期取證，要爭取在一個時間段內能夠明心見性、開悟，所以禪宗寺院禪堂的這種修行制度，嚴格地說，一定要對應於禪宗用功的方法。禪宗用功的方法，起碼從宋朝以後，我們可以說主要是臨濟宗的，那就是參禪，就是參話頭。

也有很多大德解釋這個打七。字面上看 「七」就是七天。因為冬天的這個坐禪，以七天為週期。每一個七天有半天的放香，出家人可以利用這個半天來沐浴、剃髮。所以這個「七」是指的一個七、兩個七，有的是五個七、七個七，甚至更多。「打」是打坐，在字面上這樣講。但是也有大德解釋，這個打七裏面有更深的法義。禪堂裏要克期取證，要打甚麼？就要打掉我們的妄想。但我們的妄想是很多的呀，有很多形式、很多層面。我們有一個最根本的妄想，就是「我執」，關於自我的幻想。要把這個關於自我的幻想打掉、打死掉。這個關於自我的妄想，唯識宗稱之為「第七識」，打七就是要打這個第七識——末那識、我執，要把它打掉。

因此傳統禪堂的打七、克期取證，這種做派非常

猛厲，也非常嚴格。到了禪堂就不能出去。因為過去的禪堂，它的禪床不是現在我們的禪櫈，過去傳統禪宗寺院的禪床叫「長連床」，它比我們這個要寬的多，一米多寬，打坐在前面。到了半夜，那個作息很嚴，我們現在九點半就放香，開靜了，傳統的起碼要到十二點半，到了半夜開靜以後，這些修行人在後面可以放倒，睡一覺。然後三點多起來，接著坐。所以進到這個禪堂的院子就不能出去，然後有人護持。外面有人護持叫「外護七」；禪堂裏面有人護持叫「內護七」，所以那樣的一場用功，那樣的一個打七，就是一場戰鬥，跟自己的煩惱戰鬥，跟自己身心的習氣戰鬥，甚至跟在打七中鬧出來的很多身心的毛病戰鬥，包括疾病。那個非常嚴峻，一止靜，絕對不可以動。如果你在禪堂裏生病，你也要堅持，說得極端一點，就是病死了，把你塞到禪床底下，其他人繼續打。那個就叫打生死七，就是把性命拿出來，你也可以說這就是一場賭博吧，把性命作籌碼壓上，目的就是為了打掉我執、妄想，要了生脫死。

　　如上所說，打七這個漢傳佛教禪堂制度的淵源是這樣來的。在這樣的一個制度下，在叢林裏能進禪堂用功的人，是一部份人。像最嚴格的叢林，沙彌都不能進，更不要說居士了。然後也有很多的班首，拿著

香板，每天香板要打斷一些。行香的時候，你稍微地分心，東張西望，甚至有一種散亂的神態流露，可能香板就到你身上了，不容分說啊！如果有嚴重違反堂規的，要當眾責罰，所以香板打斷是經常的事。這就是那樣一種制度、那樣一種因緣、那樣一種氛圍下的打七。

在那種打七裏所有坐禪的人，他們只用一個法門，就是參話頭，參禪。在禪堂裏面也不能念佛，「念佛一聲，漱口三日」，不能雜用心，所有的人都要全力以赴。這樣一種體制下的參禪，這些參禪的修行人，他們一定也都會有一些基礎，對佛法修行理路的了解，對參禪的了解，他都親近過一些大德，參學過一些叢林。古代是這樣一種用功。

我現在講的是追根溯源，現在我們這種打七已經變樣了。首先以柏林寺的禪堂來說，在規矩上，我們老和尚慈悲啊，根據現代人的根器，就做了一些簡化。然後依照柏林寺的這種作風，輕易也不會打人。當然，現在也不是一個打人的時代。那個時代打人，那還需要被打的人有資格，被打的人要有那個資格才會打他，而現代的人，大家的維權意識都很強，自我感很強，法律意識很強。「你打我」，這個犯法呀！已經不是那個時代了。這種時代因緣，你說它是進步了

還是退步了，不好說。那麼這是規矩。然後人們用功的方法，也個個不一樣。有的人數息，有的人念佛，有的人持咒，有的人不知道搞甚麼，還有人在禪堂裏行氣練功，鼓搗那些旁門左道的，有時候也不排除啊！所以現在這個情況就有變化了。

最重要的一個變化，是來這裏打七的人，大家是不是都有非常一致的發心呢？這個發心就是動機。如果以古人講，傳統的禪堂打七，那就是要了生脫死，就是要克期取證，不是為了要通過打坐來治病，比如治療神經衰弱，或者是平時太忙了，心有點亂，來調心。現在大家可能也知道，在整個世界範圍內，在中國好像更是這樣，坐禪現在成了一個很熱門的事。不光是在中國、在美國，在世界範圍內，禪修已經是一個非常流行、非常大眾化的事情了。

為甚麼會有這種情況？剛才我講的傳統叢林那種氛圍下的禪七、那種禪修，它已經大眾化了嗎？肯定沒有。不僅沒有，而且那樣一種傳統，現在你也很難找到它了，你見到它都很難了。乃是因為這個時代的眾生太忙碌，心太散亂。資訊化時代的到來，給我們提供了很多便利，同時也讓我們的心越來越亂，注意力難以集中。微信，網路，各種的資訊工具，把我們一天的時間、把我們一個很完整的注意力，已經千刀萬剮。

今天全世界的人都意識到了這個問題，意識到了我們的心需要寧靜。同時他們也發現了，源自於東方文化的這種靜坐的方法、禪修的方法，可以使我們的身心整合，得到內心的寧靜，甚至可以療癒一些身心問題，所以在美國，正念禪，英文叫「mindful」，極其流行、極其普遍。我去年到美國去了，以前是看資訊知道，美國正在發生一個革命，叫「正念革命」。各行各業的人都通過佛教正念禪的方法來訓練自己。去年我在美國機場，就看到了機場的電視上在放 travel mindful ——在旅行中怎麼修正念。醫院裏也有，軍校裏也有，所有地方都在訓練這個正念，正念其實是禪修的核心。

　　在中國，你可以看到有很多禪修班。各種機構、各種人在那裏辦班。有的收費也很高，動輒幾千上萬，因為大家現在都需要它。在中國有個規律，甚麼東西熱、甚麼東西搶手，那麼馬上就會有很多假冒偽劣出來。所以在各種所謂的禪修班裏，也是良莠不齊，情況很複雜。他們所傳授的禪修方法，有的是佛教的，也有的不是佛教的，也有印度瑜伽的，印度教的，或者其他的靈修方法。在世界範圍內這種禪修靜坐的流行，一方面在大眾的認知層面普及了禪修，使大眾形成了一個共識，就是通過禪修可以改善我們身

心的狀態，提高身心的和諧程度，這是它好的一面。但是另外一方面，也很容易讓禪修的人忽略佛教禪修的特殊性，它的不共的地方。它的重點在哪裏，特點在哪裏，大家可能容易忽略這一點。在這樣一種禪修文化的薰陶下，如果以佛法的觀點來看，很多人的禪修是一種錯誤的禪修，或者最起碼是一種不究竟的禪修。其實在佛教裏，禪修需要很多基礎，需要一些資糧、一些準備。沒有這些基礎和準備，你就過來在這裏坐，就是剛才我講的盲修瞎煉。如果你能繼續前進，你可能從裏面走出來，也有可能一直在盲修瞎煉的誤區裏出不來。

我們看釋迦牟尼佛的生平。喬達摩·悉達多太子離開王宮，到森林裏出家修行。我們看這樣的一個描述，就知道在佛教誕生以前，古代印度有很多修行的法門，有很多其他的宗教，有很多現在被稱為「靈修」的教派。在印度的這個廣袤的土地上，在森林裏面，有很多人離開世俗生活，在那裏做一種精神的探索。喬達摩·悉達多太子也走上了這條路。在這個時候他並沒有顯出跟其他的那些靈修教派有甚麼差異來，沒有。相反，他也用了五、六年的時間嘗試著修行過印度的很多禪修法門。那麼喬達摩·悉達多太子所修行的那些法門，在佛法裏叫甚麼呢？叫禪定，他也達到了

當時印度所有修行人裏最高的境界，禪定裏面的最高境界——非想非非想處定，三界裏面最高的，無色界的最高、最後一個空定，他也被指導他的老師認為已經OK了，已經解脫了。這裏有很多背景、很多潛台詞，這個潛台詞是甚麼？在古代印度，這些人都在做精神的探索，他們都把解脫或者最終的覺悟當作這個探索的目標，這個探索的成功就意味著你從輪迴中得到自由，最終得到這個覺悟。覺悟了的人叫「bhagavat」，bhagavat 是梵文，翻譯成漢語就是「世尊」，有時候翻譯成「婆伽瓦諦」。現在因為三大語系交流，南傳佛教的人念佛，他們在前面要加很多 arahant，bhagavat 這些詞，在那個時候是整個印度的修行人他們都想要到達的。

喬達摩‧悉達多太子得到非想非非想處定，禪定的最高境界，也被他的老師認為已經得到解脫了，但是，他的偉大在於他知道他沒有解脫，他知道他並沒有看清生命的真相，他只是在一個相對的寧靜狀態。在這種寧靜狀態，可以說人完全沒有煩惱現前。用生活中的語言來說，在那種狀態人是很舒服的。你們在禪堂裏打坐的是不是有很多人在追求這種舒服呢？追求這種感覺呢？甚至追求在這種舒服中一些奇妙的景象啊、幻覺啊、幻相啊？你一定要知道，這些都不能作

為佛法禪修的目標。如果你沉浸在裏面，如果你追求這些，如果你執著這些，你在禪堂裏，天天這麼坐就是為了這些，可以說你實踐的是一個錯誤的禪修。

喬達摩·悉達多太子自己知道，他沒有看到生命的真相，也沒有真正最終解決問題，所以後來他才放棄苦行，沐浴、接受供養。就在今天，臘月初八，接受一個牧羊女供養的牛奶，然後在菩提樹下，一個牧童給他提供了吉祥草作的墊子。所以在藏傳佛教裏，他們很重視吉祥草，墊子下會放一截。然後他坐在上面發誓，如果不得到無上正等正覺，就不起來。就在我們漢傳佛教定在今天的臘八凌晨，喬達摩·悉達多太子看到天邊的啟明星，然後他就最終看到了那個真相。當然，在這以前他在靜坐中也經歷了很多幻相，很多挑戰，來自於外在的，來自於內心的。得到無上正等正覺的喬達摩·悉達多太子，我們就稱他為釋迦牟尼佛。

我們在禪堂裏用功，以釋迦牟尼佛到達的那個境界作為我們的目標，那就是佛法。佛法裏的這個禪修是最圓滿、最正確、最究竟的。如果樹立了這樣一個目標、一個動機，很多坐禪的問題就不是問題。

打掉我執

有人說，打禪七的「七」，不是五六七八的那個

數字七，而是指我們每個眾生心中的我執——第七意識，末那識。打禪七就是要把這個我執打掉。打掉我執的修行顯然不能僅僅在禪堂中。因為，我們在生活的方方面面中都是受這個我執的支配，也無時無刻不在和它打照面，所以，也無時無刻沒有機會打掉它。在漢語裏，這個「打」字是多義的，最淺層的意思是攻擊性的。如果你把我們剛才打香板的打理解成這種打就錯了。漢語裏還有「打成一片」，那個「打」是指和它接觸、了解它、認識它。在生活中認識我們每個人與生俱來的我執心，和它打照面，和它打成一片，了解它，進一步地轉化它、斬斷它，這其實就是我們老和尚講的生活禪。在生活中修行，不能僅僅局限於風和日麗的氛圍下，很多時候是要在煩惱中打那個「七」。因為，當煩惱現行的時候，我們的我執才表現得最充份，所以，要在煩惱中認識煩惱、轉化煩惱，在煩惱中斷煩惱。

打這個「七」有時候要在困難中、在逆境中，因為困難和逆境，包括外在的挑戰、壓力、危機、衝突，同時在根本上也包括了我們內心的衝突、掙扎、矛盾。其實所有外在的矛盾都來自於內心。參禪是困而知之，使我們的心在困境中突破出一條路來。生活中的困境，幾乎每個人都會碰到。不管是整個國家、

社會，還是單位、家庭、個人，都會有遇到困境的時候。困境出現的時候，也就是我們突破那個我執、突破每個人自己心性極限的時候。

古代祖師說：「大死才能大活，大疑才能大悟。」疑也是一種困境——內在的困境。如果我們能夠抓住修行的核心綱領，那麼修行未必一定要在禪堂裏。在家庭生活中、在單位的工作中、在社會活動中，特別是在每天的起心動念中、自己思想的波瀾、情緒的波動中，都可以進行。如果抓住了這個問題的核心，你就不會感到修行沒有下手處，也不會感到修行有多麼難。因為你打那個「七」，打一點點就會有一點點的進步。

在寺院裏，在僧團生活中，我們每天都在打那個「七」。在這個過程中，我們也能看出來，有的時候我們被「七」打倒了，被我們的我執戰勝了，那時候就會有煩惱，甚至有放棄、後悔、退下來的念頭。有時候我們打倒「七」了，就有進步，這種進步是一點點積累的。事實上，大概沒有幾個人一上來就天翻地覆，明心見性，立地成佛。特別是在現今時代，這樣的人很少。我們很多時候要在生活中，通過內心的種種掙扎，一點點去磨。既然是打，裏面也包含了和它鬥爭、和它混、和它鬥，在這裏面逐漸地日新又新，成就出一個新的、更加光明、自在的人格，對出家人

來說就是僧格。這是修行的過程，就像磨玉一樣，一點一點把它的光磨出來，把僧格的優秀品質磨出來。凡是完成了這個過程的師父，他的修行就穩定了，能夠全體放下，也能承擔出家人的責任和使命，這個其實也是在打七。廣義地講，我們整個寺院的生活就是打七。這種精進的、密集式的禪修，是在我們漫長的打七修行過程中的一個加油站。加了這個油，就走得更快，更加有動力，更加知道方向。

無門關

無門關的由來

我們在趙縣柏林禪寺——趙州和尚的道場參禪，可以說，我們守著一個聚寶盆，就是趙州禪師的禪法。趙州禪師住世的時候，當時的人就讚譽他為「趙州古佛」。他去世以後，逐漸地，他的禪法越來越廣泛、越來越深遠地影響著中國禪門中的修行人。後來禪宗傳到韓國、日本，乃至今天的歐美各國，趙州禪師的禪法也因此影響到韓國、日本，乃至今天的歐美各國。趙州禪師雖然沒有開宗立派，但是他的禪法對中國禪宗的影響不亞於任何一位開宗立派的祖師。

清代雍正皇帝是在禪的修行上有體悟的一位皇帝，他在開悟以後把禪宗祖師的語錄按他的眼光進行了選編，其中就收有趙州禪師。他對趙州禪師讚譽有加，讚嘆趙州禪師是「圓證直指」。是「圓證」，還不是「圓悟」，是「證」。「圓證」是趙州禪師自己的境界，「直指」是他接引學人的方法。趙州禪師接引學人不用棒子打，也不吼人，既不棒也不喝，就是言語來往，憑三寸軟舌，但這三寸軟舌截斷禪人的思惟分別

心，這個力量不亞於棒，不亞於喝，所以也有人讚嘆趙州和尚「舌端帶劍」。這個「劍」是智慧的劍，能斬斷當人的妄想分別心，使當人能夠於言下返照，認識自己的心性。雍正皇帝還有其他讚嘆趙州禪師的話，意思是說趙州禪師本人直接延續的法脈、發展的徒眾並不多，但是他的禪法橫向地影響禪宗五家各派。所以雍正皇帝就趙州和尚沒有直接傳承很多徒子徒孫、禪風高峻這個特徵來講，說趙州和尚如「百尺之桐」，就像百尺高的梧桐樹，「高而無枝」，境界高而枝少。

趙州和尚有很多公案語錄在禪門裏流傳。我們禪堂叫「無門關」，可以說這是趙州和尚的公案中流傳最久、最廣、最負盛名的一個公案。這個公案形成禪宗特有的一個參禪的方法。這個公案的緣起是這樣的：有一天，有個和尚問趙州禪師：「狗子還有佛性也無？」趙州禪師說：「無！」狗子有沒有佛性，在大乘佛教的經典裏面有非常確定的答案：一切眾生皆有佛性，當然也包括地上的狗子啊！但是趙州禪師的答案是「無」，他的回答跟佛經裏講的不一樣！這個「無」，就是趙州和尚的境界，就是他的心。那他為甚麼說「無」呢？為甚麼不說「有」呢？為甚麼他的回答跟佛理相悖呢？難道是他隨便講來騙我們的嗎？不會的！所以參究這個「無」字成為一個參禪的法門。

這個法門比較早地被提倡是在宋代，有一位慧開禪師，他有一本著作叫《無門關》。在這本著作中，慧開禪師講，參禪的人如果覺得修行有所悟，那麼一定要把祖師的公案拿出來檢查檢查自己，祖師的這些公案語錄就是一道又一道的關，是檢查我們的證悟是否究竟的關，參禪要透過這些關，透過了，契合了，才沒有問題。所以你要徹悟，所謂「參禪須透祖師關，妙悟要窮心路絕」，說你要真正妙悟，親見自心佛性，要把我們無量劫以來所習慣的、平時所習慣的心路斷掉。這個心路是甚麼？包括我們種種思想、念頭、妄想、分別、情緒，種種先入為主的結論。參禪要把這些都放下。有的人會說，這種種的東西都放下了，那「我」在哪呢？你先放下再說吧，到時候會有消息的！

慧開禪師接著說，趙州禪師的這個「無」就是個關，透過這個關，你就見到趙州禪師本人了，也見到佛的心了，也與諸佛把手共行了。「見到趙州禪師」不是指他的相貌，是他的境界，他的心。「把手共行」的意思是甚麼？原來大家是一路人，是兄弟。因為親見佛性，見到自己與佛無二的那顆心了。

慧開禪師接著又說，你要透這個「無」嗎？透這個關嗎？那你就從早到晚參吧！就在這個「無」上起疑：一切眾生皆有佛性，為甚麼趙州禪師說「無」呢？

將全身三萬六千個骨節、八萬四千個毛孔都集中在這個「無」上。他接著講，那是個甚麼感覺呢？就像嘴裏含著個熱鐵球，吞也吞不下去，吐也吐不出來，欲罷不能，將平生的力氣集中在這個「無」字上起疑，等到因緣成熟突然打發——「打發」的意思是透過了，明白了。這個「明白」是甚麼？這個「明白」不是在思路上明白，在理論上明白，不是通過推理、猜測明白。注意啊，千萬不要去猜謎語。這個「無」不是虛無的「無」，不是「有無」的「無」，你不要在這裏動念頭，發現一個甚麼結論，只需要直接用你的心去撞這個「無」的門。直接用你的心，不可以用任何工具。你學來的任何東西都放下！不管用！直接用自己的身心去撞開它。本來趙州禪師回答這個「無」是他老人家的境界，但是這個境界一切眾生都有啊！所以我們要直接通過撞這個「無」見到自己的佛性。

如果透過這個關，那就得到自在了，開佛知見了！在四生六道、生死岸頭頭出頭沒，救度眾生。慧開禪師的《無門關》共有四十八則，這是第一則裏提倡的參禪的方法。

這個方法很簡單。你打坐，調身，調息，當然功夫熟練的人不需要這個次第，行也好，坐也好，乃至睡夢中也好，都不斷地提起這個話頭——僧問趙州：

狗子還有佛性也無？州云：無！為甚麼「無」呢？自己在心裏不斷地提「無」，每提一次，要有疑，為甚麼？將全部的注意力，全部的力氣貫注在這個「無」上。好了，現在你們就能體會到為甚麼在禪堂裏又是坐，又是走，又是跑，又怎樣怎樣。如果你用這種方法用功的話，走也好，坐也好，跑也好，乃至過去舊的禪堂有廣單，養息可以躺下，不管你怎樣，修行的功夫不會中斷。

這也是我們要求大家止語的原因，不要講閒話，處處照顧你的心念。為甚麼？你的問題沒有解決啊，這個關你沒有透過啊！這個關一旦透過，所有的生死疑團也就透過了。這個關沒有透過，我們還在生死流中打轉呢！這個問題很嚴肅，很緊迫啊！哪有功夫講閒話、東張西望呢？所以禪宗禪堂裏的規矩非常嚴。虛雲和尚講過這樣一句話：「才動眉毛，便犯祖師的規矩。」你眉毛動一下，就犯規矩了，別說其他了。只要有一個念頭、有一剎那心不在功夫上，不在話頭上，你就已經把自己搞丟了，所以照顧話頭！過去禪宗叢林裏的老參上座經常會監督我們這些後學，看見你打失念頭，他就會提醒你照顧話頭！在這種氛圍下修行，進步一定很快。但我們現在都習慣散心雜話。過去的七天，大家做得都不錯，就是有一點——止語做

得不好，不講話這一條做得不夠好。希望以後的幾個七，我建議，起碼我所在的這個禪堂，大家參「無」，在這上多用用功。不要散心雜話，把心收攝起來，好好地參一參，拼搏一回！

甚麼是無門關

柏林禪寺在唐朝出過一個偉大的禪師——趙州從諗禪師，他的舍利塔現在還在這裏。趙州禪師有一個話頭，成為禪宗修行的一個法門，這個法門就叫「無門關」——現在我們的禪堂就叫「無門關」。這個話頭來源於這樣一個公案：有人問他：「狗子還有佛性嗎？」趙州禪師說「無」。就是趙州禪師的這個「無」，成為一個話頭。這個話頭，從唐朝到宋朝、乃至到元朝，有很多禪人參究，也有很多人在這個「無」下明心見性。

「無」是甚麼？宋朝有一位祖師叫無門慧開，專門講到無門關這個「無」，如果你在那裏參「無」，趙州禪師說「無」、「狗子無佛性」，若是觀想甚麼都沒有，觀想「虛無」，那就錯了，那不是參禪，那是觀，有點像天台宗的空觀，所以「無」不是虛無的「無」。「無」在這裏只是一個符號，這個符號令我們起疑情，疑甚麼？疑趙州禪師為甚麼說無？就是疑這個。你也可能猜測，有很多推理，很多經典裏面的理解，現在

告訴你，所有這些意識活動、猜測、理解、來自於經典裏的註解，在這裏都用不上，都不算數。你說我知道他為甚麼說無，一二三四⋯⋯打叉，不對！告訴你，用意識在這條路上走，不可能找到答案，就算你以為找到了，它也不能解決生死輪迴的問題。既然解決不了生死輪迴的問題，它有甚麼用呢？所以可以直白地說，你費盡心思猜測、理解，甚至找尋經典裏的註解，都白費功夫。

你說我參這個「無」，不知道從何下手，那就對了，參它就是要讓你感覺到不知從何下手；有的人參「無」，說心裏感到很悶，對了，就是要讓你感到悶；有的人說，我參「無」完全用不上功，對了，就是要那種完全用不上功，但又能不放棄，不斷地在心裏提起話頭，提起「無」的話頭。在這種參究裏，支持我們不斷地提話頭的「甚麼」，實際上是信。這裏的信有很多層：首先我們信趙州禪師，他說「無」，絕對不是隨便說的；其次我們信自己的心，除了分別、妄想，除了理論、註解，無量劫以來我們生死輪迴就是靠這個東西，這個東西是甚麼呢？佛學裏有「識」，「分別心」，我們相信，我們的內心除了這個識以外，還有一條路。當我們不斷地提「無」的時候，實際上這個識的活動，會逐漸地削弱，妄想、分別會越來越少。

關於這個「無」，古人有很多比喻，這個「無」就像鐵釘，現在要你用嘴巴去嚼它，後果是甚麼？後果可能是你的牙齒全部嚼爛掉，如果你堅持嚼的話。「無」就像一個鐵釘，在我們的心裏不斷地被咀嚼，就會把我們無量劫以來平時特別活躍的分別心那個牙齒嚼爛掉，讓它起不了作用。它就是要讓你無路可走、無理可申、無話可說，把你堵在這裏，被堵在這裏，你還能不放棄，而且越悶、越堵，你越勇猛，越堅持，整個這個過程是一個鍛煉的過程。這個鍛煉的過程，也許是痛苦的，剛開始也許是煩悶的、茫然無序的，但是就像嚼鐵釘，慢慢地你會從茫然無序、煩悶、沒有滋味中，嚼出一些滋味來。這個時候有點像甚麼？有點像一灣水，很渾，有很多泥巴、雜質，這個話頭就像是往水裏扔一個東西，扔進去以後，在一個階段這個水會更渾，比以前還渾，比不參禪的時候妄想還要多。但是越過這個階段之後，這個渾的東西就會沉澱下去，變清，清歸清，濁歸濁，清濁就分判了，到這個時候，你才覺得，啊！這裏面大有文章啊！你的心就不肯輕易放棄了。所以這個方法很絕，是要逼我們懸崖撒手，頭撞南牆，捨身跳黃河，逼拶我們。

因為所有的眾生都有一個習性，就是一定要在理路、意識上得到點甚麼，所以眾生最大的貪在這裏。

最大的貪不一定是貪吃、貪衣服，不是貪財、色、食、睡，我認為，眾生無量劫與生俱來的最大的貪是名。我講貪名的時候，你們想的是甚麼？想當住持，大和尚，會長，這是一個很膚淺的理解。名是名相。所有的名相是怎麼建立的？是由分別心建立的。所以眾生的分別心就像一個貪婪的野獸，要你不斷地給它餵食，餵甚麼？它吃的那個食料是甚麼？就是這些名啊！這個好，那個壞，就那些判斷。這個野獸在那裏張開血盆大口，要你不斷地餵這些名言、名相。

其實雲水行腳的師父的行腳體驗，對修行非常好，為甚麼呢？因為他到一個陌生的地方，特別能觀照心念。一個人到一個陌生的城市，陌生的寺院，我們馬上有一種本能的反應，要搞清楚這是甚麼？那是甚麼？這個人是甚麼？這個是住持，這個是知客，這些反應來自於不安全感，不安穩，進而產生各種分別——名。所以眾生最大的也是最難斷的貪，實際上是這個名，分別心這個野獸，現在我不給它喜歡吃的東西了，它不是喜歡吃山珍海味嗎？現在我扔給它磚頭瓦塊、木頭、鐵釘。我讓你吃！在我們不斷地扔磚頭、瓦塊、木頭的情況下，這個分別心野獸的胃口、貪就會歇下來。所以參話頭，我覺得是非常猛利的法門。

怎樣參無門關

　　講到參「無」這個法門，當年有人問趙州和尚：「狗子還有佛性嗎？」趙州和尚說：「無。」這個「無」字後面有甚麼？「無」字後面，趙州和尚是甚麼樣的心？我們通過靜坐或者行、住、坐、臥四威儀，在心中連續不斷地由這個「無」生起疑情。生起疑情要透過這個「無」，要用自心直接地明白，看到趙州和尚「無」字後面的居心何在。

　　今天有一位同修，說他找到一個答案，不知道對不對：「無」就是「有」，「有」就是「無」，所以趙州和尚的意思就是非有非無，非空非有，他在跟我們講這樣一個道理。這個不對。我們參「無」，不是要你去找一個答案，也不是要你去猜一個謎底。「參」就是禪修，通過這樣一種禪修，我們是要在心裏直接地明白，而不是在概念、邏輯、思惟、道理上明白。因為道理我們已經知道得夠多的了，隨便拿一本佛經，道理多的是，但是我們明白了嗎？我們真正在心地上明白佛心、祖師的心了嗎？參禪的特殊性就在這裏，要你明白、認識自己的心。這個明白和認識，通過參究一個話頭，要在身心上發生一場革命。當你真正明白的那一剎那，是一個天翻地覆的變化，飛躍式的突破，是對我們從過去生到現在一直以來起心動念、認

識世界的模式有一個徹底的顛覆，把過去顛倒的東西扶正。參究話頭，不是讓你用邏輯做推理，不是在理論上思考。如果你覺得你有突破的話，不用問我，很簡單，只要睜開眼睛，看看你這個心在對境時，運作的機制有沒有發生變化？當然，對於沒有變化過的人，很難想像還會有甚麼變化——我這樣很好啊！

上次我也講了，從過去世到現在，生生世世我們都在井底，都在二元對立中生活。我們想像不出還能有甚麼變化，也想像不出我們的心跟這個世界的關係顛覆以後是甚麼感覺，這正是修行的要害。否則明白再多道理也不管用，遇見貪的時候你還是貪，嗔的時候你照樣發火，仍然在顛倒夢想中，有甚麼用呢？禪的精神，特別重視內心深處的這個革命，而不太在意你背會了多少知識，多少佛理，多少經。如果我們背了很多，知道了很多，卻不能轉化自己的心，古人比喻為「説食」、「數他人寶」，肚子很餓，你嘴裏念：米飯，米飯，米飯，你還是餓；你很窮，你點別人的鈔票，還是窮。

禪是要把飯送到自己嘴裏，讓自己飽，是讓我們點自家的鈔票，就是要解決自己的問題，解決心裏的問題，解決輪迴中的問題。在學校、在書本裏、在社會中，我們可以學到很多道理、知識。我們的大腦從

過去到現在，每天不停地活動。大家可以想像一下，這個地球上六十億人，六十億個大腦，一天 24 小時沒有停過，在各種情緒的波動、思想的運作、概念的演繹、心裏的盤算中，分別、執著、計較，這六十億個大腦沒有停過；再往前追溯，地球上千萬年以來，無數億個人類的腦袋沒有停止過這種分別、執著、判斷、推理、想像，但是我們地球上的問題還是問題，這個世界還在相續中，眾生的業力還在相續中。禪要讓我們每個人自己從這裏走出去，從這樣一個業力相續、分別心相續、貪嗔癡相續、苦報相續的世界裏跳出去。跳出去了，你的腳還是踩在地球上，你還是那六十億個腦袋中間的一個，但是你的心運作的模式變了，這就是參禪。它究竟是要我們幹甚麼？祖師們說開悟了，開悟究竟發生了甚麼？就是將我們顛倒了的東西扶正！這是心靈深處的革命，是我們的心認識世界模式的一個顛覆，一種轉變。在生活中，對境遇緣，你的心念與活動轉沒轉變？很簡單，自己就能體驗到。

　　參「無」這個法門，早在宋代就由大慧宗杲禪師、無門慧開禪師提倡。他們提倡通過參趙州和尚的「無」，悟明心地，打破疑團。關於怎樣參這個「無」，大慧禪師有很多論述。他特別講到，你不能把這個「無」當成是有無的「無」——當成有無的「無」，

你就落到概念裏去了；也不能當成虛無的「無」；也不能把心就停在這個「無」上。古人有個詞叫「湊泊」，是說你把心就停在這上面。參究不是叫那個心停頓，而是讓那個心專注在目標上，有一種探究、觀察的力量。重要的是通過這個「無」生起一種疑情，對祖師的心、對祖師說這個「無」字產生一種疑情——想弄明白，可是又不能通過知識、概念、邏輯、思惟、判斷，不能走這條路。打個比方：一個人被關在屋子裏，門上有鎖，告訴你不要用鑰匙，你還得出去，不用鑰匙怎樣出去？現在告訴你，參這個「無」，不要用你平時的思惟、推理活動。因為這個層面的活動就像我前面講的，不管是人類的全體還是眾生的個人，都沒有解決這個問題。你站在裏面想，想幾天幾夜，編很多答案，都沒用，這條路不通，可是你一定又想弄明白它——就是這個狀態。現在你怎麼辦呢？你用自己全部的身體去撞這個門。參「無」這個話頭，不許你在思想、知識層面上找一條路、找一條捷徑，你只有把全部的生命力量、全部的身心能量貫注到這個「無」上，就像我們用身體撞門一樣，整個地撞過去，孤注一擲，是這個味道。

下面我再繼續用幾個比喻幫助大家理解這個法門的特點。

參「無」這個法門，我前面講過，是要我們透過我們的分別心、意識活動，看到我們超越二元對立的那個心——你說它是佛心、自性、如來藏都可以——把被我們的分別念遮擋了的那個真心解放出來。「一葉障目，不見森林。」我們的這個分別心、這個以「我執」為出發點、根本背景、基本立場所發生的一切意識活動，以及由此產生的行為後果把我們遮住了，使我們看不到生命原來還有一個更廣闊的天地——超越一切對立。這個「我執」以及二元對立的意識活動就像繩索一樣，把我們那個佛心捆住而不能顯現。參「無」相當於甚麼？我們打個比喻：有一個人被繩索上下全部捆住了，但他的身體可以動，可以靠近一塊石頭，去磨、蹭，磨磨磨……終於，繩子磨斷了，他自己解放了！這塊磨斷我們繩索的石頭就是那個「無」字，而這條繩索恰恰就是「我執」，就是我們的分別心、分別念。我們就是要通過「無」字這塊石頭把分別心、分別念磨得繃斷了。

　　大慧禪師說，你參這個「無」，在心中放不下，全部注意力貫注在上面，但又想不出個道理，所以覺得沒滋味。甚麼叫滋味？我們無量劫以來思考、判斷、分別，就是我們的滋味，把「無」放在心裏，當然就沒滋味了。這個沒滋味的「無」在心中又放不下，慢慢

地，我們心裏的惡知惡覺——就是我們的分別心，「我執」作用，慢慢地蕩盡，相當於磨到不起作用，歇下來了。這很枯燥，沒滋味，但是磨來磨去，繩索一旦繃斷了的時候，你就得到自在了。大家可以想一想，這種方法多麼直接！這是第一個比喻。

第二個比喻是古人講過的，我們在用功的時候，心的狀態就像貓在老鼠洞前等候老鼠。那是甚麼狀態呢？它不能睡著，睡著了，老鼠出來跑了；它也不能東張西望，東張西望老鼠會趁機溜走；也不能直接往洞裏鑽，因為老鼠洞貓鑽不進去；它也不能不斷地進攻那個洞口，因為會驚動老鼠，老鼠躲在裏面不出來……貓既要守候在洞口，把它全部的注意力貫注在洞口，同時又要隨時準備出擊，總是處在要出擊的狀態。全神貫注地盯著洞口，比喻我們的注意力專注在話頭上，但只是專注；同時密切地注意動向，隨時準備出擊，比喻我們的心有一種探究的力量，想進攻，想探究。我們參話頭時，心就是這個狀態。

第三個比喻古人也用過。母雞孵小雞的時候，坐在雞蛋上不能夠離開，因為它一離開，那個雞蛋就涼了，孵不出小雞來；它不能出去轉一轉，然後再回來坐，坐會兒又轉。不行。它必須要一直坐在雞蛋上，直到裏面的小雞成熟了，母雞再把蛋殼啄破，小雞就

出來了。用這個比喻我們參禪，我們專注於話頭，相當於母雞不放棄、不動，專注在雞蛋上。在心中長時間醞釀話頭，直到把心中的分別念都磨掉，都歇下來——全部歇下，相當於功夫打成一片，這時候外面再有一個力量鑿破，小雞就出來了。外面這個力量是甚麼呢？從古人的經歷來說，就是外面的機緣，磕著碰著，可能是聽見一個聲音，可能是看見花開、聽見鳥叫，可能是師父打他一下，杯子掉在地上……所有這樣的機緣，一觸即發，那隻智慧的小雞就出來了！這是參話頭法門的關鍵所在，大家可以用功體驗。

參禪的見地

如實知自心

坐禪的過程和我們人生的經歷一樣，二者具有共性。剛開始頭緒、想法總是很多，慢慢地越來越清晰，越來越直接，也越來越簡單。剛開始坐禪，你要照顧的事情特別多，要照顧腿子痛，要照顧身體的坐姿，要照顧呼吸，要照顧妄想紛飛的念頭。你也可能試驗過很多法門，最後我們還是要回到一個根本直接的地方來。根本直接的地方是甚麼？這裏說到了坐禪的獨特之處。釋迦牟尼佛出家以後，在六年的苦行中，先後向當時印度其他修行人學習過坐禪，也達到了很高的境界，他的禪定功夫達到了無色界的非想非非想處定。三界是欲界、色界、無色界。色界的禪定是初禪、二禪、三禪、四禪；無色界的禪定是空無邊處定、識無邊處定、無所有處定、非想非非想處定。到了非想非非想處定的境界，生命的存在只是一個思想。在這個時候，悉達多太子仍然覺得生死輪迴的根沒有斷除，輪迴的鏈條沒有斬斷，那個迷惑還沒有真正地透過去，所以才有他後來在菩提樹下悟道這樣一

個偉大的事件。

我們現在坐禪，有的人可能想調整一下身體，也有的人想開發出一點神通、特異功能等，其實最根本的，應該回到跟釋迦牟尼佛在菩提樹下所要完成的任務一樣的那件事上，回到那個共同點上來。這個共同點，可以說是出離生死輪迴，也可以說是覺悟。有一部佛經，叫《大毗盧遮那成佛神變加持經》，簡稱《大日如來經》，裏面講到一句話，叫「如實知自心」，這是全部佛法的目標，也是我們禪修的目標。如實知自心，如其本來地認識我們這顆心。如果我們如其本來地認識了這顆心，生死輪迴、生活中的迷茫、煩惱等問題，都迎刃而解。所謂的輪迴之苦，以及生活中的煩惱，都來自於心的迷失，認識了這顆心，也就意味著我們可以把握這顆心，能把握這顆心，就能把握我們的命運，也能把握我們未來的生活之路。

中國的祖師單刀直入，將禪修最後聚焦到這個問題上，就是認識這個心，這就是禪宗所說的「直指人心」。對於菩提達摩從印度帶到中國來的這個法門，中國的祖師在這裏得到了大受用，取得了大成就，就是因為直指人心，認識此心、見性成佛，這其實也是全部佛法的要害，千經萬論，所有法門，歸結到最後的要害，都在這裏。我們在禪堂裏打坐，經過種種摸索

和體會，最後大家一定要把心力聚焦到這裏，聚焦到認識你這顆心上面。身體的坐姿要不要把握呢？要。有的人為了培養自己的定力，讓自己靜下來數息，呼吸要不要修呢？也可以修，但是這個最終的目的，核心的目標要清楚。這個地方透過了，實際上整個人生的問題也就解決了。

禪門有一個有名的公案，是説馬祖道一的。馬祖道一是四川什邡人，離開四川到湖南南嶽的一個地方，每天在石頭上盤腿靜坐不動。禪宗六祖大師有一位高足，叫南嶽懷讓，是一個已經如實認識了這顆心的禪者。他看這個出家人很能吃苦，修行很用功，每天在石頭上盤腿打坐不動，於是想度化他。他也知道這個年輕人還沒有擊中修行的要害，於是就拿了一塊磚，每天在馬祖身邊的石頭上磨。一個在那兒打坐，一個在那兒磨磚。馬祖坐在那兒還是不動，不理他，定力也夠可以的。一天兩天三天，終於有一天，他有點不耐煩了，就問：「你整天在這兒磨磚幹甚麼？很吵人哪！」懷讓禪師説：「我要把這個磚磨成鏡子。」馬祖問：「磚怎麼能磨成鏡子呢？」懷讓禪師説：「磚不能磨成鏡子，坐在那裏不動怎麼能成佛呢？」這句話讓馬祖動心了，他説：「您説這個話是甚麼意思啊？」懷讓大師講：「佛是覺悟，覺悟在心，不在身體姿態。

心能夠覺悟就有佛在。你坐在那裏紋絲不動，那只是一個姿勢而已。」馬祖就問了：「那這個修行應該怎麼修啊？」懷讓禪師又給他打了一個比喻：「一頭牛拉著一輛車，牛不走，我們趕車的人是用鞭子抽車還是抽牛啊？」馬祖說：「那當然得抽牛了！」懷讓禪師說：「這就對了！修行也是一樣，我們的心就像拉車的牛，我們的軀體就像這輛車，我們要讓這個車走，根本的下手處在這顆心上。」馬祖在這樣一番教導下，大悟。

由此我們就能理解，我們現在坐禪的這套方法是禪宗的一套方便，是過去禪門的祖師建立起來的使我們能在一個集中的時間段，集中精力在心地上用功、能有所突破的善巧方便。在這樣一個修行制度中，大家注沒注意到，前面我講到由繁到簡，最後要害是要回到認識自己的心上來。如果回到這樣的要害上，那你坐在那裏可以修行，行起香來仍然可以修行，所以這樣的修行制度是行行坐坐，坐坐行行，不是一直坐著，也不是一直行。這種修行制度從根本上講，並不是讓我們修禪定。如果有個人修出了初禪、二禪，進入了禪定，可以一坐幾個小時、一坐幾天，很顯然這種制度是不許可的，打個木魚、引磬你就得下座行起來，所以這個修行制度的要害不在定，不是讓我們深入地定在那兒。就像釋迦牟尼佛來到菩提樹下之前，

他的禪定修得很深了，修到非想非非想處定了，仍然沒有解決問題。那麼禪堂裏這樣一套方便，是讓我們把座上的盤腿和座下的行香統一起來，修行的要害就在你的心上，覺照能貫穿起來，從早到晚連綿不斷，一天一天地下來，這個力量才能聚焦。這個力量聚焦了，才可能在我們的心上發生突破。這就是我們禪堂修行的方便，在這個方便法門裏，你必須要懂得，把你的用功要打成一片。甚麼叫打成一片呢？行是這樣，坐也是這樣，喝茶是這樣，墩地是這樣，吃飯是這樣，回到寮房還是這樣，那麼這樣的七天或是幾個七天下來，你才可能發生突破。如果在禪座上盤腿時心是很靜的，在用功，下座一經行，只是活動活動身體，當作是活動筋骨，那你就離開修行了。吃過飯，回到寮房，散心雜話，那你就不容易打成一片。要打成一片，必須要牢牢把握「認識這個心」這樣一個要害問題。

在禪宗的叢林中，關於這個問題的修行法門就是所謂的參話頭、參禪。要運用這個法門，客觀地講，需要一點坐禪的基礎，你連調身、調息都不懂，上來就要參話頭恐怕不現實。有一定的基礎，再運用參話頭的方法，我個人覺得這是古代祖師給我們後學提供的一個非常好的方便法門。這個法門一下子就把我

們的注意力聚焦到心念上。不管你開沒開悟，能聚焦到心念上，只要認真地用功，或深或淺，你都能有受用，有突破。

擒賊先擒王——直指人心

傳統的中國佛教將釋迦牟尼佛的教法分成「宗」和「教」。「教」是指依釋迦牟尼佛的言教、依他說的法，通過理解認識，再一步一步地去做，這是「教」的體系。「宗」是甚麼呢？「宗」就是釋迦牟尼佛的心，傳佛心印！「教」是甚麼呢？「教」是釋迦牟尼佛的口，「宗」是傳佛心的。直傳佛心的這個傳承是由釋迦牟尼佛親自開啟流傳下來的，並不是人們杜撰的。釋迦牟尼佛在靈山會上，有一天大眾聚集，聽釋迦牟尼佛說法。若在平常總是有某一個因緣開啟，佛陀便會開講，但是那一天佛陀沒有講話，他手上拿著一朵蓮花默然不語，在場的人都不明白佛陀甚麼意思，只有迦葉尊者會心地一笑。這時候佛陀講：「我有正法眼藏，涅槃妙心，實相無相，微妙法門，傳於摩訶迦葉。」甚麼意思呢？我有最奇妙的一支法傳給摩訶迦葉。這個法是所有正法的眼目，所有正法的寶藏，「涅槃妙心，實相無相」，這就是禪宗傳佛心印最早的開端。當然這個場景後來成為學人參究的公案之一：佛

陀拈花不語，迦葉微笑——佛傳的究竟是甚麼？

　　迦葉尊者以後，在印度一共傳了二十八代，到二十八代祖師菩提達摩，在南北朝時從印度坐船來到中國，在廣州登陸。廣州有個華林寺，就是達摩祖師到中國來最早登陸落腳的地方，叫「西來初地」。達摩祖師之後六傳到唐代的慧能大師。慧能大師以後，禪宗在中國佛教界和社會各界的影響越來越大，成為中國佛教的主流。六祖以後，禪宗分為五家宗派：臨濟宗，曹洞宗，雲門宗，溈仰宗，法眼宗。我們寺院掛的是臨濟宗的鐘板。一個寺院的宗風要看禪堂的鐘板。虛雲和尚在近代振興禪宗，五家法脈兼祧，就是五家都延續了。我們師父年輕的時候在雲門寺從虛雲和尚那裏接了五個宗的傳承，他在柏林寺傳法傳的是臨濟宗。像我們出家「明」字輩的是雲門宗；臨濟宗在我們這一輩是「常」字。這就是禪宗大致的沿革。

　　禪宗從修行的特點來說是直指人心，見性成佛。前面講了，佛陀有言教的體系，禪宗是言教體系之外的另一個傳承。這個傳承與言教的體系並不矛盾，是統一的，是教外別傳同時也是教內真傳，因為言教並不是目的，我們要通過言教明白佛的心，明白佛法的心髓，所以禪宗的特點是教外別傳，不立文字，直指人心，見性成佛。它修行的特點我們可以用幾個比

喻來說明：比如打仗，我們跟一支軍隊打仗，有幾種打法。其中一種打法就是我們把這支軍隊所有的士兵都消滅，最後把總司令消滅，這時算把這支軍隊戰勝了。另外一種打法呢，我不消滅你的士兵，直接把總司令抓住，總司令一投降，下達命令，全部投降，全部放下武器。這個是直接向總指揮開刀，這裏一變，下面就全變了。這種方式就像禪宗的修行。總司令是甚麼？就是我們的心。這裏抓住了，認清了，以後的修行就是不修而修，就如順水行舟了。一步一步地對付每個士兵這種方法可以比喻為漸修——按言教的體系一步一步去做。所以禪宗的修法有它的特殊之處。古來的祖師經常這樣講：釋迦彌勒，猶是它奴。「它」是誰呢？有這樣一個問題，就是說釋迦牟尼佛、彌勒佛或者說十方三世一切諸佛他們是另外一個東西的奴隸，換句話說，這些佛是從另外一個東西裏生出來的，或者說，佛之所以為佛，在他的心，不在他的相。《金剛經》也講：「若以色見我，以音聲求我，是人行邪道，不能見如來。」不在音聲，不在色相，在其心地。那麼這個東西不僅生佛，它生一切法，它是一切法的本源、一切法的樞紐。禪的修行就是直指這個地方。這個心每個人都有，每個眾生都有。這就是為甚麼禪師開悟以後表現得那麼灑脫自在，甚至都和釋

迦牟尼佛稱兄道弟了——所謂「把手共行」嘛！與佛祖把手共行！因為他見與佛齊，見到佛心了，等於說他鑽到佛的肚子裏去了，所以見了親切。這就是禪宗修行的特點，直搗核心、直搗總司令部，但是需要我們放下種種先入為主的知見、情見，後天學來的知識，全部放下！只有把這些都放下，把我們的心徹底地孤立起來，再往前進一步，才有可能突破。

我們現在參這個「無」：「狗子還有佛性也無？」趙州和尚說「無」——用的就是這個方法。把所有的知見、情見統統放下，所有原來慣用的伎倆、猜測、推理放下，讓這個心孤迴迴地暴露出來，在那裏起疑情，跟它混，跟它挨。這是需要信心的。有了充份的信心，有了對自己佛性的信心，堅持下去，就會有好消息。希望大家好好用功！

行到水窮處

釋迦牟尼佛在菩提樹下證道，講的第一句話就是：「奇哉奇哉，大地一切眾生皆具如來智慧德相，只因妄想塵勞，不能證得。」這是釋迦牟尼佛悟道以後在菩提樹下講的。這說明釋迦牟尼佛證道並不是他新發明了甚麼，也不是在他自己的本分上經過長時間的修行積累增加了甚麼，而是發現了從來沒有缺少、失

去過、也從來沒有被染污過的佛性。這個佛性是一切眾生本具的，釋迦牟尼佛有，十方三世諸佛有，一切眾生也有，從人道眾生、天道眾生乃至地上的昆蟲、螞蟻，無不同此佛性，所以從這個意義上來說，佛不是修來的。為甚麼呢？本具！只是去發現它。天台宗講，本具的佛性，本具如來智慧德相，這叫性德。那麼性德要發現、要顯露，要通過修德。所以修行是發現顯露本具佛性的緣，並不是說我們所修的功業積累起來，成了我們的法身。不是的，如果是那樣的話，法身就是有為法，還會壞，不是如此。

《趙州禪師語錄》裏也有這樣一個對話：有一個師父問趙州禪師：如何是衲衣下事？衲衣是出家人穿的，這句話的意思是出家人的本分是甚麼？穿這一件出家人的僧袍，在這一件僧袍下面我們應該做甚麼？趙州禪師說了三個字：「莫自瞞」。瞞是欺瞞的瞞，瞞天過海的瞞。甚麼意思呢？就是穿這一件出家衣服的本分事，不要自個兒把自個兒埋沒了。自己不知道自己，自己本來有的東西不知道，那也就是埋沒了，這是最大的冤枉。

我們的修行就是要認取本具佛性。要認取這個本具的佛性，是剎那間的事，就像我們看見一個東西，見就是見、不見就是不見，所以它是頓見、頓明、頓

悟，這就是佛陀所傳的心法裏頓門這個法。禪宗就屬於頓門，這個頓是從甚麼意義上講的呢？頓是從修行的方法上說的，從見地上說的。

我們已經講過，參禪不要落在思惟、妄想、分別、情識中，應該在言語道斷、心行處滅的地方去見。言語道，現代心理學的研究也證實了人的語言和思惟具有對等性，人是用語言思惟的。如果用唯識心理學來講，人的語言和第六意識是對等的，所以言語道是思惟分別之道，那麼在這條道上你怎麼走，怎麼跑，怎麼弄一下，加一下、減一下，加減乘除啊，都無濟於事，只是一種知識、一種見解，難以見到本有的佛性。打個比方，我們想要飛到天上去，但如果總在地上跑，不管跑多快，也飛不上去。你說你騎自行車，再快你也飛不起來；你坐汽車，再快你也飛不起來；坐火車，無論多快，你都飛不起來。要想飛，必須放棄所有這些工具，另外找工具，找飛機。所以在言語道這個範疇內，我們沒有辦法超越分別心。「心行處滅」，只有言語道——我們的言語、分別、情識——在這個地方斷了，才叫心行處滅。那麼在這個地方斷了究竟是甚麼境況，那是如人飲水、冷暖自知的。唐朝的王維有兩句詩，往往被很多禪師用來描述「言語道斷、心行處滅」：「行至水窮處，坐看雲起時。」它描

述的是我們生命中的一個突破，一個大發現。說的是沿著一條河走，走到沒路了，一屁股坐下來，抬頭一看：哇！天上有白雲片片，萬里晴空，更宏大、更開闊、更無邊無際的一個境界出現了。這兩句話比較形象地描述了我們的分別情識斷的地方、言語道斷的地方的情景，以及在這個地方往前透一步之後我們心中發生的變化，那個變化可以說就是我們心靈本來面目的呈現，是我們本來心光的展現。

　　這就是為甚麼我們在參「無」的時候，不要去分別是不是有無的「無」，不要在思惟上去推理、去猜測，不能這樣做。也不能把「無」當成沒有、空，我的頭無了，我的手無了，我的腳無了，甚麼都無了，這也不對。要是這樣的話你幹嗎參禪呀？不用參禪，去學天台教觀好了。天台教觀有空觀、假觀、中觀。去觀空、觀假、觀中道第一義諦，不就行了嗎？幹嘛還來參這個「無」呢？所以說不是這樣用功的。參這個「無」，有它不共的奇妙之處。這個奇妙之處就是你用你以前所習慣的思惟、分別、猜測，乃至佛法裏的依文作觀──依仗這個文、依仗這個意來觀都不對，都不是，奇妙就在這兒。你所有的伎倆都沒法兒，就像剛才的比喻，你想上天，用自行車、汽車、火車都不行，只能放下。這時候沒辦法了，古人說這個時候

就像咬一個鐵球一樣，又像一條狗咬一個熱糍粑——糍粑是糯米做的，南方有，剛出鍋的很熱很燙，狗不懂，一下就咬上了，咬上了咽也咽不下去，吐也吐不出來。為甚麼？糍粑黏乎。就是這種情形。在趙州的這個「無」字下，平生所有的伎倆都用不上、都歇下來的時候，就是這種狀態往前進。

這種狀態，有人說那不是很累嗎？恰恰相反，你去分別、推理、猜測不累嗎？這個地方恰恰不累，恰恰省力氣。你平時活躍的這些思惟、情緒、妄想、分別都歇下來，那不省力氣嗎？所以古人說，參這個「無」甚麼時候用功得力呀？用功得力在哪裏呀？用功得力就在你省力的時候。你甚麼時候省力，甚麼時候一提這個「無」，所有的妄想、分別、情識都歇下來，單單只跟這個「無」混到一起，孤明歷歷，這個時候就省力了，這個時候也正是參這個「無」得力的時候。就有可能是「行到水窮處」，驀地一抬頭，「坐看雲起時」了。

有的人問，甚麼時候能有那一下啊？你有這個念頭，就絕對不會有那一下。你看古人開悟多省事啊，頭往柱子上一碰開悟了，一看到甚麼就開悟了——看到桃花開悟了，師父一棒打過來開悟了。你只要有這個念頭：甚麼時候我能來這樣一下呢？你只要有這個念頭，

一邊待著去吧！為甚麼？這個念頭就把你障礙住了。任何的等待、期盼都是障礙。只有在孤明歷歷、不期然的狀態下才有可能。這個不期然的狀態也就是無心，無心地用功，開悟的事想都不想——已經走在那條路上了，還想它幹甚麼？所以這個「無」是讓我們放下武器，把所有以前用過的武器都放下，這個時候我們才有可能粗粗地體會到回到自心的狀態。我們把後天所學的一切知識、分別，以及種種的見解都扔到地上去的時候，才是真正跟自己的心在一起的時候。

這裏需要信心，你要相信如來智慧德相本來就在你自心裏——或者說就是我們的自心，不是在的問題了——從來就沒有離開我們：阿彌陀佛在這裏，十方諸佛也在這裏，五眼六通在這裏，放光動地也在這裏，四生六道、一切諸法、一切諸佛菩薩神通妙用、三藏十二部都在這裏，就看你敢不敢擔當了。所謂的「頓」，意義就在於此。從修行的方法論上講，這個頓的法門確實非同小可。可能你們也會看一些書，有一些善知識也會這樣講，頓就像金字塔的尖，下面是有基礎的。毫無疑問，我剛才說了，講到頓這個修行法門，連佛學的 ABC、禪宗的意思、佛教的意思、出離心、菩提心、清淨持戒這些都沒有，當然也就說不上頓了，但是頓之為頓，不在前面所說的金字塔尖

必須從下面開始，這樣的說法其實是不對的。表面上聽起來是對的，金字塔下面沒有東西怎麼會有金字塔尖呢？不是如此的。「頓」是要我們相信本具智慧德相，是要我們認識當下，要直接地去認取自己本具的佛性。任何一個當下，不在你把這個當下安排到未來的某個時候。我先怎樣，然後怎樣，最後再怎樣，那是不對的，你把它安排在未來，安排在其他的地方、其他的時候，經過一個過程然後才怎樣，那就不是頓了。頓是甚麼呢？頓就是當下，也可以說頓就是不可思議——才講怎樣怎樣，就已經不頓了。那麼這種狀態並不是玄談，而是一種方法。參禪的方法就是頓的方法，就是這種見地。

前面我給大家分析過，一切的妄想、情執、推度、分別、知見全部放下，單提那一念，就像一個人對著萬丈峭壁，又像一個人拿著倚天長劍，那就是頓的意思，所以頓是一個方法。這裏就需要信心，依照我們中國佛教，它的殊勝之處恰恰就在於我們中國人能夠信得了這個法門，修得了這個法門。我們中國文化就是普通人也知道這樣一句話，就是「放下屠刀，立地成佛」，這就是頓——剛剛還拿著屠刀做壞事呢，放下就能成佛。絕對是這樣，這是真實不虛的，本具嘛！所以隨時都有可能契入。但是話又說回來了，一

個拿著屠刀的人他能放下，另外放下的時候，他有能遇到佛法的因緣，那也不是小可的事，也不是每個拿著屠刀的人都有這種因緣的。不過從修行的方法論上說，我們眾生從無量劫以來輪迴生死，每個人在遇到佛法之前都犯過錯誤，造過業，造過善業，也造過惡業。惡業毫無疑問使我們墮落，就是人天善法、有為的善法對我們又何嘗不是一種纏縛呢？這個頓就是指全體放下。全體放下，不是說經過一個積累以後再放下。這裏就要有信心。

講到放下屠刀還真有這樣一個公案：宋代有一位禪師叫思業，出家以前是一個殺豬的。有一天他殺豬的時候，拿著刀對著豬的喉嚨一刀過去，然後那個血噴湧而出，他看見這個血噴湧而出的剎那開悟了，就把刀扔了，隨口說出一首偈子：昨日夜叉心（昨天還是夜叉心，因為是殺豬的嘛），今朝菩薩面，菩薩與夜叉，不隔一條線。不幹了！出家了。這是歷史上的真人真事。這也是對眾生本具如來智慧德相的一個最生動的說明。當然這個禪師自有他的因緣，我們看不到的因緣。自心本具的如來智慧德相要顯現是需要修德、需要清淨持戒、需要發心的，是需要這些緣的，並不是說我們可以隨便，可以不持戒，然後突然有一天頓見佛性——如果這樣想，那就錯了，就已經是墮

落了。我們應該怎樣想呢？應該這樣想：哦，原來人人本具此一段光明啊！所以從我們聽到這句話，聽到釋迦牟尼佛在菩提樹下所講的這句話的剎那，每個人就要振作，不要自瞞，要如法去行。要把自己本具的這段光明發現、發揮、運用，這才是佛陀頓教的本意。

有居士跟我講參「無」的心得，實際上不用講，你的這些分別讓自己沒有甚麼改變。我們參「無」，是要在我們心靈深處鬧一個大革命，把我們心裏原來的顛倒，再顛倒過來。所以它是我們的思惟方式、我們心裏運作方式的一個徹底的革命，經過這一下，是要換一個人的，而不是師父給你出個題目，讓你猜一猜，考考你，坐在那裏想一想為甚麼他要說「無」，讓你說出個一二三四來。如果是這樣，你也不用進禪堂，在教室裏發一張考卷，大家都寫出自己的答案不就得了嗎？不是的！我們需要用這個「無」斬斷所有分別妄想，親自見一回，換一個人！希望大家好好用功！

開悟與見性成佛

有人問：甚麼是開悟？開悟這個詞，在漢語上講，不學佛的人、普通人把一件事搞明白也可以叫開悟。在佛教裏，我們要解釋這個開悟，就要回到禪宗的基本宗旨來解釋。釋迦牟尼佛出世講法四十九年，

講了很多法門，佛教裏有一個比喻：所有的眾生就像病人一樣，釋迦牟尼佛是大醫王，他講的法門就是治眾生病的藥。這個比喻是所有的宗派都接受的。眾生的病，根本上講是一個迷，不是悟，是迷惑、無明，而迷的表現卻千差萬別。因為眾生的根性千差萬別，所以比喻說眾生都是病人，但是病不一樣，有的人這個病，有的人那個病，有的人非典，有的人甲流，有的人胃病，有的人可能是癌症……所以，釋迦牟尼佛這個大醫王所給的藥不會是一味藥：「這個是靈丹妙藥，你們都吃它就好了！」不會是這樣的藥，他有各種各樣的藥。這就可以理解，佛陀講了很多的法門，以這些法門為中心可能又表現出很多宗派，但是目的都是一個——治病。

在漢傳佛教的背景下看這諸多的法門，可以分為兩大類。一類被稱為教，意思就是給你講道理，用理論的方式先告訴你宇宙人生的規律，修行的先後次第，引導我們一步一步地由聞思而及於修行，由修行而及於體證。另外一類叫宗，特指禪宗。這個法門的特點就是我現在要講的宗門的這幾句話，你們都知道的：「教外別傳，不立文字，直指人心，見性成佛」。

「教外別傳」，前面說的「教」，按理論一步一步來，「別傳」意思是還有一個。「不立文字」，文字

是理論，所有理論必須以文字為載體，宗派的心髓不在文字裏。立不是離，實際上，終也離不開文字，在傳播中講話就是語言文字。這句話是說它的核心不在文字中。那麼它的方法是甚麼呢？是「直指人心，見性成佛」。「直指人心」就是直指當下每一個人生命中正在發生的心念。釋迦牟尼佛講了很多法相，人心的法相只是諸多法相中的一類。我說一類的意思是，佛陀關於心的法相又可以分很多種，這裏說的只是一類。所謂的「人心」，乃是因為我們整個生命的活動離不開這個心念。

　　「見性成佛」，甚麼是佛呢？佛就是覺悟的人。古代的大德也有討論過，明心見性就成佛了嗎？有一位長沙景岑禪師解釋，見與佛齊。佛和眾生的差異就在一個見地上。通俗地講，就在一個世界觀、人生觀上，就在怎麼看待世界上。這個見一定是心念上的差異。眾生的迷就迷於見——邪見、謬見、不正見，佛陀的悟也在這一點上——有正見。景岑禪師說，見與佛齊，佛如何看這個世界，明心見性的人也這麼看。明心見性的人對世界的見地和佛是一樣的，這是沒錯的，但是佛的很多功德、妙用要在見性以後起修而成就。景岑禪師的原話不這麼說，但意思是這樣。現在我們討論這個問題，「見性成佛」的「佛」都是用佛學

名相來討論，已經不是禪宗的味道了，但是現在有人提這樣的問題，所以不得不以毒攻毒。這個佛是甚麼佛呢？是法身佛，是一個因地的佛，成就恆沙功德、萬德莊嚴、能起無邊妙用、因果圓滿的是果上的佛，所以見性成佛是明心見性以後見與佛齊的意思。

「性」是甚麼意思呢？性就是我們每個人都本具的佛性。因為釋迦牟尼佛開悟就是開悟在這裏——所有眾生與佛一樣啊。他看到了生命的本質，這就是我們的性。但是這裏都是語言，用的都是名相。如果你用教理來反駁我，很容易，因為教理上說一切法無自性。這裏講生命的本質好像生命有個自性，這個沒辦法辯，為甚麼呢？你見了性恰恰是親自見到萬法無自性！所以有時候也說見到了空性。佛性、空性都是名相，我們打坐參禪開悟就是要見到它，開悟就是這個意思。

「見」是用眼睛見嗎？可以說是用眼睛見，不離眼睛，但不全是用眼睛。它是體驗、親證，不是通過語言、符號、邏輯去把握，它是現量，不是比量。所以，從這裏講開悟，那就不是普通生活裏說的「我明白一件事」那個意思了。這個是你人生的一個根本轉變，我前面講的，是一場顛覆、一場革命，它整個轉變了你身心的運作方式，對萬事萬物的態度，包括

對法的態度。這個轉變發生以後，你的人生應該會發生變化。不能說你轉變了以後，你原來貪甚麼還繼續貪，嗔甚麼還繼續嗔，癡甚麼還繼續癡，貪嗔癡依然如故，你卻說「我開悟了」，那一定是假的。這個轉變不是閉上眼睛就有，睜開眼睛沒有，也不是身體哪兒發生一個變化，得到一個甚麼感受，腦子裏想出一個甚麼結論，恍然大悟於一個慧解，一個法相的理解通透。都不是！這是很多人的誤解。這個轉變發生一定是你整個心念的根本運作方式發生了變化。

剛才講到要見這個空性，怎麼見呢？怎麼開這個悟呢？有很多方法，前面我們講過的都是方法——參話頭，也有人以念佛為法門。這些也是方便，根本就是心念。也有人直接觀心——觀察心念。我今天再說一個直接觀察心念的法門，你明白它的精神實質，怎麼都行。因為都是一件事，「唯此一事實」，我們的身體不斷地生滅，我們的心念也是一個不斷生滅的流。佛學用瀑流來比喻生滅，生滅流。這個流水很深，有表層有深層。我們現在打坐，由於功夫很淺，所以只能看到表層的。水上漂來一個木頭，等會兒又有一個漩渦，等會兒又有一個泡沫，等會兒又漂來一堆草，你看到的都是表面現象，這個瀑流很深。如果要講到我們心念的性——你叫它空性也行，佛性也行——你

看到那個流水深層和淺層各漂來一根木頭，它們的無自性之性都是一樣的，這也就是為甚麼禪宗講定慧等持。定在這裏沒有特別深入地強調，因為我們深入地看到我們心念的瀑流要很深的定力、很深的觀察力。你沒有特別深的觀察力，你只要具備基本的定力——教理上講的未到地定的定力，當然那種定力也已經很深了——你看你的心念已經很清楚了。

這個心念生生滅滅，我們沒有這種定力的人也知道。一會兒想，家裏的人生病了怎麼辦呢？一會兒想，甚麼時候漲工資？一會兒想，股票跌了……你的想法不斷地在換。現在我要跟你們分享一個觀心的方法。我們打坐最麻煩的是腦子裏有很多妄想，就像我剛才比喻，流水中一下漂來一個木頭，一下又是漩渦。我要問你們一個問題：是甚麼力量造成你的這些妄想出現又消失？這個問題相當於，是誰在那兒打妄想？如果是參話頭，這個問題固然會把你吸引住，現在我們不參這個「誰」，我們繼續思惟，沒有誰，我們的心就是這樣。這是佛講的，這個心本身就是這樣，你不要再找誰了，它本身就是這一對生滅。我們在那兒看，這一個妄想出現，等一下它又消失，我又想別的了。你說我剛想這個，我又想別的，其實沒有我，想的就是你。你想這個的時候，這個就是你；你想那

個的時候，那個就是你。剛才說沒有甚麼力量讓妄想出現，它本身就是那樣來。在這個妄想之前是否還有別的妄想呢？也有別的妄想。這個妄想來了，別的妄想哪裏去了？可見，不管是哪一個妄想，它會來，也一定會去，它的來和去是一件事，這就是我們心的特性，這個特性恰恰是無性之性。

現在我只是這麼說，是不是我這麼說了，聽的人就一定開悟了呢？這就不是了，只是說而已。你必須要在禪櫈上坐在那裏看到這一點。這就是修行的意思。你必須在你念頭來去上看到，它來就是去，相當於你的念、你的心是一個空。注意這個空不是甚麼都沒有，恰恰是甚麼都可能會有，而所有的也都會去。如果你能在心念上觀察到這一點，你將會把自己從妄想中解放出來。當你能把自己從妄想中解放出來的時候，你的世界就變了。我們用功需要很長時間，而見到它只要一剎那，這就是頓悟的意思。頓悟並不是說修行不需要積累，這是誤解。頓悟需要積累，需要磨礪，需要一個過程，但是你見到你的妄想的空性，只需要一剎那。

關於開悟的三個誤區

今天我們簡單地說一說開悟與不開悟的問題。到

禪堂裏打坐參禪，毫無疑問，都是發了願，要打破生命的疑團、明心見性，這個叫開悟。但是，如果在修行中老是把開悟——「甚麼時候能開悟啊」這件事放在心上去嚮往、想像、推度，那永遠開不了悟，因為這種心已經成為我們開悟的障礙。

開悟不是從外面得到甚麼，而是認識心性本具的法。這種突破不是看到一種景象、得到一種能力、體驗到一種感受，而是對我們本具的真如佛性的體認。要體認這個東西，恰恰是要在無心中才可能發生。因此，正像一句俗話所説的，「有心栽花花不活，無心插柳柳成蔭」，但參禪的無心，還有它特定的含義。在那個時候，如果你心裏還有想悟、甚麼時候開悟這些事，或者想像開了悟以後，哎喲那多神氣、多好，萬事大吉啊，乃至怕自己開不了悟怎麼辦等雜念妄想，都會障礙開悟，所以我們天天想像、嚮往開悟，一定開不了悟，這是肯定的。祖師們有這樣的開示。大慧宗杲禪師説，如果你參禪，開頭你就要有個思想準備——今生今世，不管開不開悟，你要準備好了不開悟。這個話的意思實際上是要我們把對開悟這件事的執著死掉。死掉這個執著心，才能夠全副身心真正地用在功夫上，最終才會「無心插柳柳成蔭」。我們在禪堂裏坐坐行行、行行坐坐，把心裏的功夫不斷地提起來。這

是做甚麼？就是在走向開悟啊！已經在這條路上了，你心裏再多一個念頭，不是多餘嗎？頭上安頭啊！就是這個意思。

這是我們修行第一種會有的妄想。

第二種是有些修行人經常拿「開悟或者沒有開悟」去議論、猜測、揣度別人。這不僅是修道的障礙，而且也是我們作為佛教徒持戒的一個忌諱。

經常我們會聽到人議論，「那個師父了不起、已經開悟了」，或者「他還沒開悟」。議論這些的時候，你要反觀自問：你自己開悟了嗎？實際上開不開悟是每個人自己的境界，是「如人飲水冷暖自知」，自悟自肯。如果別人開悟了，我們說別人等於是幫別人點鈔票，自無半分錢；等於是飢餓的人不吃食物，只在那裏想像，畫餅充飢。所以這些議論，都是一種是非，而且容易打妄語，比如判斷的人口氣很大，儼然自己是過來人，這是一種變相的妄語。所以在這一點上，不要去對別人分別，不要亂去揣度別人。這也是一個打妄想的事兒。你揣度別人、看別人，或者羨慕別人，就把自己的功夫丟了，已經離開道了。就像我們在路上開車，你朝一個目的地開，結果路邊有要把戲的，你停下來看熱鬧，有好多風景你停下來看，那你反把自己的行程耽誤了。

第三個問題，就是我們對開悟還有一些誤解，以為禪宗的開悟就是萬事大吉，開了悟就甚麼問題都沒有了，也不需要再用功修行了。這也是誤區。

　　根據祖師的開示，有先悟後證，有先證後悟，有悟證同時。所謂的先悟後證，是先親見自己心性的本來面目，親見真如佛性，然後慢慢在生活中磨煉習氣，慢慢地修行、積累。因為我們無始劫以來的習氣、煩惱、迷惑，就像一個容器上的塵垢一樣，不是一朝一夕、更不是剎那之間就能清除的，它需要長時間地刮垢磨光。打個比方，一個房間裏放著很多東西，亂七八糟的，這個房間的燈是黑的，開悟相當於把燈打開了，看到了房間有多大、裏面有甚麼東西，但是那些東西還亂七八糟的，很髒，還要花時間擺正、打掃。這個叫悟後起修。所以開悟以後正要修行、正好修行，開悟以後才是真修，在開悟以前是積累資糧，在黑暗中摸索。你不要以為：哦，開悟以後就萬事大吉了！

　　有的人可能會問，直指人心見性成佛，不是說見性就成佛了嗎？關於這一點，祖師開示過。長沙景岑禪師是趙州和尚的師兄弟，他說這個見性成佛還只是因地的佛，佛果位上的功德還不具足，還要通過修行讓它顯現，所以悟後要修。當然也有悟證同時的，一

悟即至佛地，因圓果滿，這樣的人一定也是過去累劫積累資糧才可能。

所以古人說，悟了的人，「悟了還同未悟時，不是舊時行履處」。甚麼意思呢？就是你看開了悟的人跟沒開悟以前是一樣的，但他已經不是過去的行履處。這裏的行履處就是指心行，他的心路已經變了，起心動念已經跟以前完全不同了。這個起心動念，從外面是看不出來的。從外面看，悟了的人還是個平常，只是一個平常，再不多事了，再不會給別人找麻煩，給自己找麻煩——「更莫造新殃」，悟了的人就是這樣。

古人還有一句話：開悟以前如喪考妣，開悟以後還是如喪考妣。甚麼意思呢？考是父親，妣是母親。開悟以前修行非常精進，念茲在茲，不敢懈怠，就像父母死了那樣地沉痛，就是人生的無明沒有突破，沒有認清自己的本來面目，人生的大事沒有了畢，那種沉痛、精進，用如喪考妣來比喻。那悟了以後是不是就應該歡天喜地、啥也不幹了呢？還是如喪考妣，還是那樣地沉痛、精進、不懈怠。宋代有一個大禪師永明延壽，他也是淨土宗的祖師。永明延壽禪師早期是修禪開悟，後來提倡念佛，提倡禪淨雙修。他老人家開悟以後，每天的功課抓得很緊。具體數位我記不清，有一個數字是他每天念佛要念多少萬聲，念《法

華經》多少部。有人曾經計算過，他修行的功課一天二十四小時下來，沒有空閒，基本上不休息。大家想一想，這不是如喪考妣嗎？這不就是所說的沉痛、精進的那種狀態嗎？

將開悟理解為修行的終點，可能是很多人會有的一個誤解，所以在這裏我們有必要提醒大家注意《華嚴經・普賢行願品》的境界。《華嚴經・普賢行願品》的境界就是菩薩道的境界，它是重重無盡，盡未來際的身口意業修行——「身語意業無有間斷」，「念念相續無有間斷」，「身語意業無有疲厭」——都是無窮盡的時間、無窮盡的空間啊，在無窮盡的時空裏展開菩薩的各種善行，永遠不休息。

也許有的人說，那多辛苦啊！這正是我們的境界。我們沒有開悟的人，會覺得辛苦、覺得累，那是因為我們有所求，還有我執、我愛，所以我們在做那些事的時候就會累，希望早點結束，結束以後萬事大吉，躺下來睡大覺。開悟的人突破了我執，自他不二了，所以他終日行，盡未來際、念念相續不間斷地利益眾生、修行，同時又像甚麼事兒都沒有做，「高高山頂立，深深海底行」。「高高山頂立」是他的自受用，高山頂上，四顧無人，那樣地自在、空闊；「深深海底行」是他的他受用，就是盡未來際廣行眾善、利益眾

生。念念不間斷地「深深海底行」，同時念念不間斷地「高高山頂立」，終日行，未曾行，這應該就是開悟之後菩薩們的境界。

我們要把心量打開，要發廣大心、長遠心。這個長遠心不是今生今世，是盡未來際。真正地把這樣的心發起來，說開悟、不開悟，都是多餘的。祖師爺講了，我們甚麼都不缺，最後不過是甕中捉鱉——甕中何曾走得了鱉啊！就是那罈子裏有一個甲魚，它跑不出來。你著甚麼急啊？不要著急，早晚的事。它本來就是你的，一直都是你的。這就需要我們發長遠心、廣大心。另外，信得及這個法，信得及自己。

修行的兩種心路及其難易

關於修行的心路，古人有這樣一句話，「就體消停難，從緣悟入易」。「就體消停」和「從緣悟入」是修行的兩種心路。

參話頭，起疑情，疑情成片，行住坐臥都一樣，因緣成熟，磕著碰著，心花發明，這個叫從緣悟入。最後這個磕著碰著，是可遇不可求。你要求它，才有有求之心，就已經遠離了，存一念想要悟，已經是一個障礙了。我們要做的只是念茲在茲，最後生活在無心狀態。所謂的無心狀態，乃是疑情非常深細，不

管是做事、說話還是走路，一切都攝歸在那個一念疑上。這一念等於是最後一條繩子，這條繩子在因緣成熟的時候，會因為你的外緣的觸動，而出現前後際斷。就像被烏雲遮蓋的太陽，陽光將雲層照破後，露出了它的本來面目。前後際斷，就是疑情的繩子在這個時候脫斷，但它的脫斷，是不可以有心來求的。一定是在整個的生命全部聚焦到這一念上，之後才有前後際斷出現，這種心路就叫從緣悟入。

古人認為這種契入容易，契入以後不容易丟，所見真切，力量大。這個時候得到的見地是真實的親見，就如同十字街頭，兒子見到親爹，不需要其他人幫他去認識，不需要借助於任何工具，一念便是，無有間隔。這個是從緣悟入。為甚麼說易？就是它力量大的意思。

就體消停是修行的另外一個心路。這個心路在最初的時候，可能是由一個文字或語言的見地而起觀，然後生止觀雙運。不妨說這條路是順著往前進，而參禪的路是逆向的。古人認為，以一個語言理路的觀照順著往前，這個難。因為他有所見、有所悟，容易落於語言文字，脫不出語言文字的窠臼，這樣的心路力量弱，容易被外緣打斷，煩惱現前的時候，不容易產生真實的受用。

但事實上，也許我們很多人覺得從這條路修行反倒容易。也許你覺得有相當的止的修行以後，圍繞某一部大乘經典的一句教言作觀，專注在自己的身心五蘊之中去觀照，這樣容易，而參禪這條路——「狗子還有佛性嗎？」「無」——全部的心意綁在「無」上，也不知道前面是甚麼，茫然無據，但是又要勇往直前，對現代人來說也許覺得很難。古人覺得易的，現代人覺得很難；現代人覺得易的，古人可能覺得難，不過是從不同的角度而言。

　　我講這個話的意思是，我也覺得現代人可能容易把握就體消停這條心路，因為有個抓撓。《楞嚴經》、《法華經》、《華嚴經》、《金剛經》等等這些經典，你從其中找一句你覺得最核心的、最要害的一句話去作觀，也可以用生疑情的方法去觀，要深入地觀照。在深觀之中，不斷地突破心裏的執著、心理的誤區，逐漸地拓展境、增強、增上觀照力，使各種身心的粘著逐漸地脫開、解開。也許現代人覺得這個容易。就這一條心路來說，因目前時代眾生的根性，我覺得有一個最方便、最簡潔、也最穩當的法門，就是念佛，南無阿彌陀佛。念佛法門可深可淺，可以作話頭來參，也可以就體消停，由這句佛號直契心源，所以百丈禪師講「修行以念佛為穩當」。

現代的人參禪，得一個身心的輕安，得一些相似的見地，也許並不難，但是真正地得大受用，明心見性，親見本來，於生死岸頭得大自在，非上根利智不可。即使是上根利智，在這個時代要參禪，仍然有很多其他障礙。有一個障礙是，這位上根利智通過參禪，有真實受用，有所見，有所悟，找誰去印證呢？這是個問題。因為宗門的見地如果沒有傳承的印證，也是不行的。這個時候他通過經教自我去印證，固然是一個方法，但是往往得到大受用、得到真實見地的人，禪慧開路，勢不可擋，在那個時候，非得有另外有力量的過來人跟他切磋，才有可能雕琢他，使他真正地百尺竿頭，更進一步。所以這裏講的是參禪的難，而不是易。

　　關於這一點，清朝臨濟宗有一位大祖師——玉琳通琇禪師，有一篇開示講到學禪有七個問題，在這七個問題上要諦當。這七個問題都做到諦當，才不會偏離正確方向。由玉琳禪師所講的七諦當，我們就知道參禪這一事非同小可。

　　第一個，發心諦當。玉琳禪師認為，一個參禪的人，最正確的發心必須是生死心切，不畏生死，否則一定會有很多的過患。

　　第二個，功夫諦當。這裏的功夫指的是參禪的

功夫。通琇禪師講到：需參一句話頭，一日不透一日參，一月不透一月參，一年不透一年參，一生不透一生參，今生不透來生參，永無退失，永無改變。這個才叫功夫諦當。一日到一月、到一年、到一生、到生生世世咬死不放，請問現在有這種發心的人有幾個呢？也許是有，但是不多。現在的人都追求快速、便捷。由一日到一月、到一年、到一生、到生生世世，這種心態其實就是一個放下，把一切利害得失全都放下；也是一個擔當，要把這件事擔當起來。有這種大放下、大擔當的人太難遇了。現在我們有擔當的人所忙碌的，很多時候不在根本上。

第三個，悟處諦當。咬定青山不放鬆，有一天突然打破疑團，命根頓斷，本來面目現前。這個面目是真實還是有水分？這個不能含糊。這裏頭也有很多魚目混珠，似是而非，需要解決。現在大部份學禪的人，認為有所悟處就可以了，其實還早著呢！

第四個，師承諦當。有所悟，不可承虛接響，謬自主張，一定要有師承印證，有師父、善知識對你檢驗、鍛煉。

第五個，末後諦當。參禪並不是一悟就了。宋朝有一個大慧宗杲禪師，他講，「大悟十八次，小悟無數次」，「末後一句始到牢關」。所有這些悟，最後

還要向上，全體放下，復歸於平常、無物。末後這一步也是可遇不可求，古人用「踏」這個字來形容，就像一個人走路不小心踩上了。在這以前，也許你覺得自己大事了畢，沒禪可參，但其實你胸中還有一物沒有放下，這個物就是你的悟境。末後一關是將所有的悟、未悟，得、不得，所有兩邊全體放下，這叫向上一關。

第六個，修道諦當。悟了以後才談得上修，這個時候的修是真正的修。先把所悟到的見地徹底地在生命中落實，以悟到的見地淨除自心的現業流識，清淨相應，這是修道。

第七個，為人諦當。是悟入真實，有真實的師承，有修證的功夫以後，出世為人接引人。玉琳禪師講，如果要做到這一步，就要更加小心，「不可有實法與人」。在這個時候你不能說，我有一個實際的東西傳給你，這樣肯定有問題。「不可騙人，云有方便，助汝易入。不可教人不參死話頭，決要人真參，決要人實悟，決要人悟後達向上關棙」。就是前面講的末後一關。參禪沒有捷徑，一定要死參，你才有可能透過實質。不能把禪門的門檻降低，寧可無人，也不能以假弄真，以次充好，「圖一時門庭熱鬧，不顧輾轉誤賺，邪法縱橫」，古人把這種情況稱之為用冬瓜印子印人。

「寧絕嗣，不亂傳」，就是寧可傳人斷絕，也不把禪法賤價賣出去，這才是為人諦當。最後，玉琳禪師說「前六種不諦當，則自錯」，前面六種做不好，自己耽誤了自己；「後一種不諦當，是錯人」，是耽誤別人。

由玉琳禪師所講的七諦當，可知禪這件事非同小可。現在好像滿世界的人都在說禪，但是禪在這個時候卻衰落了。這固然是世間因緣所致，但是我們作為禪門的子孫，要痛定思痛。如果你真要擔當這件事，應該發大願，放下一切。把一年、兩年、三年、四年、五年、十年乃至這一生的生命押上去，真正地真參實究，有所悟，有受用，再來說。玉琳禪師講的七個諦當，也許你不能全部做到，但最起碼要有三四五個諦當，再出來說，那樣才避免誤人。

放下一切執著

參禪這個法門本身是一個簡捷直截的法門，運用起來很簡單，只要能夠信得及、放得下，不斷地突破，我們就一定能夠徹悟本來就有的佛性。所以禪宗說「直指人心」，這個「直指人心」的「心」究竟是甚麼呢？心是空的，但需要我們親證、親見。究竟怎樣一個空法，你也只有親證、親見了才知道。這是「如人飲水，冷暖自知」。

直指，修行起來就是直行，在這個過程中，一切的掛礙，一切的執著都跟這個法不相應。因為要親證的就是心空，所以一切的執著、住相、有所得，與這個心空都不相應。這個所謂空的心，是沒有邊際、沒有限量、沒有形狀、沒有顏色的，是超越時間空間不可言喻的，因此不可得。以不可得故，只要你有所住著就遠離了本心了。不管你住著在甚麼上，住著在聲色、名利上——固然知道陷入輪迴、住著在惡法上是墮落造業，就是住著在善法上也是自我局限。我們在用功的過程中，如果住著在好的很殊勝的境界上，這種境界不管是一種感受，還是一種見地，只要你以有所得心執著就不是了。

　　關於這種情況，古人用很多形象的語言來描述，有一句叫「急水上打球子」，「急水上打球子」是甚麼呢？我們小時候在鄉下淘氣，用瓦片削那個水面，這個瓦片哪怕略微地往水裏沾一點，就飛不動了，就栽到水裏去了。流得很急的水中你拿個球一下打過去，這個球只要一沾水，就過不去了。水是流動的嘛，只有不沾水它才能過去。這個比喻是說我們在用功的過程中，那顆無所得的心，只要在一點點上粘著，就會栽進去。《信心銘》上講，「才有是非，紛然失心」，就是你心裏才有是和非，才有度量，就不對了。又

說:「毫釐有差，天地懸隔」，只要差一點點，意思是只要你有絲毫的執著，那就是天和地之間的距離了。

講到這裏，我們再回過頭來講講頓見本心的問題。我們說禪宗的頓、參禪的頓是一個方法，相信自性即佛，直截了當、直指人心地去體認、去發現它。但是不是說我們在修行中一悟就百了呢？非也！不是的。我們說它頓，並不意味著說一步就到位，在修行的過程中也有一些善根深厚、厚積薄發的人，一步就到位，這叫「悟證同時」。更多的悟是頓悟之後，逐漸地放下，放下以前的種種習氣——當然你頓悟以後消磨那些習氣就容易了。

消磨習氣容易，但是對另外一些事情放下就難了。難的是甚麼呢？就是你對自己頓悟的殊勝境界的執著也要放下。所以古來的禪師們是一悟、再悟、三悟啊，最後一法不立，徹底地回歸平常。這個所謂的「平常」才是真正和般若相應的境界，但這個「平常」不是沒有修行的人、沒有參禪悟道的人的那個「平常」——那個不是平常，是庸常。這個經過修行、經過悟，經過不斷地悟、不斷地淘汰回歸的平常，是一種真正地破除了人我見、也破除了法我見，破除了對人的執著、也破除了對一切法的執著的那種平常。

《金剛經》講：「所謂般若波羅蜜，即非般若波

羅蜜，是名般若波羅蜜。」《金剛經》裏有很多這樣的句子，從這裏我們知道連般若波羅蜜這麼殊勝的法也不例外，也沒有能夠在金剛般若的觀照之外。那麼所謂「即非」，甚麼叫即非呀？就是你不要執著它，你心裏不要把它當成個東西了，即使是般若波羅蜜，你把它當成個東西，也不是了。那些證悟高深的禪師，有人問他：「師父，你還修行嗎？」他答：「修啊！」又問：「怎麼修呢？」答：「飢來吃飯睏來眠。」這種飢來吃飯睏來眠的境界可不是我們現在的飢來吃飯睏來眠，他的飢來吃飯睏來眠時時刻刻不離般若，一切都是自心現量境界，沒有染污，念念自心生功德，念念度眾生，所以這個平常心不是那麼容易做到的。

宋代大慧宗杲禪師說他在修行的過程中大悟十八次，小悟數不清。如果我們把禪的修行講成是心靈的革命的話（為甚麼叫心靈的革命呢？把一切執著都要放下，都要打碎，最後真心才會流露），那麼禪的修行就是讓我們把革命進行到底。底也沒有底，沒有邊際。這個是從禪的修行理路上要我們明白，在禪堂打坐的時候要深入、深入、再深入。

雲門文偃禪師也有一段開示，講修禪的人的一些毛病：有的人也見到法身（自性）了，但是還有一個法身的量在，就是說他覺得法身是個境界，是個東西，

胸中有一物在，透不過，這樣不行。我們還沒有到那樣的境界呢！我們現在要透的境界就是我們最基本的煩惱：妄想、雜念、執著、腿子痛、散亂、昏沉，打坐時出現的殊勝的感受，以及對那種感受的執著。我們要用參禪這個法門的精神去面對這一切：放下、放下、再放下！突破、突破、再突破！希望大家好好用功。

參禪的條件、原則和心態

參禪的先決條件

參禪要有絕對、不動搖的信心，這對我們的修行非常重要，也非常必要。當然，決定的信心不是憑空產生的，也要有因緣。要具足這樣絕對的信心，需要我們自己去努力。人們常說，學禪是上根利器人的事情。那麼，甚麼是上根利器的人呢？上根利器的人並不是那些聰明、伶俐、乖巧的人，而恰恰是有決定信心的人。有信心、信得及的人就是上根利器。那種朝三暮四、見異思遷、進兩步退三步、猶猶豫豫的人，不太適合學禪，因為他缺乏信心。不過根性上利和鈍的劃分並不是絕對的，也就是說，這個決定的信心是可以培養的。下面我從擁有決定的信心這個角度來談一談參禪要注意的幾個先決條件。

第一點，持戒清淨。在家居士有在家居士的戒，要守好五戒，修好十善；出家人有出家人的戒，沙彌、比丘要持好自己所受的戒體。戒行清淨使我們得到的首要功德就是，內心充滿信心。戒行不清淨、犯戒的人，不需要別人講，本能地就覺得心裏不踏實。

這是信心受到了傷害。這也是修行的人應該反省的。每天晚上，我們要好好想想，我現在修行對三寶的信心還很足嗎？有時候你犯了錯誤，潛移默化地會使自己的信心受到影響，日久天長，就會從信到不信。佛教心理學裏的不信和疑，是兩個概念。疑是一種主動的對佛法存有疑惑，能促使人進一步地追溯答案，而不信則是消極的，沒有信心，換句話說，就是信心的疲憊、疲軟、不振。打個比方，有人告訴你，往這塊地下挖一尺就會挖到黃金。如果你信得及，馬上就會動手去挖；如果你不信，一會兒找找工具，一會兒這裏挖挖、那裏挖挖，永遠也挖不到黃金。我們說我們信佛、信法、信僧、信這個法門，但反照一下，我們真信嗎？如果真信，就會精進、不懈怠地努力。為甚麼不能做到呢？說明心裏有不信。要保持我們的信心清淨，堅定有力，需要持戒清淨。戒行不清淨的人，信心就會受到影響，而且障礙會多。

第二點，要有健康的人格。這點與前面一點有關聯。我們今生今世有健全的人格，是源於我們過去世戒行清淨。如果我們過去一直以來止惡行善、戒行清淨，那麼我們今生今世就會有比較健全的人格、身心。有健全的人格、身心，是我們修禪、坐禪的重要前提。我們不要指望通過坐禪，把心理上的某種疾

病、精神上的某種扭曲治好，相反，比較健全的身心才是我們參禪的先決條件。當然，完全健全的人只有佛菩薩，這裏所說的「健全」，是從我們作為人道眾生，在身體上，特別是在心理上相對健康來說的。如果我們內心壓抑、嚴重扭曲，我個人覺得，參禪不太合適。因為參禪這個修行法門，是一種非常猛烈的修行法門。剛開始下手，也許不覺得怎樣，很溫和，但到關鍵、全力以赴、需要把自己整個身心交出去的時候，健全的身心就很重要了。若身心不健全，在修行的過程中很容易遇到障礙、出現偏差。現代社會有心理問題的人很多，心理疾病患者越來越多。以禪的智慧自我觀照、自我疏導來提高自己身心健康的水準，毫無疑問是有效的，但真正在禪堂裏短兵相見，動真格的，晝夜不停地用功、參禪，要明心見性，這種狀態，有心理疾患的人不適合，內心有嚴重鬱結的人，也不適應。因為參禪最後帶給我們的是整個身體裏的革命，從根本上調整我們心和境的關係，以及對整個世界的認識方式。這個時候既需要有比較好的老師，同時也需要自己有比較好的素質。這裏大家再一次看到持戒有多重要。

第三點，要明理路。要參禪，首先要清楚修禪的理路。本來禪宗的風格是直指人心、見性成佛，向心

行處滅、言語道斷的地方進前一步，沒有甚麼理路不理路的。但我們現代人沒有那種根器，對這個法門還沒有生起堅定的信心，還有疑惑，若能把這些疑惑在理路上弄清楚了，信心自然就堅固了。禪宗在釋迦牟尼佛的教法裏本來就不以理論的論證為特長，而是以直指心性、直接從這裏下手體證為特長。以教理基礎為指導，逐漸地實踐，這是漸悟，教的方法。禪宗被稱為宗，是主張頓悟的，但宗和教也不可分。有一些簡單的、大致的理路，事先需要弄清楚。比如，我前幾天講到，在禪堂裏一坐，我感到很舒服，可以一直坐下去，感覺入定了，開靜的時候，還坐在那裏不下來，可以嗎？按禪堂裏的規矩，不可以。禪堂用功，嚴格說來，不是要我們修四禪八定，而是修禪。禪是甚麼？禪是心靈的智慧。這個東西是活的。但是，要開發心地的智慧，沒有定可不可以呢？不可以。因為如果我們的心很粗、很浮躁、很散亂，要認識自心的智慧是不可能的。這裏有個問題：我們要認識內心本具的智慧，這個最初水準、最起碼的禪定，是哪一個層次的禪定呢？依佛教的教理來說，見到無漏慧最起碼的禪定，是未到地定。未到地定是從欲界到色界的過渡——欲界是沒有禪定可言的，色界有四禪。四禪的第一禪是初禪，四禪的每一個禪定之前有一個過

渡，叫近分定。初禪的過渡定還在欲界的狀態，所以稱之為「未到地定」，正要到那邊但還沒有到，這個是見到無漏智慧最起碼的禪定指標。這裏所說的「最起碼」，意思是說：你有高於未到地定的定，初禪、二禪、三禪、四禪，當然更好；你可以沒有色界四禪，但你起碼要有未到地定，這樣你才有可能開發無漏智慧，明心見性——開悟。這樣，我們就知道了，你的心完全在散亂的境界裏是不可能見到自性光明的。以參禪的方法來說，你不必專修禪定，只要一心一意地參一個話頭、起一個疑情，得不得定甚至都不要管，自然就會把我們帶向那種境界。你的功夫得力，力量積累夠了，自然就會進入相應的禪定境界。

當然，最重要的是覺照、觀察，觀察的力量會將我們向前推動一直到見性。這是依佛教的教理對參禪所做的一種分析。這種分析是多餘的，內行人看了會笑話的，因為哪有這麼多的囉嗦！單刀直入！說這些已經是落二落三了，但對我們還沒有入門的人來說，把這些問題搞清楚了也有一定的必要。你心裏弄明白了，疑惑沒有了，信心就增強了。所以希望大家在禪堂裏用功，要繼續堅定信心，全力以赴。

信得及，不怕死

參話頭的方法很簡單，以我們現在提倡的這個方法來說，就是不斷地在心裏提起：有僧問趙州：「狗子還有佛性也無？」州云：「無！」將話頭不斷地提起，生起疑情，將全部的身心專注在一個「無」上，就這麼簡單。所以用這種方法修行，本來沒有太多的話可講，就是參。

總結我前面說的這些方法，要參禪，有兩條或者說兩個要點就可以了。其實真用功時哪條都不用，但現在我們要發心，要樹立參禪用功的正知見，所以不惜拖泥帶水，說甚麼一點、兩點，都是廢話。但如果說的幾點能夠幫助大家樹立正見、用功上路，也無妨。哪兩點呢？第一點，信得及，就是信，信自心是佛，信自己與佛平等，再簡單一點說就是信自己的心。但是這裏所說的信自己這個「心」，不是凡夫的妄想心、情識心，而是把這一切放下以後，透過這一切見到的佛性、真如心。在這一點上要信得及，死心塌地地信就可以了。

第二點，通俗地說就是不怕死。有的人說，講得這樣可怕，又不是打仗。參禪就是打仗！只有不怕死的人才會取得最後勝利。不怕死包括了兩個方面，心的死和身體的死。所謂心的死是指能把自己心裏的種

種妄想、分別，種種情緒、雜念，種種見解（這個見解也是很難放下的），把這些都叫它死掉。這個是精神上的死。有的人說，精神上死了不就成了木頭人了嗎？把這些妄想、分別、情識、知見徹底放下，就是孤明歷歷的那一念，就是那個無，就活在對無的疑情中，那個時候對境是無心的，因為平時熟悉的這些分別、妄念歇下來了，但不要以為這種情況是究竟，這只是剛開始！這個時候妄想、分別、情緒、知見歇下來，並不等於斬草除根了，它只是歇下來，這種狀態可以稱為大死一番啊！第二個是身體的死。身體上的死說白了還是心靈的死，真正我們身體死了，講這番話已經沒意義了，但是我們在參禪用功的過程中會遇到身體的障礙，遇到疾病。從自己的心理認識上會遇到這樣的情況：不行了，我要死了。這種情況稱為極限，到極限了，再往前就死了（我這裏講的身體的死，就是自己主觀認識上，認為自己下一步就要死了）。在這種極限狀態下你還能不放棄自己的功夫，行了，那就算過關了。

在主觀認識上確確實實覺得自己是要死了，不行了，這種情況有很多原因，多半是生病。我們現在禪堂裏打坐，腿痛得要死，覺得不行了，再不放下來就要死掉了——在那個時候你能堅持下來：我就是不

放，我準備去死了；不僅準備死，而且抱著這個話頭去死。就那麼一點，實際上就那麼一點，我們就突破不了。往前走一步，就一步，如果這一步我們能走過去，我敢說，一定能開悟。實際上這一步能走過去開不開悟都不要緊了，開不開悟都放下了。就是那一念，就是你心裏的功夫不放下，甚麼開悟、不開悟，是死還是活，以後怎麼樣全部放下，到了這個時候會怎樣？那可不是我們說的，修行有它自己的規律，你大死一番，一定就是一個新的生命的誕生，一定就是大活！所以古人講，參禪必須要斷命根。這個斷命根並不是要我們死掉，而是要死掉我們的妄想、分別、情識、知見，因為一直以來我們就是靠這些東西活著，這就是我們的命根。

　　另外就是我們對生命的貪著，對生死的貪著，在面臨死亡的時候這一念，你是不是能夠勇猛無畏，放下。這個地方是一塊試金石，現在我們參禪，可以用這個來試試自己。我們現在可能不會面臨這種情景，但是可以心裏揣摩一下：下一步我就死了，我的心裏會怎樣，這個功夫還在嗎？我們可以試一試。在這個地方經得住考驗的話，說老實話也就可以了，你就這樣修吧，沒錯！

　　有的人要問一個問題了：「師父你說得太嚇人了，

我們可不可以繞開這個地方，繞開這個問題，能不能夠舒舒服服地，冬天躺在熱被窩裏暖暖和和的，夏天在空調下，想看甚麼就看甚麼，想玩甚麼就玩甚麼，又能入道？那多好啊！」我個人認為：沒有這條路！也許物質條件有，有這樣好的物質條件，但是你要真修行，你心裏一定要過那一關，就是極限。你必須要走到極限、走到懸崖邊上，你還敢往前再跳一下，就可以了。因此這個地方沒辦法繞彎子，繞不過去，你只有勇往直前才行！這是從古到今修行人的經驗。正是在這裏，修行人體現出了他的勇猛、視死如歸的精神。

虛雲老和尚是在高旻寺打七開悟的。到高旻寺打七以前，他在九華山。他從九華山下來，到長江邊上要坐船到揚州，結果在江邊走的時候掉到水裏了，淹了幾天幾夜，差點淹死，後來被一個漁民打撈起來，撈起來後七竅流血，命在旦夕。蘇醒過來休息了幾天，恢復一下體力，馬上就往高旻寺趕。你們看在水裏泡了幾天，修行的事還沒忘呢，還想著要去打七呀！到了高旻寺禪堂人很虛弱——在水裏淹了幾天，七竅流血啊！到了禪堂他也不跟人講落水的事，禪堂裏要護七呀，要安排當值呀（我們這邊護七都是輪班），別人派他護七，他不肯，因為身體實在太弱。

高旻寺的規矩很嚴，打七時叫你幹甚麼就得幹甚麼，你不幹，香板供養。所以在禪堂裏打了他一頓香板，打得他死去活來——本來就已經是奄奄一息了。好在禪堂裏打了不罰，挨了香板，護七這些事就可以不幹了，所以那個時候他把生死置之度外了，在那種情況下仍然堅持自己的功夫，堅持行香、坐香，中間還發起神通來了，隔牆看到遠處也不管，放下，繼續用功夫。終於有一個晚上喝茶的時候，倒茶的師父把茶水倒到他手上，杯子掉到地上，開悟了。這就是一個死了一番又活過來的過程。

來果禪師也是這樣，參禪的時候行不知行，坐不知坐，吃飯的時候把飯碗伸出去，行堂的盛了飯，忘了往回拿，停在那了，因為他心裏用著功啊！他要去衛生間走到伽藍殿裏去了，就是因為在用功。最後在金山寺，也是開靜的木魚打破了疑團。

有一位居士參禪，後來生病住院，是重病，反正是要死了，他的功夫仍然不放鬆。他為甚麼不放鬆呢？他說反正我現在已經找到了這個妙法，找到這條路了，身體生病是死是活不要緊了，所以他把緊不放鬆。在醫院裏，醫生說他快不行了，他也仍然用他的功，一切不管。有一天他從醫院裏出來，在街上走，還用著功呢，遠處有一個熟悉的人過來，正要開口叫

他，他正好抬頭看見，那一剎那，好，心裏的疑團粉碎了，當然病也沒了。這也是個例子。

我講這幾個例子的意思就是說，我們修行要有最大的勇氣，不怕死。連死都不怕了，那你在禪堂裏打坐腿子痛算甚麼？那跟死比還差得遠呢！反正痛不死。要能放下，連命根都能放下，這樣功夫才有相應的可能。所以宋代的法眼禪師反覆跟弟子講，你們參禪不要來花的，不要逞機鋒，搞著玩，要參臘月三十日的禪。臘月三十是甚麼？就是比喻我們人最後那一刻，要死了，要見閻王了，只有一口氣了。怎麼辦？這個時候哪裏是出路？要有這樣的勇氣，從這種心態出發去用功，才會真正相應。所以信得及、不怕死，特別是不怕死，我認為是參禪用功必備的條件，必備的，繞不開，如果有路可繞，我們倒是可以去繞，沒有必要弄得那樣緊張——實際上不緊張，真正敢於面對死亡的人是最灑脫的，最能放下、最有力量，這個時候才顯出大丈夫的氣概。

死盡偷心

唐朝有一位在家修行非常了不起的居士，叫龐蘊。龐蘊有一首詩：「十方同聚會，個個學無為；此是選佛場，心空及第歸。」我們這個禪七，也是十方同

聚會。文殊閣、普賢閣有來自各地的居士們，在這裏打禪七。打禪七就是要修習無為法，無為法是解脫的法。但是，同樣在一個禪堂裏坐，很多人坐在一起，其實心態、想法、狀態，我看也有很大的差別，還不一定能做到個個發心都在這個無為法上。

有的時候我們禪修，可能是用一種做買賣、做生意的心態在那裏坐。做生意的心態是有投入，應該馬上有回報，這是一個功利主義的心態，而且投入得要盡可能少，回報得盡可能多，做生意的人應該一本萬利嘛！所以在禪堂裏，我們稍微有投入，感覺到不相應，覺得回報得太少了，這是怎麼回事？佛經上講的、師父說的多美妙，我們希望自己一坐馬上能得到。這就是一種做生意的心態。現代社會，讓我們很多人養成了這種心理習慣，不僅在工作、生活中，到禪堂修行，也會用這種心態，急功近利。這個是第一種心態，跟無為法不相應。

也有一種心態，就是把在禪堂裏坐禪當成一種過日子。坐那兒挺舒服，也挺暖和，差不多也能靜下來，但是昏昏沉沉，心裏並不清楚。只是貪圖坐那裏很平靜的那種享受。我們這個禪堂制度也挺好，到時候自然有人送吃的，送喝的，還有水果，都挺好，在禪堂裏一坐蠻舒服，成過日子了，但是自己沒有甚麼

太大的變化，回到寮房，可能還說很多閒話，說是非。可能來廟之前跟家裏人還把禪七說得很偉大，出去以後又講，我在柏林寺打完幾個禪七，甚至也可能在家裏有一種優越感。但是，打禪七的根本是甚麼，它的根本是要把我們無始劫來的無明在禪堂裏面斬斷，見個分曉。所以，禪修是一場拼搏，是一場鬥爭，而且是無止境的。即使你在禪修中法喜充滿，對我們要達到的目標仍然要保持清晰，不能只是貪圖那種感覺。這是第二種心態。

還有一種心態，在禪堂裏面坐盼望著開悟，或期望某種奇蹟從天而降。這種心態可以說是賭博的心態。賭博就是這樣的，沒有太大把握、異想天開。因為沒有把注意力帶回到當下這一念心，內心還有很多對修行的美妙境界的想像，有很多期盼、等待。其實禪修、佛法，是非常理性的，百分之百的因緣果報，就是緣起法。有一分耕耘，就會有一分收穫。你不要等、希望有一個奇蹟突然發生，這種盼望和等待的心本身就是障礙。當然，也有的人坐在那兒起很多幻覺，見神見鬼，陶醉在那種幻覺裏面，依那種幻覺又產生很多見解。他的見解要說出來好像是那麼回事，跟佛經上講的差不多，但是那種見解來自於他的幻覺，來自於他的身心感受，並不來自於直接的洞察。

這個也是誤區。

　　前面講的這些誤區，跟「十方同聚會，各個學無為」都不相應。當然也有的人想著在禪堂裏通過打坐把某種病坐好，這些都是不相應的。真正要相應，要學無為法，就要死盡偷心。前面講的都是偷心，要把這些偷心死盡。譬如一個勇士上戰場，不再抱任何生還的僥倖心理，此去不復還，是要全體投入，全體！心裏沒有任何死角。前面為甚麼講苦，就是要把我們的僥倖心理，把我們心中的死角都放下，都放下了以後，你才可能全力以赴，如勇士上戰場，全體投入。這樣的禪修，自然能使我們發生一種內在的轉化。這個轉化也是潛移默化的，不是你盼望、期待、刻意造作就發生的。你盼望、期待、刻意造作，恰恰可能是障礙。所以修行不管修甚麼法（參禪這個法門尤其如此），就是不能有偷心，必須死盡偷心。

　　有時候可能我們覺得修行有甚麼玄妙啊？把這些高僧大德開示中所說的做到了，玄妙自然有，盡在其中。像參禪，虛雲老和尚給你開示。在雲居山打禪七，他講參禪的先決條件，講怎樣用功，初心用功、老參用功，針對不同的情況已經講得非常清楚。關鍵是我們能不能認真去做，以及我們具不具備老和尚講的先決條件——深信因果，持戒，發出離心，他講的

這些先決條件相當重要。如果沒有這些先決條件，你去修，不容易相應，由不相應產生懷疑，由懷疑產生誹謗，那你就不能怪他，也不能怪講的人。如同我們有病要吃藥，我們如果不按照吃這個藥的相關要求，要求你一天吃幾次，每次吃幾片，吃藥的時候要忌諱甚麼，你不按這個去吃，最後藥效沒達到，那你不能怪藥，怪我們自己。所以到禪堂裏來，最重要的就是這個發心，發心要純正。發心純正以後在用功的過程中能全力以赴，大死一番。偷心死盡的時候，心自然能打成一片，不管你用哪個法門。

昨天我們講參禪的法門，參話頭。參話頭要打成一片，最重要的是要有大信心，要起大疑情，這可以說都是偷心死盡的另外一種說法。我們柏林禪寺趙州禪師的無字公案，無門關，參「無」。狗子還有佛性嗎？無。參這個「無」，宋代的祖師們講過，就是要死盡偷心，欲罷不能。不僅僅是我們不正確的發心要死盡，就是我們起心動念，推理妄想分別，都要被「無」斬斷。我們打個比喻，這個分別心就像一個人的腦袋一樣，讓它不斷地撞牆，這個牆就是「無」，就叫「無門關」，撞這個關。你每每提「無」的時候能夠造成一種意識上的暈厥，就好比一個人把腦袋往牆上一撞，當場暈倒，暈過去。當然暈過去他還可能醒來，再

撞。這是比喻，比喻參話頭。

我們這裏參「無」，當然有的地方參「念佛的是誰」，也是一樣的。因為這個「誰」，也不是要你去推理、思考、追尋，這個「誰」，要向自己內心反問，捫心自問，恰恰就是用這個「誰」，我們要撞它，用我們的分別心去撞這個「誰」，每每撞。這個撞當然就是每每一提起，一反問，你以前的路是走不通的，所以比喻作「撞」，這種鍛煉也是要讓我們死盡偷心。

除了前面講的發心，我們平時各種習氣情緒是粗的偷心，還有更細的偷心，潛伏在內心深處的暗流，像水一樣流動。這個暗流也要被截斷，才有相應的可能。前面講的那些人連粗的偷心都沒有死掉，想自己在心靈上來一個革命，來一個力劈華山，這是不可能的。所以用功的本身並不複雜，複雜的可能恰恰是我們心裏各種各樣的情緒，不正確的發心，這些地方是很複雜的。這些地方的複雜，要用一個簡單來對治。這個簡單，就是死，就一個字。有死才可能有活，這些偷心的死就能與無為法相應，才能做到龐蘊說的「心空及第歸」。「心空」也不是說心裏有很多東西把它空掉，而是見到心本來的空。這個心本來就是空的。沒有見到那是白說，說也沒用，要親自見到、看到一回，所以他說「心空及第歸」。歸，就是回家，回到我

自己的家。希望大家在死盡偷心這一點上好好用功，不僅在禪堂裏用功，也要在生活中用功，在寮房裏用功，在走路中用功，才可能成片。

《信心銘》中的用功訣竅

三祖僧璨大師的《信心銘》，是我們在日常生活中觀照自心的一個最好的修行口訣。按照這個口訣，在生活中觀照自己的心態，逢緣遇境，用裏面的話提起觀照，使心不粘著在任何境界上，才有粘著，放下。這樣經歷各種境緣，都能夠不粘著，不掛礙，久而久之，我們的直心自然能夠現前，這樣的修行也就是一行三昧，「直心是道場」。

《信心銘》裏有很多句子就是講這個直心的，一開始就說：「至道無難，唯嫌揀擇」，最高的道並不是如我們想像得那麼困難，我們要認識它最怕甚麼呢？揀擇，分別！百丈禪師也講過這樣的話：我們的心識很有意思，可以緣一切境，而獨獨不能緣般若，為甚麼？因為般若不可以緣，不能作為所緣的境界。當我們的心有所緣，起對立、起分別的時候，本身就已遠離了般若，所以說「唯嫌揀擇」。「才有是非，紛然失心」，「但莫憎愛，洞然明白」，心遠離了憎，遠離了愛，遠離取，遠離捨，那麼自性光明自然流露，自然

現前。這種狀態是自心極其鬆坦，沒有任何緊張。為甚麼沒有緊張呢？因為它沒有取捨，沒有憎愛，而取捨和憎愛正是造成我們內心緊張的原因，或者說它們本身就是我們內心緊張狀態的呈現。

後面也講到是非和得失，講到用心的一些極重要的關鍵、訣竅。在用心的訣竅上，我認為這裏有兩句非常重要的話：「止動歸止，止更彌動」。甚麼意思呢？就是我們的心識總是波浪起伏，我們打坐修行的時候，為了對治這個波浪起伏的心識，動了一個念頭要壓制它，殊不知，你越壓制，它越動，就跟大海的水一樣，起波濤的時候你不能壓它，你越壓它，它越有波。心識的大海翻騰的波浪，並不是大海之外的東西，它就是大海的一部份，跟大海是一體的，它由大海生起，又復歸於大海，沒有離開過大海。它自己生起，也能自己歸於平息，它的自性裏就有平息的功能。這一點，正是我們所講的煩惱即菩提，也就是說煩惱是空性的，並不是一個甚麼實際的東西，我們要把它摘除，就像現在西醫對待腫瘤的方法，用刀把它割除了，你割了它還會長的，只要你體內那種長腫瘤的機制沒有轉化，它就還會長。心識大海上煩惱的波浪也是一樣，你沒有必要摘除它，也沒有必要使勁壓它，它自己明白的時候自己就會歸於平息。

在日常生活中，我們對境遇緣經常會有兩種分別：第一種，是和非。《信心銘》說「才有是非，紛然失心」——才有一毫的是與非的分別，你的心馬上就起波浪了，失去了它本有的平靜。通常我們會有一個疑惑：心裏沒有是與非，那不就是糊裏糊塗嗎？不是的。你遠離是非分別的時候，心的觀照力更強，心在那種狀態下表現出來的透視事物的能力更強。所以有分別是識，沒有分別是智，原理是不分別的時候表現出來的觀照力，就是智慧的力量，就像日光燈的光明一樣自然發出，令事物顯現出它本有的面目。

實際上這個事情並不神秘，即使是我們修行境界不高的人，在凡夫的境界中，在認識人、認識事物的時候其實有時候也是在運用這種能力，只是自己不知道而已。有時候你並沒有通過概念的判斷、是非的分別，直接就能認識那個事物。但我們在生活中經常會落在是和非這些分別之中，我是你非，你是我非，攪和在這裏面，難以跳出來。在這個地方不跳出來，就遠離道了，所以修行的人遇到一切境界，都應該往道上會，在道的境界上面對，不能如世俗人一般見識。

我們在生活中遇到這樣的情景：我們吃虧了，有人佔我們便宜了，有人打我們了，令我們受委屈了，我們總想去伸張，總想把那個事情搞明白，說清楚，

這樣就遠離道了。我也見過一些修行人，本來是要打坐修行，結果可能跟周圍的某個人發生是非糾葛，他非要去弄清楚，搞得明明白白的，這樣一動念，就已經離開道了，所以能夠不起是非的分別，就是最好的忍辱，最好的安忍。

人世間的是非永遠沒有盡頭，永遠也理不清，剪不斷，理還亂。雖然在世俗的各種書本和說法裏，好像給我們一些信心，比如說會有這樣的句子：「歷史會給予一個公正的評價」，可是歷史是甚麼？歷史是抽象的；有時候說「人民的眼睛是雪亮的」，而人民這個詞也是抽象的。人間有一些鬥爭，有一些永遠也扯不清的恩怨是非就是這樣來的。

一個修道的人要修行，首先要出離，一定要從這裏面跳出來。我們在禪堂裏打坐、行香，有時候監香的師父打我們一板子，我們還會生煩惱。有一年打七的時候，有一次一個師父沒有動，而監香的師父以為他動了，給了他一板子，最後他不服，覺得自己沒有錯——是，就這件事來講他沒錯，但從修行上來講，他錯了，他一動念就錯了。大家想一想，這個世界上每一個人，只要是凡夫，都面臨著一個最大的委屈，最不講道理的——平時在生活中，有人不講道理，突然過來打了我們一個嘴巴，那不得了，咱們非要跟他

幹到底，對不對？但是其實每個人從一生下來都面臨了一個最大的不講道理的事——那可不是打嘴巴的問題了，是甚麼？就是黑白無常啊！黑白無常是我們每個人要面對的最大的敵人，而且這個傢伙不講道理，平白無故地讓我們老，讓我們死，我們又沒犯甚麼錯誤，為甚麼非要叫我們死呢？老了壽終正寢已不能接受，何況還有人突然因為各種怪病、各種意外不能享盡天年，所以我們應該把生活中這種鬥志轉移過來：在生活中有個人佔了我們一塊錢的便宜，我們要跟他搞明白；有個人說我們一句話說得不對，我們非要跟他爭論明白；有個人讓我們受委屈了，我們非要跟他幹到底⋯⋯要把這種精神轉移過來——現在要跟誰幹？跟無常！跟我們一生下來就面對的，欺負我們的這個傢伙！無緣無故欺負我們的黑白無常！這正是我們修行人作為大丈夫的勇氣所在。生活中跟人鬥一鬥，爭一爭，弄個是非明白，這是匹夫之勇，並不是大丈夫的勇，大丈夫的勇是要把生和死，來和去，把騎到我們脖子上欺負我們每個眾生的無常這個東西搞明白，跟他幹一仗，這才是修行。所以真正能夠安忍不動，從是和非中跳出來的人，才是真正的勇者，恰恰不是懦夫。我們有時候也會問，那我是不是太軟弱了？怕別人瞧不起自己，這恰恰是最大的軟弱，真正

的勇者是敢於跟自己生命最本來的敵人，這個無常殺鬼戰鬥一番的，要制服它！所以我們讚嘆釋迦牟尼佛是「調御丈夫」。

第二種，得和失。我們在生活中逢境遇緣，得和失也是我們經常面臨、讓我們生心動念的。在這一點上我們一定要看透，本來不增不減，不得不失。要有自信心。沒有自信心的人，會在乎得和失，有自信心的人會放下得和失，坦然面對一切。有時候我們在這裏得到會在那裏失去，有時候我們吃小虧會佔大便宜，有時候我們佔點小便宜卻吃了大虧。在我們自性這個無邊無際的大海上，雖然波濤起伏，但是大海的總量沒有變化，是如如不動的。我們看到的是現象，看到的增和減、得和失是現象，追逐這些現象，我們也就失去了本來。這樣的事情古來的修行人都能放下，能捨。能捨你就能得，你甚麼東西都抓得緊，最後甚麼都得不到，你的手抓住一個東西，不能再抓別的東西了。

本身作為出家人來說，出家就是一種捨，捨棄世間的五慾，然後獲得佛法的智慧。在家人有在家人的責任和義務，有紅塵中的各種事情需要應對。在應對這些事情的時候，盡心盡力、盡職盡責就可以了，但問耕耘就可以了，結果怎麼樣都能面對，都能接

受。所謂天道，也就是事物的因果規律，永遠都是公正的。我個人觀察注意到這樣一種現象：在佛門裏有一些老和尚，沒有文化，也不會講說，但是道德很高深，這樣的老和尚往往他的徒弟或者徒孫非常地發達，非常地昌盛。修行人有時候沉不住氣，有一些體會就急著為人師，很糟糕，像我這樣沒有體會就為人師，那更糟糕了。實際上只要你真正地有德，絕對不會浪費。你就是把自己關在一個偏僻的小廟，也浪費不了。就怕沒有德，沒有智慧，這就像世俗人講的那句話：是金子總會發光的。

　　得和失都是當下這一念，我們要做的只是把握當下這一念，把握了當下這一念，就是最大的「得」。一旦我們的心隨外境、隨外面現象的變化而動了，腳跟在自己站的地方滑倒了，那是最大的失，所以修行人應該有自己的得和失的價值觀。從這個價值觀出發，只要我們心裏一有煩惱，離開了自己的功夫，離開了自己發的願，不管你外面得到多少，都是失，最大的失。如果我們心裏沒有煩惱，能放下，沒有離開自己發的願，當下這一念照顧得好，功夫沒有手，不管外面現象上失去多少，都是得！我想這個也是我們在家居士在生活中修行經常會面對的一個問題。每個人反省一下，在生活中有煩惱是為甚麼，都是考慮了得和

失，個人的得失。或者在事情上執著了是非的判斷，失去了平常心。要在日常生活中遠離這些過患呢，就可以以《信心銘》所講的這種直心、遠離是非、得失的心面對生活，當然這樣面對生活的時候，可能需要調整一下你的生活，比如你的人際關係等。你是做事業的還可以做事業，但是要有一個調整。這個調整意思是說，你逐漸地擺脫了用以前的那種思惟方式、以前的那種心態工作，在一個新的層次、新的平台上你仍然能夠應付裕如，仍然能夠盡職盡責，不壞世間相，但同時自己修行的功夫也能夠不間斷。這是能做到的，在家居士要有信心。希望大家好好用功。

專注於當下一念

時間過得很快，五個星期的禪修生活很快就要結束了。這五個星期對有的人來說，可能感覺很快；對有的人來說，可能感覺很漫長。甚麼樣的人會感覺過得快呢？就是用功上路了、心念在道上的人。這個快實際上是因為心念單一，念茲在茲。就好比一個人在漫長的旅途中跋涉，如果他的心安住在當下每一步上，不管多麼漫長的路都會覺得過得快。有的人可能有過爬山的經歷，特別是爬高的山，很累的時候，訣竅是甚麼？訣竅是不要東張西望，不要抬頭看目標，

也不要回頭看已經爬了多少，而是專心致志於現在的這一步，不知不覺地再高的山都會被你征服。

去年八月，我又一次去五台山朝拜黛螺頂。以前一步一拜地拜過一次，那次覺得很快，這次倒感覺好像有點漫長，原因是甚麼呢？因為這次同行的人多，有時候要回頭看他們，這樣東張西望下來就覺得很漫長、很累。第一次一步一拜的時間其實也不短——四個小時，但是好像一下就過了。修行的道理也是這樣。

古人講的「念茲在茲」，就是指你的心永遠專注在當下的這一念上，既不會懈怠，也不會畏懼。我們講「要修行」「要開悟」「要成佛」，這些目標都很遠大。要成佛，需要經過三大阿僧祇劫；要開悟，我們現在煩惱紛飛、習氣很多，覺得離開悟還遠著呢；修行是甚麼呢？就是你不能把你的興奮點寄託在未來，寄託在一個遙遠的地方，這是有些人（包括有些佛教徒）的誤解。當然世俗的人誤解佛教的地方就更多了。通常世俗的人會說：「佛教是修來世的。」這種理解是甚麼意思呢？意思是指為了未來的某一個目標而犧牲現在、忍耐現在。人們喜歡這樣理解佛教，這是誤解。

佛教講初善、中善、後善。如果說後善是未來遠大的目標，中善是過程，初善就是當下。而且初善既是中善，也是後善，為甚麼呢？如果我們把心專注於

每一個正在進行的當下，過程也有了，結果也有了，成績也有了，都在這一下上。前面我講到，修行要發長遠心，要有持久的心和堅韌不拔的毅力，所有這些說法都可以簡化為：修行就是專注於當下。「念茲在茲」，不知不覺你就慢慢地接近了你的目標，自己也會發生變化。所以，當下這一念是最具價值的，也是在修行中最容易下手的。將這種心態擴展開來，就可以用於所有法門的修行。

不管你修數息觀、念佛、參禪、還是觀心，都可以以這種方法作指導、自我提示。你數息永遠都是當下的一進一出。你念佛永遠就是當下的一句「阿彌陀佛」。你說：明天我要念十萬句佛號。這個念頭、計劃、想法啊，也不抵你現在就念一句佛號出來。你說：我現在先歇會兒，過幾天我要磕十萬個頭，每磕一個頭，念一句「阿彌陀佛」，這種想法也不抵你現在就念一句佛號。你說：我現在忙著做生意，或者我家裏老老少少人很多，我自己有很多習氣、很多慾望，我想等到 50 歲以後、60 歲以後、退休以後、老了以後，再好好念佛。你這種看似明智的人生規劃，也不抵你現在就念一句佛號出來。這就是當下的價值。當然也有很多同修規劃：等到甚麼時候我把這一切都放下，我就去出家好好地修行。這個也不抵你當下就開始認識你的心、訓練你的

心，當下就開始拜佛念經。

　　大家要知道，這種把希望寄託在遙遠的未來的心態，正是我們要修正的，因為我們的問題就在這。如果你順著這種習氣、這種心念去生活，你會發現，人生在不斷地規劃、不斷地期盼、不斷地後悔中就流失了。出家師父有時候也有這個問題。年輕的時候覺得修行難以上路，想著是不是歲數大一點會好呢？或者現在我先玩一玩，等我到了七八十歲再好好念佛。因為七八十歲事情少了，我就關在屋裏好好念。且不說人生無常，能否活到七八十歲，這種心念本身就是一種懈怠。

　　在修行中我們會遇到一些障礙。在遇到障礙的時候，我們也會做一個規劃，說等我把這個問題解決了再好好用功；現在生病，等我把這個病治好了再好好用功；或者現在我家裏缺錢，先用個兩三年到商海裏奮鬥一番，弄一筆足夠的錢，把家裏的事安排妥了再好好修行……凡這種種的妄想正是修行的障礙。這種種的妄想，表面來看是修行的計劃，其實就是修行的障礙。且不說你的計劃能否實現，當它實現的時候，你馬上又會發現有新的問題要解決，等把新的問題解決了再修行，時間就蹉跎了。禪的精神就是要把我們帶到當下，告訴我們現在正好、當下正好。你說我現

在生病，等我病好⋯⋯你生病正是修行的時候；你的生活中有難以理清的煩惱，那也正是你修行的時候，不能再往後推了。

　　五七三十五天，如果你念茲在茲，就感覺過得很快。也有一些同修就感覺過得很漫長，用爬山來比喻就是東張西望了。你經常往前看，目標是哪裏啊？感覺沒希望；你經常回頭看，沒有讓你感到滿意的；還有的人左顧右盼，看別人還不如我、比我還放逸，或者那個人坐得那麼好，我甚麼時候能趕上他啊⋯⋯凡此種種的分別妄想，都會讓我們覺得三十五天很難熬。因為腿會痛，身體會熱燥，心裏會煩悶。用一個比喻來説，不管是修行還是工作，不要回頭看，否則你會有後悔，有計算；也不要探頭向前看，否則你會覺得目標很遠；也不要左顧右盼。那應該怎麼樣呢？應該照顧當下，埋頭苦幹。這就是修行人或者一個事業成功的人應該有的態度。

功夫的成片和深細

　　講到參話頭這功夫，第一個首先要讓它連續成片。前面我講過世間法、世間相，眾生的身口意三業從過去到現在到未來，一直都是延綿不斷地往前奔流不息。我們內心的妄想煩惱就是這樣奔流不息，現在

我們要用功，用一個話頭來取代它，讓這個話頭能像我們的妄想、像我們一直以來的無明那樣奔流不息，這個需要串習力。坐的時候是這樣用功，行的時候是這樣，吃飯的時候是這樣，走路的時候也是這樣。讓它一直延續，這是我們第一步要做到的。過去高旻寺的來果禪師開示，特別講到他那時候參禪——參「念佛的是誰」，每天怎麼讓自己的功夫成片。他老人家行腳的時候多，那時候禪僧行腳要背一個架子放行李，一放下這個架子的時候他要覺照：哎，我的話頭還在不在？如果不在，他要重新放一遍。當他把行李背起來的時候，也要檢查這個話頭或疑情還在不在。他每做一個動作，都要提起話頭。經過這樣綿密的鍛煉，功夫才有可能慢慢打成一片。

還有一個最重要的時候——甚麼時候呢？就是睡覺的時候。睡覺，躺下以後，這個話頭也不能中斷，應該在疑情中入睡。此外早上起來的時候第一個念頭也很重要，中間怎麼樣現在先不說。當然這對念佛的人來說也有參考價值，念佛的人你早上起來的時候第一個念頭是不是阿彌陀佛？參禪的人第一個念頭應該是你的功夫、你的話頭，這是檢查我們用功的一個地方。再進一步地就是在睡眠中也能帶著疑情入睡，如果整個睡眠能夠以話頭和疑情統一起來最好，但這是

需要時間來訓練的。

在生活中經常讓我們功夫中斷的，往往是外面境界使我們出現喜怒哀樂情緒的時候，這種時候我們早把自己心上的功夫置之腦後了——這是遇到外面的境界，所謂客塵。另外就是我們內心潛伏的煩惱種子，當我們在用功深入的時候，它也會現前。有一句話叫「客塵易伏，家賊難防」，就是說外面干擾我們的境界，我們不隨它動，這個不是特別難（當然對初學的人來說還是蠻難的）；家賊是指我們心裏潛伏的過去積累的煩惱習氣種子，它有時因外境而復發，有時候沒有外境它自己也會翻騰出來，所以這個時候你怎麼能夠不隨它轉，怎麼能夠看破它？看破它最重要的還是知道它是幻。有時候我們往往被心裏翻騰出來的習氣種子嚇壞了，嚇倒了，實際上不管心裏出現甚麼，你都不要拿它當真，不隨它去，然後把握住自己的話頭，這樣這個習氣種子翻騰一次，力量就會弱一次。為甚麼會弱一次呢？因為它沒有受到足夠的重視。這種煩惱有點像淘氣的小孩，他跟父母哭啊，鬧啊，要這個，要那個，父母如果總是滿足他，他就會得寸進尺；你不滿足他，不隨著他，慢慢地他的要求就會減少了。我們心中潛伏的習氣種子也是這樣。

趙州和尚說他在南方參學的時候，除了二時齋粥

是雜用心處——他是過午不食嘛——除了吃飯的時候是雜用心處，其他的時候都沒有間斷，包括睡覺。而且他老人家所說的雜用心，也不是我們想像的像我們這樣散漫、昏沉，他有更高的標準。也有的禪師自己講說「老僧三十年才打成一片」，當然他講這話是在悟道以後，開悟以後怎樣把這個境界打成一片，而不是悟前的用功。可見我們眾生從無始劫至今滾滾而來的煩惱、妄想、習氣奔流不息，其力量是多麼強大，要突破它是多麼不容易啊！這是我們用功的時候要面對的第一個問題：使自己的功夫能延續。

第二個問題就是怎樣讓我們的功夫深細，深和細。這對念佛的同修也有參考價值。我們剛開始參禪的時候總是覺得這個話頭、這個問題浮在上面，不夠深，總是處在被動接受這種方法的狀態中，不是發自內心地起疑情，是浮的。經過長時間的鍛煉，它可以變深，當疑情深的時候，我們的功夫就會細了，深和細有時是同時的。我們用功修行的時候，心念上的功夫會影響我們內在的氣，因為我們內在的氣本身就是我們心念的一種體現和落實。你們注意體會，當心念粗的時候氣也會粗，當心念細的時候氣也會細，所以心和氣是統一的，是不二的。打個比方，繡花這個工作比較細，一個人要繡花，用心就要細，且也要有那

種細緻的能力。還有比繡花更細緻的工作，像科學家在高倍顯微鏡下做實驗，還有外科大夫給病人做心臟外科手術，那也是非常細緻的，人命關天，不能出差錯，所以在那種工作中他們投入的心非常細。且不說這種工作的技術性，就是其要求的用心的細緻性也使很多人難以勝任。你讓一個打鐵的人去做，他做得了嗎？你就是告訴他怎麼動這個刀，讓他去，他也幹不了。他那個勁就是打鐵用的，他的心不夠細，身體內在的氣更不細。我們參禪也有這個問題，就是怎樣讓我們的功夫深細。當功夫浮淺的時候，容易中斷，容易受外界的干擾。只有當功夫深細的時候，它的延續性才能得到落實。有居士說：師父，您說參話頭，可是每天我在家裏還有很多工作、很多事要做，這會不會妨礙呀？這就看你的功夫用得怎樣了，如果你的心還是很粗，功夫很浮淺，顯然你日常生活和工作會影響你的修行，影響你的用功；如果你的話頭很深細，疑情是內心深處的、沒有間斷的，那麼你在生活中該幹甚麼還幹甚麼。這一點，宋代大慧（宗杲）禪師講得很清楚，他跟當官的弟子講，你該判案子還判案子，該批文書還批文書，在家裏該怎樣就還怎樣，該讀書讀書、該作文作文，一切都不妨礙。這乃是因為這個疑情或話頭已經很深細了，因此它能在一切時一切處

保持延續性，偶爾觀照一下就可以不間斷了。

不間斷地往前，到了這種時候，有意、刻意用心的成分減少了，這就是古人說的無心之後就能用功了：「恰恰用心時，恰恰無心用」，就是真正用功的時候是沒有刻意的，沒有作意的。「無心恰恰用」，不刻意的時候是真正的用功。這個不刻意不僅僅是指不刻意去提那個話頭，也是指要把所有其他的見地、情緒、知解全部放下，包括要明心見性、要開悟的想法也要放下。那麼有人問了：把這個也放下，那能開悟嗎？因為你在參話頭，這就是走向開悟的一條路，你已經在這條路上走了，再來一個想開悟，這叫「頭上安頭」，想開悟的心本身就成為你開悟的障礙了，多此一念。從石家莊去北京，我們已經在路上走了，你還老停下來問你是不是去北京呀？這反而耽誤行程。所以這時候悟也好、不悟也好，都不在計較中，都不在掛礙中，心念已經像一個轉盤一樣轉起來了，一撥即轉，它自己不停地轉，這時候人也是充滿了信心的，也是無所畏懼的，也不容易被客塵煩惱左右，你的功夫已經成片了，已經深細了。這是我們在參禪中要經歷的過程。

古來禪師參禪的時候用功太猛，面部浮腫，可見其用功之猛利。我們剛開始用功，或許沒有那麼猛

利，而如果太猛利，你的心念又不夠深細，有可能會上火，牙痛啊，頭暈啊，或是嘴上起泡，這時候要輕輕放一下。有時候提這個話頭要輕輕地提，正如前面說的轉動盤子，輕輕地一轉，它就轉起來了。你不用使很大的勁，輕輕地觀照一下就轉了。

無味之味

參禪這個修行方法我個人認為是佛教諸多法門中最奇特的一種方法。說它奇特乃是因為所有其他的方法都要運用我們的思想、意識、分別，通過思想意識、通過對一定的知識概念的了解，進一步落實到操作上、落實到實踐中，只有參禪這個方法很奇特，它把我們的意識，我們一直以來習慣的各種見解、推理、判斷堵死，把這條路堵住：狗子還有佛性也無？趙州和尚說「無」！怪哉！釋迦牟尼佛講一切眾生皆有佛性，為甚麼趙州禪師說狗子「無」佛性呢？他為甚麼說「無」呢？為甚麼？這個「無」把我們所有的注意力、所有的念頭都收攝起來；把這個「無」揣在心裏，七上八下，或許你也會思前想後，可是師父講了，你想出來的都不對，這個「無」既不是「有無」的「無」，也不是虛無的「無」，你怎麼想？你沒辦法想！全身的注意力都貫注在這個「無」上，貫注在「為甚麼狗

子『無』佛性」這個疑團上，這個疑團就像一個鐵球，我們把這個鐵球嚥下去，心裏揣著，它會把我們一直以來習慣的各種想法、見解、妄想掃蕩一空，把我們紛繁複雜的頭緒、繁多的心念集中起來——只要一提「無」，萬念歸一啊！我們的心水一下就澄清了。

但是為甚麼趙州禪師說狗子「無」佛性呢？在思惟上確實找不到出路，要全神貫注在這個「無」上，沒有出路，又悶得慌，找不到答案，這個滋味是甚麼滋味呢？是沒滋味的滋味。這個很多人都適應不了。為甚麼呢？我們一向習慣於有滋味，我們的眼睛、鼻子、耳朵、舌頭、大腦，身體這六根就像是六個貪婪的大嘴巴，時時刻刻都不停地要料、要食物。眼睛總想看點甚麼，耳朵總想聽點甚麼，嘴總想講點甚麼、吃點甚麼，最重要的是腦子裏意識這總要想點啥。所以我們觀察眾生的生活，也可以用一個字來總結：吃！

佛教把眾生所吃的食物分成四種：第一種是段食，分段的食物或分段吃，如早飯、中飯、晚飯。第二種是觸食，接觸的食物或接觸。觸食包括的範圍很廣，包括我們的六根接觸六塵都是吃：眼睛一看就是在吃，耳朵一聽就是在吃，手一摸就是在吃……第三種是思食，思考的食物或思考。像白日做夢就是思食，大白天淨想好事，天上掉餡餅發財了！有一種病

態的人不僅自己每天想，還跟人家講，講得頭頭是道，連他自己都相信了，說他手裏有十幾個億美元沒地兒用，想找個地方投資。這樣的人我遇到過。當然還包括思念別人，思考東西。第四種識食，分別的食物或分別，總是要不停地分別。眾生依這四種食物或四種吃的方式維繫生命。

有一種人管不住嘴巴，總想往嘴裏送點甚麼，瓜子啊，糖果啊，他不停嘴；有一種人總想看點甚麼，聽點甚麼。我們看看世間的人，幾乎看不到一個人週末放假時不跟人閒聊天，不看電影，也不看電視，乃至也不看書，一個人坐在那很充實地把週末坐過去。找不到！他總是要弄點甚麼餵自己，有高雅的，有粗俗的。高雅的像聽聽音樂，看看書啦，粗俗的呢？現在的名堂多了，就不必說了。

那麼說「無」，狗子無佛性，在用這個功夫的時候，我們可是甚麼味道都嘗不到啊！一直以來我們的思路、我們認識事物的方式都不是這樣。我們都是：師父，您要跟我說點啥，您要跟我說說為甚麼。師父於是就跟你講了，講得天花亂墜，那時你也點頭稱是、是，是這個意思，是這個意思，所謂飽餐法味嘛！偏偏在參禪、參這個「無」的時候，師父您要跟我講為甚麼，沒的講！你自己去弄明白。你自己想要推

理？判斷？起念頭去想？沒門！不對！放下！所以這個方法是要把我們的意識逼到絕路上。

這裏我們又有問題了。逼到絕路，前面還有路嗎？我可以告訴大家，前面有路！這裏就要信。你信不信得過，過了這一關還有路。通常我們會想，這樣我們不是沒活路了嗎？你說對了。又不能思想，又不能推理，叫我們怎麼弄？把所有的思想、見解、情緒全部放下！所有從書本上學到的，從經文上學到的都要放下，都不是你的。現在是要把你心裏的真東西逼出來。要逼出這個真東西，你得把你原來學到的知識、結論統統拋開。參禪的「大死一番」就是這個意思。所以如果我們打坐的時候覺得悶得慌，無處下口，那麼我要說，正好！這就對了。最好是悶得慌，無處下口，想不通，可是想丟又丟不下，又想參究竟是為甚麼？反覆地在心裏：狗子還有佛性也無？無！把所有的注意力、所有的精力、心力都貫注在這個字上。坐是這樣，走是這樣，吃飯是這樣，躺下是這樣，乃至跟人說話心裏還是這樣，那這個功夫就成片了。

這個法是一個最奇妙的法，需要一點信心。信甚麼？信自己！一切答案我們心裏都有，我們自己會！那我們現在為甚麼不會了？就是因為把別人的東西當成自己的了，就是因為有很多知識、前提、見解、情

緒，把自己的心地遮住了。所以參禪這個法奇妙之一就在此，需要信心！要有一股拼命的勇氣。

　　想明心見性嗎？來參禪吧！想一超直入嗎？來參禪！想增加自己的靈性、靈感，來參禪！也許有人說我也不想明心見性，我也不想出離生死，我想變得聰明一點，那也可以參禪。如果你想使自己的氣質更美化一點，也可以參禪。如果想使自己多一點自信心，也可以參禪。如果想使自己有一種傲視一切的勇氣，參禪最好。本來禪宗參禪的法在中國是非常普遍、非常流行的，只是到了近代人們好像沒有信心了。沒有信心，漢傳佛教就缺乏生氣了，國民的素質好像也不行了。剛才是就個體來談。想要提高國民素質，使國民增加一點靈性，增加自信心，提高創造力和活力，特別是提高一種陽剛之氣，勇猛無畏、視死如歸，這些氣質和心態，也可以參禪。

　　現在日本和韓國的佛教徒裏學禪的很多。甚至一個老太太都可能會參一個話頭。我接待過這樣一位。問我，你們參甚麼話頭？他們在參他們的，會和我交流。所以希望大家在用這個方法的時候，要有一種豁出去的勇氣，就跟這個「無」拼了，這一輩子就賣給它了，拼到底，甚麼時候明白甚麼時候算完！甚麼時候明白，甚麼時候算出頭！

狗子還有佛性也無？無！大家好好參一參！

放下善境界

　　昨天我們講到參禪要信得及、不怕死。說不怕死更多是側重我們在學道過程中遇到的負面挑戰，負面挑戰也就是很困難、很嚴酷的境界，這種境界對很多人來說想要突破當然很難，但還是可以突破的。這些身體的疾病、心裏的絕望、內心的煩惱等負面的挑戰，在某種情況下容易突破。今天我想講一講所謂不怕死，還包括要突破正面的挑戰，正面的誘惑。在我們修行過程中，前面所講的負面的困難可以說是苦的，而正面的誘惑、正面的挑戰可能是樂受，是樂的，軟的，暖的。這方面想要突破過去，比前一個方面更難。有的人能吃苦，能突破過去，但是在修行過程中，當種種舒服的境界、正面的誘惑出現時，他突破不了。所以修行真不容易，來自任何一個方面的挑戰和誘惑，我們都要突破，不粘著，不纏繞在其中。

　　過去有這樣一個故事：一個禪師修行很高，定功很深，心如如不動——沒有甚麼東西能叫他動心。等到他壽命快盡的時候，閻王爺派兩個小鬼去拘他。這兩個小鬼到處找，找不到，天上地下都找不到，沒有這個人啊。為甚麼呢？因為這個禪師的心已經無所

住了，所以找不到他。那兩個小鬼沒完成任務，回來了。閻王告訴他倆，其實能找到這個人。小鬼說，我們沒找到啊！閻王說，你們找不到他是因為不知道訣竅：這個師父啥都能放下，啥都不在乎，但是他有一個非常漂亮的水晶缽（出家人沒有甚麼，就是衣和缽嘛），吃飯的缽，非常在乎。這兩個小鬼有主意了，他們找到這個缽，把它一摔，這個修行人動念了，一動念就被小鬼抓住了：到處找你找不到，這個缽讓你現身了。所以大家想一想，你的心只要有任何的在乎——不管是在乎甚麼，生死、疾病、健康，還是名利聲色，或是你心愛的東西，只要你的心有一個地方在乎了，就會流落三界，所謂有漏啊，就會被無常的小鬼抓住辮子。所以說既要放下冷的、硬的，也要放下暖的、軟的。在我們深入用功的過程中，會有很多正面的、軟的境界需要突破。

我簡單地給大家介紹幾個正面的、軟的禪病。

第一種就是我們在禪坐中貪住輕安。以我們禪七為例，兩個七已經過去了，腿子也不怎麼痛了，房子裏很暖和，飯專門有人做，渴了有茶水，餓了有點心，一切都現成的，功夫也用得比較熟了，所以腿一盤，眼睛一閉，渾身很舒服，挺安住的；眼睛一閉，前面一片光明，身心很輕安，很受用。沒有雜念，沒

有太多的妄想，也不煩躁。於是我們就有可能貪住在這種境界裏，這個境界也就成了我們繼續前進的障礙。所以有的人特別喜歡打坐，就是因為他這樣一坐，很舒服——與其說他喜歡打坐，還不如說他喜歡打坐裏的這種舒服勁兒。這種舒服勁兒恰恰是我們修行的一個陷阱。我們不要貪住在那裏。如果貪住在那裏，修行也就到此為止了，停住了，特別是參禪，我們要徹底打破內心的無明也就不可能了。因為在那種境界裏你的心不容易起疑情，沒有深觀。凡是修行打坐住在這種境界的人有一個特點，厭喧求寂。這種修行人特別討厭喧鬧，討厭外邊有事，他就喜歡打坐，喜歡安靜，還有欣厭之心。在寺院裏讓他看看大殿，行行堂，叫他做甚麼他都不願意做。這是一個病，一個可能出現的病。

第二個病是文思慧發。隨著我們禪坐的深入，內心觀察的深入，內心的慧會變得活躍起來。再者一個人宿世修行過，學過佛，或者有過一些文化，在這種情況下又會出現甚麼境況呢？他的慧心非常敏銳、活躍，只要他一坐，就覺得腦子非常好用，思惟敏捷，下筆就是詩啊、詞啊，一發不可收拾。本來以前可能沒文化，或者文化很低，更不會寫詩，在那種情況下寫的詩真是好，有味道，而且一首接一首，多少首都

寫得出來。還有可能，假如他過去世有過佛法的積累，他也有可能張口就講法，經也不怎麼看，而且思辨力很強。凡此種種或者是過去習氣現前，或者是因禪坐導致內心敏銳，心的慧力增強，造成內心靈感湧現，所以文思噴湧，下筆就是詩，張口就能講，而且講得頭頭是道，聽著圓融無礙。這種境界更難勘破。有的人覺得他悟道了，那個時候他的慧力非普通人能比——普通人的慧力是靠學練出來的，他是在禪坐中發出來的。所以他容易給別人造成一種錯覺，也給自己造成一種錯覺，覺得自己辯才無礙，佛法說得無礙，通了，這也是一種錯誤，也是我們修行路上要防範的一個陷阱。

明朝的憨山大師在修行中遇到過這種境界。這種境界發出來的時候在他老人家份上是寫詩，一首一首停不住。後來一位同參告訴他：這種境界我遇到過，是個障礙，要突破它。怎麼突破呢？這位同參就告訴他，你寫累了以後放倒就睡，醒了以後就好了。我們柏林寺過去有一些師父閉關，曾經有一個師父閉念佛關的時候有過這樣的經歷：他在關房裏寫了很多首詩，後來拿出來給我看，確實很好，都是有佛法意味的。他應該是屬於這種境界，還是要突破。

第三種是發神通。因為禪坐深入，六根敏銳、清淨，雜念少，所以心識的感知力超常。因為心識的

感知力超常，所以有可能發一點小小的特異功能：對於明天、後天要發生的事，對於將要發生的事他有預感，後來果然發生。或者是看到遠處的一些東西，聽到遠處的一種聲音，或者是有其他的一些感應：見光見花呀，見鬼見神啊，這種境界更難突破。一般的人會認為自己得道了，那就糟糕了。有這樣一個公案：曹洞宗的道膺禪師在洞山祖師的座下參禪，有一段時間沒在寺院裏住，在離寺院不遠的山裏自己結了一個庵，到吃飯的時間就到寺院裏來吃飯。後來有好幾天的時間他沒來過堂，洞山和尚注意到了，怎麼道膺好幾天不過來呢？就派人把他叫過來，問他：「你怎麼好幾天不過來吃飯了呢？這幾天你吃甚麼？」道膺禪師就說實話了：「師父，每天都有天人來給我送供。」天人，是欲界天的天人啊，到了中午就給他送供，他們所送的就不是人間的飯菜了，天廚妙供啊，多美呀！洞山禪師當頭就喝他一聲，說：「我還以為你是個修行人呢，想不到你是這麼個東西！」老和尚罵他一通。過了一陣，道膺禪師這個境界就沒有了，消失了，他也就跟普通的師父一樣，該過堂過堂，該吃飯吃飯，該喝水喝水。

另外有一個公案是有關牛頭法融禪師的。牛頭法融禪師是禪宗四祖道信禪師的傳法弟子，見四祖之前

他在南京的牛頭山修行，那時候境界就很高，有百鳥銜花之異，就是說鳥都銜著花去供養他。後來見到了道信祖師，真正悟得了禪門心法之後，百鳥也不來銜花了，所以後來禪宗修行人把這個作為勘驗自己修行的公案。就是牛頭見四祖以前百鳥銜花供養，見四祖之後怎麼就不來了呢？這是怎麼回事呢？當然在牛頭禪師有更深的禪機，道膺禪師那裏也有更深的禪機，都不是我們現在的境界。

就我們現在來說，如果禪坐中心識敏銳，六根通利，有特殊的感知力，能預測，或者見神見鬼等奇奇怪怪的這些事發生，知道我前面講的兩個公案，大家就應該明白：要放下。道膺禪師有天人供養，牛頭禪師有百鳥銜花，他們都放下。所以我們在禪坐中，如果有一點兒東西放不下，你的修行也就到此為止，不可能進步了。我們沒有到達真正的目的地，在半途中遇到這些境界卻透不過，也就沒有辦法前進了。打個比方，我們從石家莊要去北京，走到保定的時候，看到路邊有人在玩雜技，那停下來看看雜技吧！一看雜技，忘了時間了，忘了目標是北京了，忘了自己要幹甚麼了，最後跟著雜技團跑了。所以如果你在禪坐中有這些體驗的話，放下！

大死大活

　　世界上最快樂的事是修行，最痛苦的事可能也是修行。為甚麼說世界上最快樂的事是修行呢？因為通過修行我們才能體會到法喜、禪悅。這種快樂不來自於外在的物質享受，不依賴於外在的因緣環境，而是修行本身給我們帶來法的喜悅。釋迦牟尼佛就是希望我們能體驗到這種快樂，體驗到這種快樂，內心就會對世間的五慾六塵之樂生起厭離心。我們以法喜禪悅安心，逐漸生起對五慾六塵的厭離，當然最終也要把法喜禪悅放下。

　　我們說修行在某個階段可能也是最痛苦的事，是指在我們沒有真正得到法喜、禪悅的時候。修行是不斷地挑戰自我，不斷地挑戰我們生命的極限。我們每個人在身體、精神方面都是有極限的。我們知道人跑得最快能多快？跑得再快也有極限。我們在修行中碰到的身心的極限的表現多種多樣。打禪七有個規律，通常在第三天到第五天的時候就開始碰觸到我們的極限點了。腿痛就是我們的極限點之一，可能坐到一個時間段，痛、坐不住、煩躁，這是身體的極限。也有心態上的極限，就是我們在靜坐中出現的最主要的幾種障礙：第一個是散亂，妄念紛飛；第二個是昏沉，昏昏欲睡；還有我們內心可能會現前一些情緒，一些

過去的經歷，和過去生活有關聯的情節，總是放不下，衝不過去，這個也是心理的極限。當然繼續深入修行，身、心兩個方面還會出現各種各樣的極限，要向極限挑戰。

修行中的極限點，其實與我們的執著有關，修行也就是挑戰極限點，挑戰極限點就是挑戰我們心中的執著，所以我們修行中經常講的話，叫「難行能行」。甚麼叫難？難就是極限點，就是執著。對於一個喜歡抽煙的人，讓他不抽煙就是難，那對他是很難的，因為他執著那件事。我們每個人，我們的性格、個性，都是由種種的極限點構成的，由種種的執著構成的。佛教裏有些術語，有些字很值得我們體會，比如，有一個字叫「聚」，聚集的「聚」、還有一個字叫「集」、還有一個字叫「蘊」。聚、集、蘊，就是我們種種的執著聚集到一起，形成我們每個人生命的特徵，一切特徵都是由這些執著構成的。修行就是要向這些聚、蘊——執著的蘊、執著的群落發起衝擊。修就是修正的意思，修正心念、修正習氣，向難處行，所以痛苦。苦跟快樂都是相對的，沒經過痛苦怎麼能得到真正的快樂呢？可以說，在修行的路上都會碰到我們的難處、痛處、不可逾越的極限處，這好像是個規律。如果不碰到你就進步不了，你碰到難處、痛處、極限

處，如果把自己保護起來，就後退了，難以進步。所以為甚麼要勇猛？勇猛就是在痛處、難處、極限點敢於往前衝。能夠戰勝別人的人是有力量的人，能夠戰勝自我的人是勇敢的人，所以老子說：「勝人者力，自勝者強」。

在打七中，我們有的道友忽略了一些情形，勇猛心發不起來，對此要做正思惟。甚麼正思惟呢？其實那些話我們都聽過，也是釋迦牟尼佛教導的最重要的話：「人身難得，佛法難聞，人命無常」，這幾句話就足以讓我們勇猛。我們生活的這個世界，「四大無主，國土危脆」。對於「國土危脆」，我們在地震等自然災害發生的時候體會最深，現在我們經常遇到的霧霾天氣，也是國土危脆的一種表現。藍天白雲、新鮮的空氣、乾淨的水，過去曾經有，現在沒有了，變了，或者很少有，這些都讓我們生起精進心。

在修行路上，剛才講的其實都是一些小的「極限」，更大的「極限」還在後面呢！釋迦牟尼佛在菩提樹下成道，為甚麼降魔才成道呢？所謂的「降魔」就是跨越，釋迦牟尼佛做的是一種示現，示現跨越三界內所有眾生尤其是人性的那些極限的點。來到悉達多太子面前的、顯現出來的誘惑都是我們人性的弱點，都是我們最難克服的，但他都能通過，無障礙，最後看

到天邊的啟明星而徹悟。

　　佛陀示現的是一種規律，歷代祖師大修行人也都示現了這種規律。虛雲老和尚一生歷經九磨十難，在揚州的高旻寺開悟。在開悟以前他也經歷了很大的磨難。他在長江邊上步行，不小心掉到江裏，在江裏載沉載浮幾天幾夜，最後被漁民救起來，休養了幾天，拖著虛弱的身體到揚州高旻寺掛單打七。有人會問，虛老在江裏幾天幾夜怎麼沒被淹死呢？這個在《清淨道論》裏有答案，其實這是一種神通。神通分很多種，這是其中一種——神力，神力不是因為他作意，乃是由於這之後他要明心見性，要有殊勝的果證，有殊勝弘法利生的大業。後面殊勝偉大果證的力量，反過來會在生命遇到危險的時候發生作用，使他避過危險。在《聖弟子傳》裏也有這樣的案例：有一位阿羅漢的出生很奇異。他在媽媽肚子裏還沒出生之前，媽媽死了。人們把她的屍體放到柴上要火化，剛一點火，屍體的肚皮裂開了，一個小孩子露出來，哭了，還是個活的，後來人們把他救活、養大，後來出家、證得阿羅漢果。按照常理他會胎死腹中，但後來的阿羅漢果證產生很殊勝、很偉大的力量，使他不死。接著說虛老。虛雲老和尚拖著虛弱的身體到揚州高旻寺打禪七，維那在禪堂裏請他當值，因為身體不好，他不

應，但他又不說原因，那就要被打香板，最後在禪堂奄奄一息。在那種時候他還隨眾坐香，嚴重時口鼻流血，但還堅持坐香，不退失，這個時候這個人一定是把生死置之度外了。人一旦把生死置之度外，心念就凝聚、純一了，最後虛老在茶杯掉到地上的清脆聲音中頓斷疑根。

古來的大德參禪也經歷過這些規律。如無門慧開禪師，參禪時曾三天三夜目不交睫。目不交睫的意思就是把眼睛睜得大大的，眼皮都不合，更不要說睡覺了。他怎麼做呢？他坐、坐、坐，之後行，在廊子裏行，坐、行，坐、行，就這樣——追溯任何時代都有這樣的大德，幾天幾夜不睡覺參禪的很多，這也是挑戰極限——無門慧開禪師三天三夜目不交睫，最後聽到一聲鼓開悟了。人在幾天幾夜不睡覺的情況下，身體精疲力盡，但正念的力量沒有間斷，在身體疲憊到極點的時候反而得到了解放。用功的人長期以來就是觀照、觀照、觀照，對自我的觀照、對話頭的觀照、心念的觀照已經成片，當身體越虛弱、越疲憊到極點，或者像虛雲老和尚，最後奄奄一息，這種觀照的力量反而會達到極點，在外緣的觸發下，心念會發生前後際斷，會「嘭」一下爆炸。這些規律很值得我們體會。

我們現在一切現成，不愁吃、不愁穿、很暖和，但在一切現成，一切有保障的環境中，碰不到極限點，也沒有拼命一搏的勇敢，所以也就得不到真正的法喜禪悅。要得到修行的大樂，必須要經過大苦。所謂的「大苦」，其實就是要向你做不到的地方衝擊。這是一個規律。所以宗門講「大死大活」、「懸崖撒手，絕後再蘇」。死，然後復活，這是我們生命在修行中發生轉換或者突破的一種模式——死掉舊的，活出新的來。如果我們守舊，遷就自己，一定是原地踏步，最後對修行產生懷疑。

參話頭

參話頭的理路

　　和我們禪堂直接相關聯的禪宗的修行方法就是參話頭。當然在用參話頭這種方法之前，禪堂在好多禪宗寺院早就有了，唐朝就有，而參話頭這種方法被提倡、最盛行是在宋朝以後。所謂的參禪講的就是參話頭，這個方法可以說是中國祖師對佛教的一大貢獻、一大發明，因為在印度這種方法起碼沒有普遍受到重視。

　　這個方法的特點我們可以這樣講：它是讓念頭自己解決自己。通俗地說，就是讓心念自己認識、解決自己。禪堂裏行香、坐香（過去禪和子也是住在禪堂的——住廣單），行、住、坐、臥都在禪堂裏，用功就是每個人在心裏都要抱定他的話頭，他的問題。

　　從用功的人接受參話頭這個方法來說，這個話頭好像是外面來的，可能是師父教給你、提示你，可能是你看書從祖師的開示中獲得的，但是實際上，話頭本身也只是一個工具、方便而已，古人說就像敲門的磚，門敲開了，磚也就沒用了，話頭就是這樣一個敲門磚。當參話頭的人真正進入狀態之後，那個特定的

話頭是可有可無的。

　　參話頭的形式通常是不斷地在心裏反問自己一個問題，這樣的問題不是能用邏輯思惟、推理或書本上的知識就可以解決的。明清以來，在禪宗的禪堂裏流行的話頭是甚麼呢？是「念佛的是誰」。參話頭的人靜坐在那兒，心裏可能要默念一段佛號，心裏反問自己「念佛的人是誰啊？」用功的人在心裏要接受這個問題，先要明白這確實是個問題，然後願意把心念專注在這個問題上，去跟它挨、跟它磨。

　　至於這個問題本身，比如「念佛的是誰」，可能我們會說：就是「我」嘍！那麼「我」是誰呢？追問一下：這個「我」在哪裏呀？有人說「我」就是我這個身體，好像也不是。前面我也講過，假如你家裏有一個很心愛的手鐲，結果被摔碎了，你知道了以後，會很難過，那個手鐲在幾十公里、幾百公里之外，不在你身體範圍之內，它壞了怎麼你會難過呢？所以說是你身體是經不住考驗的。

　　有的人說我的心就是「我」嘛！心在哪裏呢？這也有問題。你們研究一下《首楞嚴經》，很有意思。《首楞嚴經》很像一本參禪的書，一個參禪的心路歷程。心在哪？心在身體裏面？眼睛裏面？眼睛外面？眼睛和身體的交接部位？都經不住推敲，都有問題。

現在假設我們面前有個人，知道自己念佛的是誰，他的問題已經解決了。現在你在這兒坐著苦參，你在問自己「念佛的是誰」。多累啊，你問他得了，他告訴你不就完了嘛！他是可以告訴你，但是並沒有完。為甚麼呢？因為他告訴你的，對你來說是一種知識，在佛學裏叫比量的知識，不是你親自體驗到的。其實知道「念佛的是誰」的這個人已經有了，是誰呢？釋迦牟尼佛嘛！歷代祖師嘛！他們千經萬論很多開示都講了，但是你把千經萬論這些開示背熟了，不等於你就解決這個問題。所以在禪堂裏問這個問題，要得到的那個「知」不是知識的「知」；也不是知解的「知」，知解就是概念、思想、見解；不是比量的知，比量就是通過概念符號、邏輯推理得到的，而是要你親自現量地了解。

　　佛教裏經常用比喻，打個比喻，「如人飲水，冷暖自知」，水是熱的還是冷的，只有喝了你才知道。已經喝過的人告訴你說是冷的或是熱的，在你來說，那只是一個概念，不親切、不直接，你並沒有體驗到這個水的冷暖。喝茶也是這樣。如果你從來沒有喝過茶，有的人喝後告訴你，這個茶有點澀，這個「澀」對你來說只是個概念。「澀」這個概念對你的意義是甚麼呢？可能你以前吃過澀的柿子，你馬上會想起柿子，

覺得這個茶的味道可能是柿子的味道。但是茶的味道到底是不是柿子的味道呢？好像也不是。那個喝茶的人說，喝完之後有點甜味。「甜」也是一個概念。你可能會把這個概念和糖果聯繫起來，覺得茶可能是糖果的味道，這個也離題太遠。究竟茶是甚麼味道呢？你得直接喝。但是直接喝也有問題啊！我們每天都在喝茶怎麼會有問題呢？基本上，沒有幾個人在喝茶的時候，完全把心裏的各種東西全部放下，真正地、直接地喝。你現在如果剛剛遇見特別開心的事，志得意滿，端起茶開始喝的時候，感覺這個茶真香啊！如果你剛剛遇到很失敗的事，遭受了嚴重打擊，端起這杯茶喝的時候，感覺這杯茶真苦。如果你和你親愛的人遠離、分手，曾經你們在一起喝過這個茶，當你喝這個茶的時候，你眼前出現的是你和她在一起的情景。好了，現在說的是個甚麼問題？說的是，其實我們喝茶的時候，並沒有直接地用心去喝，我們還是用了很多概念、情緒、心態、感覺，透過這些，我們在喝茶。當然還有很多關於茶的知識的見解。也許你是一個對醫學很有研究的人，對茶科學很懂的人，當你端起這杯茶的時候，你心中的茶就是一味藥，可以清熱，健胃；綠茶是寒的，普洱茶是溫的，你眼中的茶又是這樣。所以透過了解種種的知識、概念、情緒、

見解，這個茶在你的生活中呈現出千差萬別的面貌。

　　現在我要講一句話，其實，整個你生活的世界就如同這杯茶，你並沒有真正地、直接地喝過，你一直以來，都是生活在種種的情緒、見解、思想、回憶、知識中。也就是說我們所生活的世界是透過了我們心中的這些煩惱的，究竟我們生活的本來面目是甚麼？其實你不知道。究竟你自己是甚麼？你也不知道。我們透過煩惱障、所知障，生活在我們的世界裏。

　　剛才我講了，參禪就是讓心念自己解決自己。這個心念在佛學裏講很複雜，光意識就分為八九個層次。但現在就讓你拿這個「念佛的是誰」的敲門磚，作為解決心念問題的一個下手處，追問自己，但一定要注意，你必須是自己親自了解，而不是邏輯的、知識的。換句話說，這個問題不是一個謎語，如果是個謎語，我們把謎底告訴大家就完了。這個問題必須要你親自體驗，親自喝那杯茶，親自體驗到、看到究竟念佛的是誰。

　　參話頭的要害在於你能在心裏生起疑情，真正有一種慾望要了解、體驗到那個「誰」，如果我們以「念佛的是誰」這個話頭為例來說的話，疑情的「情」這個字太好了、太妙了。疑情的情是甚麼呢？我們漢語裏有個詞叫「情不由己」，甚麼意思啊？當你被一種情緒

抓住的時候，你會身不由己，由不得自己，所以疑情的情，是你在參話頭的時候情不由己，放不下，非要親自看到，非要親自搞明白才肯甘休，這就是情不由己。這個情不由己太妙了，造成了你的心念要抓住這個問題不放。抓住這個問題不放就是甚麼呢？這就叫「止」，專注。你還打其他妄想嗎？現在這個妄想是最重要的妄想，別的妄想都不重要，它把你所有的念頭吸引住了，情不由己，而且念念相續，所以情不由己讓你專注，不自主地想了解，想搞透，這個在佛學裏是一種尋伺心，尋伺，就是搜索，也是一種觀察。所以參話頭是一種止觀雙運的方法。這個止觀雙運和你通常數息還不太一樣。剛才我講，參話頭這個法門是中國祖師的一大貢獻，因為它裏面這個觀非常特殊、銳利、猛利，容易穿透無明的黑漆桶。

參禪的話頭很多，明清以來用得比較多的是「念佛的是誰」。話頭本身涵蓋了一切的誰，念佛，走路，説話，我現在講話聽話的是誰，吃飯的是誰，睡覺的是誰，生氣的是誰，罵人的是誰……都有這個問題在。總而言之，主人公是誰？每天醉生夢死，誰在主宰你？實際上是這個問題。現在只是把它聚焦到「念佛的是誰」這個「誰」上。

也有人問「父母未生前本來面目」，父母生我們以

前我們在哪裏，父母生我們以前我們的面目是甚麼？可能剛開始你接受這個問題的時候要思惟一下，你可以思惟，不是讓你不思惟，但是思惟以後會發現，光靠思惟是解決不了問題的。

現在每個人都有一個身體，如果有人打它一下我們都會生氣，覺得侵犯我們。但是我們想一下，在我們有這個身體以前，沒有這個身體可供別人打，這個能生氣的東西那時候是甚麼樣子呢？又怎樣從那個時候的樣子到了現在的樣子呢？這個問題很嚴重啊，基本上所有人生的問題都在這裏。

再比如，你沒有汽車，當然就沒有圍繞汽車的問題。有一天你突然買了一部汽車，結果被人偷走了，那你就煩惱了，圍繞汽車的煩惱也就來了。那麼這個過程是怎樣產生的呢？很奇怪，為甚麼在沒有汽車的時候，不會因為汽車而生這種煩惱，後來有了汽車以後，汽車丟了你就生起煩惱了呢？這個中間你的心念是怎樣過渡的？

問題相當嚴重，因為現在講的這個問題，每天每時每刻每一個念頭都在我們的心裏發生。也就是說我們的心是完全不自主的，不斷地在認同一些東西，而被這些東西主宰。這些東西包括汽車，身體，某種觀點、思想、見解等，這一切構成佛學所講的我、我

執、我所執。我們生活在我執、我所執中，就不可能見到世界的本來面貌。我執、我所執好比是一個監獄，把我們囚禁在裏面，無論你是普通的人，還是偉大的英雄豪傑。參禪就是要我們離開這個監獄，而且不是外面的人把鎖打開，是自己打開它，你自己就能打開這個鎖、這個監獄、這個門、這個房子，突破它。

瞥見心性的天空

佛法禪修的要害就是要認識我們的心，但我們學過佛學的人都知道，佛教不管從理論上，還是從實踐上，最難把握的就是心。從理論上說，「心」這個詞有很多個意思，有很多種不同的叫法，有時叫「意」，有時叫「識」，有時叫「念頭」，有時叫「信」……

大概地講，我們的心有兩個層面：一個層面就是我們凡夫狀態下，由執著、分別體現出來的心識。這種心識狀態總體來說是二元對立的，總有是與非，對與錯，有和無，來和去，一和多，過去、現在和未來，空和有，能和所等。這種層面的心只要一動，一定是對待。這種對待狀態的意識活動主宰、支配了我們，就叫「輪迴」。輪迴並沒有甚麼奇怪的，沒有甚麼難懂的。有分別和執著，於是就有妄動。分別、執著二元對立這樣層面的心，在佛學裏有個詞，就叫

「識」。識支配我們妄動造作，妄動造作讓我們有業，業又讓我們受苦，感受那個果報。眾生的生活就是這樣三個環節，由識——二元對立的活動，而有妄動的造作，由妄動的造作又隨之受報。

心的另外一個層面是智。凡夫從生到死，從過去世到未來世，一直都是識心在支配，這是與生俱來、從來沒有中斷過的。我們的生命是一條河流，浩浩蕩蕩，從過去奔湧到現在，又要繼續向未來奔騰。因此，凡夫在這樣的境界中，很難想像我們的心還有另一個層面的活動，這個層面的心叫智。這個層面的狀態，沒有二元對立，二元對立消融了。

你可能說：沒有二元對立，那就是一了？你又錯了，你這樣一問已經把一和二對立了。在智心的這個層面，佛學裏通常講「不可思議」。因為凡夫眾生從過去到未來一直都在識心的活動層面。我們的社會活動、學到的知識、受到的教育、得到的觀念、概念等，全部是識心的活動，由二元對立建立。現在，我們要用二元對立的心去把握那個超越了二元對立的智那個層面的心，你怎麼描述都不對，不好把握。但是，是不是就不描述了呢？還要描述，通常都是用否定的方式來描述。智心層面的活動無形相，無方所，無來去，既非一也非二，既非來也非去，既非有也非

無，它是把識心所有的對立都統一了。

有人要問：這個智的心是不是我們修出來的呢？這個智的心是我們每個眾生本來就有的，不是修出來的，不是說我們要製造一個東西，用材料去製造，而是它本來就有。有的人問：這個智的心和識的心是甚麼關係呢？智的心和識的心，它不是兩個：一念迷就是識，一念覺就是智。說來說去，我們的生命本來具足，識的心和智的心不是分開的，也不是對立的，剎那回頭，瞥而轉念，你就可能見到超越二元對立的那個層面的心體。打個比方：烏雲遮蓋了天空，我們不知道天的本來顏色是藍的，我們以為是黑的，剎那間這烏雲漏出一點縫兒，我們就看見天空了。當然也有另外的比喻：這個識心就像是大海上的波浪，智心像大海本身，波浪從來沒有離開過大海。所以我們在學佛的時候，一定要善於透過名相領會佛意，不要被這些名相迷惑，陷到裏面去。它們只不過是心的不同狀態，人們從不同的角度給它們安一些名，本質上都是那個東西。你要把這兩個對立起來，那又錯了。

現在我們回到禪修的要害處——直指人心。這直指人心，就是要讓我們體認到我們生命中本來就有超越二元對立的這樣一種狀態。一旦你認識到，自己的心有一個你從來沒有體驗過的超越二元對立的境界，

那麼我們就能獲得對自己生命的一個全新的了解，就能建立對自己生命的一個全新的認識。打個比方，就像一隻青蛙從來沒有離開過井，所以它的世界就像井底那麼大，它覺得整個宇宙也就像井這麼大。突然有一個機會，它蹦到井口，向外面看了一眼，然後掉下去了，又掉到井底了。即使它還掉到井底，這一眼也足夠了，足夠改變它對整個世界的看法——原來世界不是像井口那麼大，而是這樣廣大，天地山川，花草樹木……在我們的禪修中，這直指人心也許只是剎那讓我們對超越二元對立的心之境界的一瞥，但這一瞥足以改變我們整個的人生觀、世界觀。也可以說，你只有有了對自己心裏智的層面的一瞥，你才真正地有了正知見——正知見不是從書本上來的，不能停留在書本上，不能停留在理論上，一定要真地「看」了一眼，才可能生起真實的信心。

我們以前的信心是一種崇信，只有你對超越二元對立的那個層面有一個直接的了解，那時候你的信心才堅定不可動搖。那時人們勸你不修行，你不會為之所動。不管在甚麼環境，你知道自己該做甚麼。那時你修行，沒有人支持、獎勵你，你仍然會做。為甚麼？這就像一個人離家出走，迷失了方向，現在知道了回家的路，那還不趕緊走啊？還在外面流浪做甚麼

呢？就是這樣一個意思。

對於這個智的心，我們怎樣認識呢？中國禪宗的大德們給我們開示了參話頭這個方法，真的是一個直指人心的善巧方便，再沒有其他辦法比這個更巧妙。古往今來有很多的話頭。近代以來，人們打坐參禪，參得比較多的就是「念佛的是誰」。揚州高旻寺最提倡這個話頭，虛雲老和尚也提倡參這個話頭。你每天念阿彌陀佛，那這個念佛的人是誰？這是一個問題。有人說是「我」在念，你在哪裏，嘴巴裏？舌頭裏？腦子裏？胸腔裏？四肢裏？你去找，找不到；找不到，可是你又能念，是甚麼在那裏起作用呢？這個問題相當於：是甚麼東西在支配你、讓你起作用呢？我們從生到死做很多事，是甚麼東西在支配我們？把這個問題聚焦到「念佛的是誰」，聚焦到「誰」這個疑問上（這個疑問不是讓我們尋找知識、理論的答案），你也不要用理論思惟，因為你找不到，而且你找的東西也不能解決問題。也就是說，你還是不明白究竟是「誰」。

關於這個問題，我們有很多答案。達爾文說，我們是猴子變來的，這是答案。現代生物學家也有一些說法，那也是答案。但是，這些答案有甚麼用呢？沒用！我們還是不明白，還是像做夢一樣，被一種力量支配著，我們仍然沒有認識那個真正的自己，沒有真

正認識自己的心，所以說知識、邏輯推理這些都用不上。也就是說，你大腦的思惟用不上，可是你又要去找，去明白它，這就是參話頭。

我們寺院提倡參「狗子無佛性」，這個來自於趙州和尚的公案。有一天，有人問趙州和尚：「狗子還有佛性嗎？」趙州和尚說：「無。」我們知道，佛經裏講一切眾生都有佛性，為甚麼趙州和尚講「無」呢？他這個「無」字之下有他的境界在那裏，這不是判斷，也不是知識。那為甚麼他要說「無」呢？他究竟安的是甚麼心呢，他居心何在呀？就是以這個「無」作為話頭生起疑情，也是要把所有的邏輯推理，把你所掌握的佛學知識全部放下，讓我們的識心、分別心、落在二元對立的心的活動歇下來。這個層面的心歇下來的時候，你還想弄明白，這就是參話頭的妙處。

有一種禪修的方法叫「觀」，比如說觀「萬法皆空」。觀這句話，然後讓我們各種情緒歇下來。但是這個跟參話頭不一樣，不一樣在哪裏？參話頭是你不得不把所有的分別心的活動歇下來，停下來，那個工具用不上，在另一個方面，你又有一種力量，也可以說有一種慾望非要想弄明白它，非要想透過這個「無」字，抓住趙州和尚「無」字後面的心，所以它除了歇下我們的妄想分別，還有一個力量，就是去探究、參

究，實際上這個力量就是觀察的力量。但是這個觀察不是用概念、邏輯進行的，它是用全部的身心進行的。在這個話頭之下，你想明白「念佛的是誰」，想明白這種狀態就是疑情，情不自禁：趙州和尚為甚麼說「無」？你想明白，情不自己，這個力量使我們不旁騖，相當於「止」；同時，你放棄了平時所慣用的邏輯推理、知識活動，直接用自己的心去頂那個問題，去撞那個門，去探究、參究，這個就是「觀」。參話頭裏面同時具足了止和觀，它的特殊之處就在止和觀，它是活的。

為甚麼說它是活的呢？如果你用功得力，你不用作意，會情不自禁，與生命有關的疑惑牢牢地抓住了你，你放不下，這就是止，是情不自禁的止；你想追究，想明瞭這個疑問，這是情不自禁的觀。這與我們用其他的法門去止觀雙運不一樣。你用功得力，打坐會那樣，行香自然也放不下，乃至吃飯、睡覺都放不下。放不下這個心中的疑團，一直到這個疑團跟你的心融為一體，念念相續，無有間斷，一直到這個疑團把你整個佔據，把你的身心裹住。你一旦生活在那個疑團中，離到家也就不遠了。到那個時候，生也好，死也好，開悟也好，不開悟也好，所有這些你都置之度外了。你走上一條路了，這條路是回家的路。

金剛寶劍和生鐵橛

　　昨天講到話頭禪，事實上話頭禪並不是一個發明，而是很多唐朝的大祖師們，在非常靈活、隨機應變地接引學人的方法中，有一些自己特殊的方便。比如說有的禪師碰到學人過來，不管學人給他提甚麼問題，他可能都是一個回答，比如說「莫妄想」，就是一個回答。或者不管學人提甚麼問題，他總是豎一個手指頭，天龍俱胝和尚就是那樣的。或者是上堂的時候問大眾「是甚麼？」，百丈禪師下堂句，上堂以後下來的時候問大家「是甚麼？」，這樣的一些特殊方便，對於學人來說就是一個話頭的效果，令學人在內心生起疑：哎？師父為甚麼這麼說？師父為甚麼總是那樣問呢？師父舉一個手指頭是甚麼意思？這就是生起疑了。所以說話頭禪是宋朝以後比較普遍流行的，是從禪門裏早期祖師們接引學人的這些方便中提煉出來的。

　　參究的話頭有很多，昨天我有列舉一些。柏林禪寺是趙州祖師的道場，趙州祖師有一個很有名的公案，有人問他「狗子有佛性嗎？」他說「無」。當然後面還有對話，但是就到這裏為止，他為甚麼說「無」？這個「無」的回答成為參禪的人參究的話頭，這被稱為「無字禪」。

宋朝有一位無門慧開禪師，他有一本書叫《無門關》，第一篇就講趙州和尚的「無」。無門慧開禪師是南宋末年的大和尚，他一生也以提倡參究「無」為入禪的方便法門。在他的語錄裏，有很多讚嘆這個法門的開示，他講到這個「無」就是一把金剛寶劍，我們怎麼參究它呢？他講的是八萬四千毫竅，三百六十骨節，通身起疑：為甚麼他說無？對於「無」這個字，在這個字上不能生起分別，把它當成有無的無、落於理路去思惟；當成虛無的無，讓心去找一種虛無的感覺，停在裏面，那也不對。總而言之，它的要點在於他為甚麼說「無」，而不能在「無」這個字上生起思惟分別。那麼我想參「誰」，「念佛的是誰？」，它也是一個字啊，雖然話頭不一樣，但是它的功用是一樣的，這個功用就是要截斷我們的妄想分別。

大家不管是參「無」，還是參「誰」，在剛開始的時候都感覺到無從下手，不得要領，心裏不知道往哪兒去想。我想特別是參「無」的時候，這種不知道從哪兒下手的感覺更加明顯，更加突出。為甚麼？因為參「誰」，你好像還可以找一找，「誰」它究竟在哪兒？念佛的是誰？會不會在心臟裏面？會不會在肚子裏面？會不會在腦子裏面？會不會在身體外面？會不會在身體裏面？會不會在身體與外面的中間？你還可

能會去搜尋，但是參「無」，上來就是一個讓你無從下手的天羅地網，把你籠罩其中。我想參「誰」的人也會這樣，他只要方法對頭，他一定會這樣，就是怎麼下手，找不到感覺。我現在想跟你們講的是，你感覺無從下手，這就是你下手的地方。你感覺無從下手，就對了，你說你找不到感覺，就對了，你說你心不知道往哪兒想，就對了。

所以參禪其實具有很大的挑戰性。為甚麼？因為無量劫來，多生多劫，不管白天黑夜，我們的心就是習慣於在一個理路上走，在一個有滋味上走，在一個有下手的地方去走，在一個可以想、可以推理的地方去走。但是參話頭的要害，就在於把你的路給斬斷了，把我們一向以來多生多劫的這個習慣，用這個話頭鐵壁銀山一一攔住。所以說參，坐在那兒很悶、心胸很煩悶，腦子也不知道想甚麼，也不知道從哪兒下手，心沒有一個出路，這個對啊！你敢面對這種狀態嗎？你敢承擔這種狀態嗎？在這種情況下你還敢不斷地提話頭嗎？你敢嗎？如果你敢，這就是參禪。如果你還想在話頭裏面，按照一個理路，按照一個意思，按照一個法義，甚至是你去找一種感覺，找一種說法，找一種理解，那就大錯！那就不是參話頭。讀佛經的時候正思惟，思惟佛經，如理思惟，那個可以

的，但是參話頭的「參」，不是思惟。

「參」這個法門奇特之處就是，要從根本上改掉一向以來我們心裏的運作習慣。有一個詞叫心路，我們心裏的路有好多條，有很多路徑。我們一向以來所習慣走的那條路，就是分別、執取的路，在分別這一點上建立很多見解，《楞嚴經》講叫立見，站立的立。在執取這一點上，建立有你、有我、有他，有對、有錯、有是、有非，讓我們輪迴的就是這個。你說：哎呀！找不到感覺，沒味道。讓我們輪迴的就是有味道的東西，就是你認為有感覺的東西，就是你認為有路可走，有理可循的東西，所以參話頭參「無」。你參「無」，這個「無」前面講了，慧開禪師說，它彷彿一把金剛寶劍，它就是要斬斷我們過去的這種心路。但是你還不放棄，念念不間斷地提起它、提起它。

你之所以能堅持不斷地提起它，最初要有一番信心，對這個法門的信心，對祖師的信心。你覺得無路可走，你覺得心裏的煩悶被放大了。祖師們開示，參話頭的時候心裏越煩悶越好，類似於參「無」、參「誰」這樣的話頭，他們有很多精彩的比喻，說彷彿是拿一個生鐵做的椿——生鐵橛啊，在嘴裏咬。還有一個比喻說，彷彿是吃那個用木頭渣子做的湯，就是木工加工木器以後剩下的渣子，你把這個木頭渣子煮

成湯來，去嚼去吃，有味道嗎？沒味道。無門慧開禪師說彷彿咬了一個鐵球在嘴裏。咬鐵橛這個比喻很生動，它比喻甚麼呢？其實我們這個分別心，就如同人的嘴巴裏的牙齒，它總是要咬一個東西（我們的分別心念念不休息的，它一定要找一個東西咬著，它不咬的話，它受不了），那麼現在我們扔給這個分別心嘴巴的是一個生鐵做的鐵棍，給它咬，它咬不動啊！咬不動，它就不斷地咬。促使我們不斷地咬的，從根本上講就是信心。剛才我們講到疑情，你為甚麼能生起疑情？還是因為你有信心，你對祖師有信心，對自心與佛無二有信心，你才能真實疑——有真實的信，才有真實的疑。所以說你就不斷地咬，後果是甚麼？所以這個比喻很生動就在這兒了，它的後果是：我們要是咬鐵橛子，可能會把我們滿口的牙齒全部咬碎掉。哎呀！很痛啊！比喻在這個話頭之下，我們的分別念如同牙齒一樣會被粉碎掉。

從教理上看，坐禪有止和觀。他說參話頭這個方法裏面，止觀盡在其中，有止也有觀。參話頭這個方法，不僅僅使我們全力以赴，專注於話頭——這就有止，那麼我們妄念也逐漸地少了，更重要的是，它讓我們的內心起分別執著的那種習氣，被話頭給研磨掉了，使這個習氣不再活躍。我們的心有很多種路徑，

無量劫以來最熟悉的那個分別執取的路徑，當它不活躍的時候，我們就會進入到另外的路徑。大家不要認為只有這一個分別執取的路徑。因為現代西方人，他們也研究佛學，也有很多高僧到西方去，所以他們以修行人的腦電波做實驗對象，做各種研究。以他們研究的成果來說，事實上，我們人的心腦、心智活動，這種以我執、以自我為基礎所建立的推理、分析、判斷，就是分別執取這個心路，只是我們心理活動生命中的一面，不是全體。當這一面變得不活躍的時候，那麼另外一面會出現。因此也可以用類似於太極圖來描述我們的心智活動這兩種不同的方式。就是一種是以自我為基礎的這種分析、判斷、推理、執著；一種是直觀的，直覺的，超越二元對立，對於多數人來說，當一種活動熾盛的時候，另外一種就會變得衰弱。

所以我們把話頭當成一個鐵棍子不斷地咬，沒有味道，它的一個後果就是會讓我們分別執取的習氣慢慢地歇下來。但是講咬鐵橛，意思是說，我們在參話頭的時候必須要改變以前用別的方法用功的方向。你心裏覺得悶，覺得無路可走，那麼這種方法對了。也許有的人會說，那是不是參話頭的人一直就在這種痛苦之中啊？在這種煩悶中啊？恰恰不是。剛開始的

時候，往往你覺得心裏千頭萬緒，慢慢地塵埃落定，慢慢地只有話頭。只有話頭的時候又悶，心又無路可走，又找不到出路，彷彿一條狗被關在一個門窗釘死的房間裏，然後房間裏有人拿棍子打它，它要四處去逃避，得找一個門往外跑，可是又找不到，所以在最初會煩悶，會覺得無路可走。比如說，這個狗它老是往門那裏跑，但是門永遠是鎖著的，它總跑過去，但是總也跑不出去，最後它就不跑了，也不往門那跑，也不往窗那跑。在這個過程中，止的受用會出現。止的受用，其實也就是亂念——各種各樣的念頭，變成一個念頭，這個念頭就是這個話頭。

依照我們坐禪的身、心、氣統一的規律，在你用功夫的過程中你不斷地提：趙州祖師為甚麼說「無」？或者簡單地你想個「無」，但是當你想「無」的時候，要帶著疑去想，把你的意念專注在「無」上面。按照我們身、心、氣統一的規律，你的意念老是專注在這個「無」字上，慢慢地這個「無」字彷彿會變成一個外在的對象，比如說它好像在你的胸中（當然我通常提倡，不管是參「無」還是參「誰」，你先不要把它放在胸中，放在鼻端最好），然後把眼睛睜開，看著。但是你們不要誤解，觀想一個「無」字，觀想一個「誰」字，這就錯了。我前面講了身、心、氣有統一性，你老是

全力以赴聚焦於「無」的時候，它的那種生動感、直觀感，不亞於你身邊的禪櫈或者衣服。這是你的功夫有進境的表現。

參話頭的心理過程

參話頭這個法門並不複雜，很簡單。最初的時候，也許我們會感到很困難，這個困難來自於我們提起話頭有無從下手之感，有心緒茫然、心路堵塞之感，就是生活裏面我們講的撞牆的感覺，就是「行到水窮處」的感覺，走到路盡頭的感覺，而這個法門的特殊恰恰是要讓我們處在這種感覺下。我們要轉身面對這種感覺，擁抱這種感覺。因為無量劫來，我們一向都是迴避的，我們都是去找有滋味的、有理路的、有下手處的地方，我們向有滋味、有理路、有下手處的地方去行，發生作用的就是那個分別心；現在我們以話頭做工具，將心念扭轉回來，導向它自己，讓它去碰觸那個無從下手處，那個不會、不知處。

趙州和尚說「狗子無佛性」，他為甚麼那麼說？我們會嗎？我們不斷地反躬自問，我們並不會。這個所謂會，不是可以用一句佛言祖語、一個思惟邏輯來應付的，必須是你要體會到、體認到，或親自看到趙州和尚在「無」字的回答之後的心地，所以這個「無」

是趙州和尚自己受用的心地境界。我們只有契合到他的心地境界，我們才能算會，但是我們契合了嗎？沒有，所以不會。我們就是要在這個不會、不懂處，在這個地方逼迫自己，所以參禪是很容易強化我們心力的，宗門的祖師也都是力量很強大的，大破大立。文革以後你看修復道場、恢復叢林，主要都是宗門下的大德來做的，這就是他們的心力強大。

我們在生活中、工作中，人生的路途上，也經常會遭遇這種萬念俱灰、無路可走、無從下手之感，而且我們對那種感覺是用負面詞彙來描述的，絕望啊，死灰啊，等等，而參話頭是讓我們正面地面對它，而且要不斷地通過提起話頭衝擊它、穿透它，在疑情的帶動下穿透這個不會處，穿透這個不懂處。所以你在生活和人生路上有甚麼呢？其實外面發生了甚麼事情是其次，不管甚麼事情，最終帶給你最大的壓力，無非就是這種感覺，但是現在我們要的就是這個不會、無路可走，因此我說它能強化我們的心力，原因在此。

在這個階段，我稱為鍛煉，鍛煉疑情，不斷地提起話頭鍛煉疑情。這個鍛煉，有一個時間積累以後，它會形成串習。串習就是習慣成自然，是通過不斷地重複達到的。當這種串習形成的時候，心裏已經開始有一些疑情了，開始慢慢培養出一些疑情了。這個疑

情也許不是百分之百，也許是三心兩意，但是當你專一地提起話頭的時候，疑情就來了。當我們的心念和話頭能比較好地連接在一起的時候，然後進一步地我們又能感受到身心的安定、專注，心和氣的一定的統一，這時候我們就能體驗到一點專注和寧靜。參話頭對我們也不再變得那麼毫無滋味，但是在心念上仍然是沒有滋味的，注意，仍然是前面講的咬鐵橛，有滋味的可能是在身體。在很多修行人很重視的身體的感受上，你開始有滋味了，那是因為你有專注力了，但是身體的感受並不是我們的目標。

有了這一種專注，在這中間可能會有各種各樣的禪坐境界，這取決於每個人不同的身心狀態，不同的業力因緣，過去生不同的善根。也許你會翻出很多嚇人的妄念，也許你會進入到煩悶難耐的狀態，貪嗔癡的種子在內心翻騰，如同一鍋煮沸了的水。也許你會經驗到身心進去以後的各種奇特的感受，身體的感受消失，或者身體變大、變細，呼吸長時間停頓等等。所有這些都是光影門頭，都必須要放下，要透過，否則你就是半路打住了。因為那個話頭我們仍然沒有真正的透過，所以要不斷地引話頭的疑情幫助我們穿透所有這些感受。

穿過這個領域以後，我們的心會變細膩，疑情會

變細，話頭開始逐漸成為我們身心一個很具體、很生動、很直接的一個存在了。它不再是腦子裏的一個概念、符號，而是我們身心直接感受到的一種存在。乃至於說，我們舉手投足，看、聽，好像無不是它，都是它，它跟我們已經有凝聚力了。在這個時候你仍然要呵護，要不斷地用功，以後才有可能有真疑現前。

昨天我講這個真疑，其實它是一種妙觀，是我們心念在轉向心念自己，完全轉向內。這個內外是相對而言的，我們順著分別心去流動就是向外，現在運用話頭向它自己去逼迫，而這種逼迫到這個時候已經成為一個連綿不斷的過程，所以真疑現前其實就是妙觀現前，就是勝觀現前，就是不疑而自疑。心念會很綿密地生起觀，或者說生起疑——不管用甚麼詞，都是那個東西。那麼到這個時候，你要放下就很難，但是雖然是這樣，也需要呵護——所謂的呵護，就是不要有其他因緣中斷你的功夫。

依照祖師們所講，一旦你進入到真疑現前，連綿不斷，可能你白天黑夜、晚上睡覺都是它了，舉手投足都是它了。在這種情況下，高峰原妙祖師講過一句話，當然他前面講的都是真疑，但是他說的其實就是真疑現前，他說這個情況下，如果七天之內你還不開悟的話，我下拔舌地獄。所以真疑現前，那個時候你

其實也沒有念頭去想開悟的事了，你也不會再跑出來一個念頭去等待一個甚麼境界出現了，成佛、開悟、修行這些執著都放下了，那個時候的念頭是真實的，你還有一個其他的甚麼念頭——「我要搞甚麼」，那就是問題了，所以這個念頭是純一無雜的。祖師說，這個純一無雜的念頭綿綿密密地生起來，開悟是早晚的事，早晚都會引爆。時間越成熟，你就越可能引爆它。但是在古代，如果有好的善知識、好的師父在旁邊，再臨門一腳，助推一下、點撥一下，一棒一喝，或者乃至使一個眼色，可能學人就會當場悟入啊！所以說，禪的修行說起來也並不複雜。

怎樣生起、鍛煉和保持疑情

參話頭這個法門，關鍵在於起疑情。疑情一旦生起來，我們的心念就被吸住了，我們的心念被疑情吸住，慢慢地就能做到行住坐臥四威儀都在一個境界之中。

那麼這個話頭要生起疑情的因緣是甚麼呢？主要就是兩個。第一個是生死心切。所謂的生死心切，就是真正地看到我們的生命是繫縛於妄念之中的。妄想分別就像天羅地網，整個地把我們給套住了。不管我們怎麼掙扎，有多少花樣，用多長的時間，我們是走不出去的，只會在這個圈子內打轉轉，經歷各種痛

苦。要走出妄想分別的天羅地網，靠的是智慧，般若智慧這把利刃就能斷掉妄想分別的天羅地網。因為只有走出妄想分別的天羅地網，我們的生命才可能有一番新的氣象。所謂的生死，就是妄想分別的念起念落、生生滅滅，從過去無量劫以來到現在沒有停止過。現在我們要發一個心，要做一個真正的大丈夫，走出妄想分別的天羅地網，要在自己心念上來一番革命和顛覆。真正的大丈夫不是在和別人鬥爭之中得勝，不是在爭奪名利之中佔上風，也不是在戰爭之中百戰百勝，所有這些都不是真正的丈夫行。真正的大丈夫就是如釋迦牟尼佛那樣的十方諸佛，他們在自己的生命中，徹底圓滿地完成了大革命。這個大革命就是轉迷成悟，轉識成智，轉凡成聖。這個大革命的核心問題就是走出妄想分別的天羅地網，這個就叫生死心切，切就是真切、急切、緊迫，把這件事念念不忘地放在心上，很緊迫地要把生命的這件頭等大事辦妥。

第二個因緣是甚麼呢？其實就是信。人問趙州：狗子還有佛性也無？州云：無。我們信甚麼？我們信趙州和尚回答「無」這個字，就是他全部的心地透過親證親見的境界的表達。由這裏我們可以進入諸法實相，可以契入趙州和尚的心地，可以斬斷意識心，走出妄想分別的天羅地網。這個信，要信得及，你要相信這件事就在

自己本分上，不離自己當下一念，自己可以辦到，要有這個信心。這個信心越強，疑就會越強。

如我之前講到，不管是生死心、信心，還是疑情，從教理上講都是有為法。所謂的有為法就是生滅法，所謂的生滅法就是因緣法，所謂的因緣法就是我們可以造就因緣，令它生起、現前、增長、強大。因此，說參話頭舉起來，反覆地在心裏舉，然後生疑情，其實是可以鍛煉的。基本上沒有哪個人一上來就會有疑情，乘願再來的大祖師除外。如我們這樣的修行人，沒有哪個人一上來就會生疑情，疑情可以鍛煉，可以在靜坐中反覆地提話頭，讓小的疑情變大，大的變強，讓只是在心念上的疑情變成充滿全身的、充滿力量的疑情，再讓疑情變成一種包裹著我們身體、心念的一個強大力量，乃至於可以讓它不僅充滿我們的身心，而且瀰漫在我們的四周，讓身心一天到晚活在裏面、浸泡在裏面。我講這個的意思就是說，疑情是可以鍛煉的。真正對參禪這個法信得過的同修，你們要有信力，生死心切。參話頭不得入手處，沒有別的辦法，只有反覆地舉，反覆地提，由此去生起疑情，鍛煉疑情。注意，當你做功夫的時候，你也不能存一個鍛煉的心念，只要存一個鍛煉的心念，又錯了。你的心必須是在那個話頭上。

所謂的鍛煉，不過是一個提示而已，是一個路標，告訴你路怎麼走。如果你守住這個路標，或者把路標拿在手上抱著走，都是不對的。這就是前天我講的，參禪是要參的，不是說的，也不是把祖師大德和其他人講的話在心裏反覆地念，這都是錯誤的。參禪就是要在話頭上全力以赴，把自己綁在上面，和它同生共死，同甘共苦，白天黑夜都在一起。要達到這種捆綁，達到身心一如，話頭和自己的一切融為一體，這要有個過程，要經歷由粗到細這個過程。對這個過程，本煥老和尚開示時就特別強調，參話頭有一個由粗到細、由淺到深的過程。剛開始用功的時候，你覺得疑情不真切，心念很粗，因為心念在參，同時又夾雜其他很多的妄念，念頭很粗。打坐的時候覺得還可以，但下座行香的時候，又丟了；在禪堂坐行香還可以，一旦走出禪堂又丟了；甚麼事情都不做，甚麼話都不說還可以，等到一跟別人講話，一接觸其他的外境又丟了、斷了；或者進一步地，白天行住坐臥、待人接物還可以，晚上睡著了，又丟了。凡是以上的情況，都說明我們在用這個法門的時候，心念太粗，不夠細，參得太淺，不夠深。真正的細、真正的深，應該是在所有前面講的這些境界、時間段中，都不離那個功夫。有了此種深而細的功夫，白天做甚麼事、說

甚麼話，行住坐臥四威儀，就不會成為修行的障礙。一旦你覺得，這些事情障礙你用功，乃是因為你的功夫太粗；功夫足夠深細的話，任何事障礙不了用功，你不用擔心功夫被障礙。

其實我們可以換一個角度來思惟這個問題。我打個比喻，有一個人，現在正過著吃喝玩樂的日子，心裏想著很多事情，突然有人告訴他說，幾天以後他要死了。大家想一下，這個人在這幾天之內心裏會想甚麼？在聽到這個話以前，他吃喝玩樂，有很多吸引他注意力的事情，有很多操心的事，但是當他聽到這個話的時候（當然他得信，不信也不行），我相信從那以後他的心念中就不會關心別的事，只會想這一件事：幾天以後我會死，怎麼辦呢？他坐著的時候會想，走路會想，跟別人講話的時候也會想，連吃飯、睡覺也會想。關於死的這個念頭變成很深、很細、很強大，會把他抓住。我用這個比喻來說明甚麼呢？說明我們的心念是有這種規律的。

另外一種觀察的角度，就是慈母對子女的掛念。母親對子女的掛念是念念在懷，一念不間斷。母親的行住坐臥——她往往很多事——就想著為了她的兒子。她兒子可能在遠方，她會想他。她心裏掛念兒子的這個念頭，跟她平時忙的這些事不矛盾，不會打

架，不會因為她做飯就想不起來了，也不會因為跟別人說話就不想了。為甚麼呢？因為她對她兒子的掛念，是一個深細念頭，確實不會被外面粗的境界障礙。以此來比喻，如果你覺得這個用功的境界很容易被外面的境界所奪、所斷、所障，那是因為你用功的念頭不夠深、不夠細，所以力量不夠強。要達到深細、達到力量強，需要有鍛煉的過程。

在鍛煉的過程中，最大的障礙當然是散亂和昏沉。我們在鍛煉的過程中將會體驗到甚麼呢？體驗到胸中煩悶，覺得無路可入，無門可進。為甚麼感到胸中煩悶呢？因為參話頭這個方法就是要困住我們的分別心，困住我們的心路、意路。這個心路和意路被堵住、被截住的時候，它在身體上的第一個反應，就是心胸煩悶，就會有這種感覺。那麼你不斷地提話頭，在你提了話頭之後的剎那，或者是幾個剎那，或者是一個時間段，你體會到你的心路和意路好像被它截斷了，其實沒有真正截斷，是粗的妄想停下來了，姑且稱為截斷吧！所以說，參話頭不是讓我們有意路、有心路可走，有門可入，而是讓我們沒有把握，沒有抓撓，無路可走，無門可入，要讓你在這個地方往前進。我們最初不適應這個地方，因為我們從來都是輕車熟路，走老路的，所以古代悟道的禪師講，「而今忘

卻來時路」，從過去無量劫到現在，我們輪迴至今走的心路，這位大德忘卻了，所謂忘卻，就是他已經截斷了。

我們現在用功的時候，會先困在那裏，這個法門的特殊就在這裏了。它是困而後知，在正在困的這個當下，恰恰就是沒有知識，沒路可走。究竟是為甚麼？為甚麼説我們不知道父母未生前的本來面目是甚麼？不知道。在意路上找不到答案。心沒有安排的地方。通常我們把心安排在一個甚麼上面，但是我們一提話頭的時候，説心往哪兒安排？沒地方安排。沒地方安排的時候，用功的人就會説，我找不到安排的地方，錯了；有的人説，我把我的心安排在胸口、頭頂或是腹部，這是身體，還是錯了；有些人説，我把我的心安排在「無」上，就是甚麼都沒有，這個也錯了；還有的人説，我把我的心安排在「無」，無是有的反面，無能生有啊，這還是搞出思惟、搞出名相分別來，也錯了；那麼有的人説，我把我的心安排到一片虛空，一片混沌，這不是無嗎？這也錯了。總之都不是。可是又該在這個地方挨下去，古人就是用這個詞啊，「挨」，挨下去。

再打個比喻，這個空氣有毒（指霧霾）、有危害，怎麼辦？你既不能跑，又不能跳到幾千米高空，怎麼

辦呢？只有挨。挨就這個意思，就這麼硬挨著。但參禪這個「挨」是說，你已經提起話頭，感覺到你的心路被困住了，就挨在這個當中。這個鍛煉就是我們用功的關鍵了，就在這挨住。但是這個挨住還有更多的情況。有的人越挨妄想越多，以前的事翻出來了，貪瞋癡的心翻出來了；有的人在這挨，大開圓解，妙語連珠，佛法都懂了，慧如泉湧；有的人在這一挨呢，就見光見花，眼前出現這個相那個相；還有的人在這一挨呢，呼吸息相現前。所謂的息相，就是呼吸深、細、勻，心念變細，念頭也一下收攝，其他的妄想都息下，只有話頭。

對這些不同的情況，其實我們是有抉擇的。大家不要認為參話頭的時候一念不生，在這個過程中有很細微的抉擇。抉擇就是慧，由慧心所對它做抉擇。這就是為甚麼即使是參禪的人也要懂教理的原因。你不懂教理、不懂修行的理路，在這個時候，有時就會做錯誤的抉擇，而恰恰在這個時候應該有正確的擇法，由正確的擇法，我們得以深入。參話頭在很長的時間中，不是一個簡單的甚麼念頭都不生、甚麼都不想，那個想法本身就錯。它實際上是六祖大師講的定慧等持，也就是止觀雙運，既有專注，又有觀察和抉擇。觀察和抉擇是慧，專注是定。這個時候專注和抉擇非

常之細，而且非常之敏捷，插到那兒就斷了。這個工作本身是非常之精微，非常之細膩，就是僧璨大師說的「毫釐有差，天地懸隔」——一念，就差那麼一點點，就「天地懸隔」。

古人講精微，有很多比喻。說過去有一個人，他的鼻子上沾了一點白色的堊（相當於一種石灰），白白的，很薄很難看。另外有一個人善於用斧頭（就是砍柴的斧頭），這個善用斧頭的人，就揮起斧頭貼著那個人的鼻頭砍下去，把他鼻頭上粘的白色的堊削下來了，但是連他的皮都沒有傷著。大家想，這多厲害、多精微啊！因為你稍微偏一點，就會把鼻子削下來，最起碼把鼻頭上的那層皮削下來，結果只是把貼在皮膚上的這個白堊削下來了，而沒有傷到皮膚。這個就是精微。

另外一個比喻，是說古人得了眼病，叫翳，類似於我們現在的白內障。眼睛裏面有翳，就障礙我們看東西。那麼古人治這種病，就請很高明的醫生，他拿一個叫錍的工具，來挑這個人眼睛中像白內障的那個東西。他用金錍正正好好地把眼睛裏那層薄薄的膜刺破、挑開，把翳挑出來了。大家想一想，要是稍微刺深一點，就會把眼睛刺瞎，但是這個醫生就有一種高明的手段，沒有刺到他的眼珠子，而只把外面這層薄薄的膜刺破，然後把它挑出來了。這個工作簡直是太

精微了！如果是刺不破，那這個膜挑不出來；如果是刺過了，就會把眼睛刺傷、刺瞎，但是這個高手，他用這個金鈹掘這個翳膜不多不少、不深不淺、正好。這個比喻慧，慧的力量。

怎樣使功夫成片

我們講參話頭、用心的方法，有的同修會有這樣那樣的疑問，第一個疑問就是：為甚麼參話頭，心總是很亂很散，心裏生不起疑情？實際上這也有一個斷念的過程。你參「念佛是誰」、趙州和尚為甚麼說「無」，在心裏反覆提起來，在佛學裏叫作意。不斷地提起，不斷地作意，不斷地生起疑情，這是一個鍛煉的過程。

根據我們在用功中身心的一種原理，不斷地生起疑情，這個疑情、話頭，在一開始的時候，往往與身體的某一個部位相關聯。這是甚麼道理？當我們的意識集中於一個問題的時候，相應地，我們身體的能量也會貫注於那個問題上。也就是說，本來這是精神的東西，但當你足夠專注的時候，它也會形成一種物質的載體。你覺得它已經移到頭上去了，那肯定容易上火。或者你一提話頭，就跟胸前或者腹部相關聯，到了這個時候，疑情就比較容易成片，因為它有一個載體。你坐下來以後，只要一提話頭，那個疑情就可能

在你的腹部或者胸前，那你的心就很容易專一。到最後這個疑情應該是通身的，古人講：「通身起疑團。」無門禪師講，三百六十個骨節，八萬四千個毫竅，渾身上下都是疑團。就是整個疑情把我們綁起來，裹住，包住。我們的心不會跑了，坐著在那裏，走路在那裏，躺著也在那裏。在剛開始鍛煉的時候，有一個不斷提的過程。這是第一個問題。

　　第二個問題，可能有人說，要我們參「無」，可是又不能思考，不能有意識活動，又要想明白為甚麼，好像把人逼到牆角上了，無路可走。心裏沒有出路，所以會覺得煩悶，沒意思。實際上，修甚麼法門大家都希望有些味道，有點意思，可是偏偏沒味道，沒意思。大慧宗杲禪師有開示，當你覺得心中煩悶的時候，這正是好消息。為甚麼呢？我昨天講的那個比喻，用繩索把我們捆住，我們就靠近一塊石頭，在這塊石頭上磨繩索，我們胸中煩悶的地方，就是磨繩索的那塊石頭。我們的種種妄想，平時的意識，所耽著的滋味——甚麼叫滋味啊？你想起一件事，覺得很高興，覺得很過癮；如果你喜歡喝茶，你一想喝茶，心裏就覺得很有滋味；你喜歡看電影，想起看電影就會很有滋味。現在這個話頭，是沒滋味、很煩悶的東西。等把我們的妄想磨掉，乃至於把我們根深蒂固的

執著心磨掉，那就得自在了。所以，你一提話頭，胸中很悶、沒滋味、沒出路，這時候你一定要緊追不捨！過了這個階段，慢慢地各種各樣的思緒、念頭就凝聚起來，專一在一個話頭上了，轉萬念歸於一念。這個時候你再一提話頭，心自然就乖乖地，很聽話。當然你不提，它還是會掉；你一提，心念就自然歸攏了。這時候，用功就比較得力。

　　大慧禪師有一個開示，他説「得力處省力，省力處得力」，就是你用功一得力的時候，省你很多很多力氣。你打坐要調息，調身，很囉嗦；一提，乖乖地，身心寧靜，呼吸不調自調，心念不刻意專注它而自然專注，所以説，「得力處省力，省力處得力」。到這時，我們才可以説，我們真正靜下來了。

　　可往往是，平時在禪堂坐還行，上座一提，馬上得力，身心靜下來了，呼吸也深了，全力以赴。但是，一下座或者回到寮房，遇到各種各樣的境界，念頭又斷了。比如，跟別人講話的時候沒了，處理事務的時候沒了。這就有一個疑情變得很細膩、連綿不斷的過程。除了我們的靜坐功夫，怎樣才能使它變得細膩、連綿不斷呢？

　　關於參話頭，想讓功夫成片，二六時中連綿不斷，對境遇緣不被打斷，古代大德如高峰原妙禪師、

中峰明本禪師都有開示。根據他們的開示，以下幾點特別重要。第一點，要生死心切，深深地體驗到生命的無常，死亡無常，而讓我們在生死輪迴中流浪的就是我們現前的妄想，就是我們思前想後能活動的執著心。這個心，古人有個比喻，說這是一個猴子、猢猻，不知道它要帶我們走到哪裏，說不定哪一天它就會把我們帶到一個痛苦的深淵。當下這一念沒有搞定的話，人生沒有著落，前途渺茫。禪讓我們解決生死的問題，不是等到臨終喊救命，也不是等佛來接引我們，而是把問題拉近到當下正在活動的這個意識、一念心上。這方面我們沒有搞定、沒有突破的話，就像是一個盲人騎在瞎馬上，這瞎馬會把我們帶到懸崖絕壁、帶到深淵裏。

人為甚麼「生不知來，死不知去」呢？為甚麼我們會犯錯誤呢？為甚麼我們會感到種種自己不能理解、不能接受的遭遇呢？其實不怪別人，就是這只猴子——這個心，我們沒有認識它、抓住它，這個地方就是生死心。所以，生命的問題對於我們是零距離的。我們要體認到生命的問題，體認到這個生死心，一天沒有解決，就一天沒有安穩。古人說，「大事未明，如喪考妣」，這個地方沒搞清楚，就像死了父母一樣。如果生死心切，我們就能精進，也懂得珍惜光陰。我們現在

有緣得到人身，聞到佛法，知道修行的方法，現在要不抓緊，不知道明天會在哪裏，不知道下一生會在哪裏。

死亡的來臨是沒有規律的，引起我們生命死亡的原因是沒有一定的。有的人因為衰老而死亡，有的人因為疾病而死亡，有的人因為車禍而死亡……食物是好東西吧？可是，有的人因為吃東西而死亡；水是好東西吧？有的人因為水而死亡。原因不定，時間不定，哪裏是我們死的地方，好像也沒有固定。有的人在路上死亡，有的人在家裏死亡，有的人在車上死亡，有的人睡著覺死亡，有的人坐著死亡……這就叫死無常。體會到生命短暫，死亡無常，那我們就知道問題很嚴重，所以我們要珍惜時間，抓緊解決問題。古人講，你要真正用功成片，就發一個生死心切，發一個要解決自己問題的勇猛心。

第二點，古人講要有決定志。決定志就是說這個問題我一定要把它搞清楚，不搞清楚不甘休，不放下。活的時候是它，死的時候還是它，抓住不放，死死地抓住不放，這叫決定的志向。有了這種心，我們修行也容易得力，功夫也容易成片。

第三點，要有決定的信心。這個信心，包括我們要相信自心是佛，我們突破這一念妄心，認識到自己

的本心，我們的見解、智慧就是與佛平等的。這個信心恐怕也不是每個人都有的。有的人總是把佛的境界放到一個很高、很遙遠的地方，這是一個障礙；有的人把開悟看成是一個很神秘的、遙不可及的境界，這也是錯誤的。每個人都有一顆心，用這個方法用功的時候，你要把所有的分別放下，利根、鈍根，古人、現在人……把這些都要放下。你一說利根、鈍根，已經是分別了。有人說容易、難，也是分別。放下！分別才有鈍和利，才有早和晚……在這裏，容不得我們有一念遲疑。古人比喻，就像天上的雄鷹，從空中俯衝下來抓地上的小雞，從上面「唰」地一下不可遲疑，一遲疑，已經不是了。古人也有比喻，如獅子奮迅，獅子在抓獵物的時候，向前勇猛地一跳……用這些來比喻我們的心沒有猶豫。同時，我們也要相信，問題要解決，不離當下一念。我們所用的這個法門，就是要把當下一念透過、看破，一了百了。再修行就如順水行舟，迎刃而解，勢如破竹。當然我們也要相信歷代祖師的境界，相信大師們已經明心見性，見與佛齊，我們由此透過，不過是認識到和他們一樣的心，所謂「與佛祖把手共行」、「與佛祖同一鼻孔出氣」，就是體察與佛祖一樣的心性。由於有這樣的信，我們在提這個話頭的時候，才會有疑。這個疑不是懷疑，

恰恰來自於絕對深信。如此的絕對深信，而現在我還沒有透過，想透過它、明白它，這樣一種衝動、慾望就叫疑情。

我們知道修行很難，實際上，所有修行的難，恐怕來自於一點：我們順著人性的缺點好像挺容易——讓我吃好的，看好的，玩，不用人教，也很精進、也不間斷。那為甚麼讓我打坐，讓我念佛，我覺得很費勁啊？孔夫子講，「吾未見好德如好色者也」，我沒有見過有人喜歡修德，就像貪圖物質享受一樣，情不自禁，不用人督促，他自己就記得去辦。現在我告訴大家，參禪這個法門，它獨特的地方就是要讓你在自己的心念上，產生像貪圖物質享受那樣的一種興趣，一種想明白的慾望。這個時候，想讓你停下來，可能嗎？想讓你回頭，可能嗎？這個時候，你已經被它吸引住了，欲罷不能，你覺得這個事情跟你吃好的、喝好的一樣有吸引力。為甚麼要用「疑情」這個詞？實際上它是轉煩惱而為道用。有吸引力，情不自禁，欲罷不能，那個癡迷的勁就產生一種癡迷的力量——你非要看到佛祖的用心，非要看到趙州和尚的用心。如果你有這種癡迷，不用講，你自己會上路，直到你明白為止，直到你見到自己為止。

這是講參話頭怎樣連綿不斷，與生活打成一片。

如果欲罷不能，心很深邃、很細膩，跟生活也不衝突，該幹甚麼還幹甚麼，但生出的疑情會連綿不斷。這樣的人，他一定是非要把自己解決為止，今生今世不解決，下輩子也會解決。他一定要把自己釋放了為止——「釋放」的意思是，一定要透過我們的疑團為止。而且這個力量會不斷地把我們拉到人生的根本問題上——我們的本來面目，我們的心念，使我們對世俗的、紅塵的其他人所做的事、所走的路沒有興趣。

今天我們大家坐在禪堂裏，是甚麼力量讓我們坐在一起？這是我們過去世的緣吧！也有我們每個人想解決生命的疑團這樣一種力量，把我們不斷地拉到這裏來，一直到見性成佛為止。所以佛經裏也有比喻，這個妙法你吃下去，就像吃了金剛一樣，非要消化它不可！我們的心念、生命的疑團，一旦發動起來，最後一定要突破它才肯甘休。希望大家好好用功。

念念返觀，真疑現前

虛雲老和尚關於參話頭的解釋，我認為又簡單又絕妙，他說甚麼叫話頭？話頭就是話之頭，就是我們的分別心生起之前，在它生起之前的地方，它的根源處，那就是話頭。參話頭就是你要向那個話生起之前的根源處去參究，去觀照。虛雲老和尚的這個解釋，

對於真參實究的老參上座，他一聽就明白。如果我們還沒有充份的經驗，把虛老這個話當成了一個理路去指導自己，那我覺得就是多餘的。不管你是參「無」，還是參「誰」，你只管向前參。

　　虛老這個解釋，也是必須要我們的功夫到一個火候，自然就明白這個法的妙處。這個法的妙處是甚麼？當我們參的功夫到那個火候的時候，全部的心念就是不斷地在心中舉起這個話頭，舉起「無」，舉起「誰」，同時生起疑情。最初是提起話頭生起疑情，等到疑情的力量夠強的時候，疑情本身連片了，就不需要提，你自然地、念念地在自己的心念上反觀。那麼心念上反觀，念念都是那個話頭，念念也都是在反觀那個話頭，你們要問，難道我們有兩個念嗎？事實上我們即使是睡著了，我們的心念也像河流一樣，它就從來沒有停止過，不斷地生起，不斷地落下，像瀑流一樣。如果你的功夫純熟了，這個人為刻意提起的話頭有疑情的推動，它就會成為我們心念念不間斷、生起又落下的那個意識之流本身。最初的時候，這是兩個東西，但是當你的心足夠深細、就這一個念頭的時候，同時你又在提，實際上你是在念念反照啊！而這種念念反照，就是通過參話頭實現的。也許有的人說，那我們不參話頭，念念反照自己的心念不就完了

嗎？對於有的人也許可以，但是對於多數人，你會發現難以下手，你那個反照的密集度不夠，深度也不行。

　　所以由一個話頭生起疑情這種方法，它的奇妙就在於把我們的念頭拉向它自己。剛才我說我們的心念不斷地生起各種念頭，無量劫以來，我們的心念都有一個習性──往外流，分別執取、向外攀緣，參話頭這個法門是把我們的心念向內轉，把我們心的尋伺（尋伺是佛教心理學術語，我們這個所有儲存的心念都有覺照的習性，有尋找、探察的習性），把我們心念的這種活動轉向到心念自己，當我們參話頭到達這裏的時候，基本上你自己可能對這個法門就會有真實的信心，而且你也放不下。

　　把心念帶向它自己，並不等於說我們不去看、不去聽，我們也看、也聽，但是我們的心念不停地在反叩、反問、反照，因此我們也可以把參話頭理解為一個特殊的觀心法門。說它特殊，就是它不遵循理路，它就是要超越某一種思惟、分別的理路。你沿著一種思惟、分別的理路去觀心，這樣的法門也有，但是和參話頭這個方法不一樣。不一樣在哪裏？我打個比喻，我們跟一個很強大的人打架，如果對方很強大，那麼戰勝他最好的方法是甚麼？是不要正面去跟他打，拿一根木棍、一塊磚頭從背後偷襲他，一下子打

倒他，解決問題。那麼我們的分別心就是一個強大的敵人，你從分別理路的角度想去「殺」它，不容易的，而這種參究念念地反照，非常有力量，把我們直接帶到念頭自身。所以虛雲老和尚說：話頭，就是要向話生起之前處看，向這個念頭生起以前、一念未生前處看。這必須得我們功夫用到純熟了，內心不斷生起又落下的微細念在心中現前，這時候你疑情就細了，越細越有力量，越細越能不被外面的境風所干擾。

我們的心上起分別，現在要念念去反照這個分別。我們的心有分別、執著，其實，這種執著和分別要結束它，並不需要外面有個東西給我們甚麼，我們的心念自身就能從這裏走出來。因為分別和執著本身也是一種觀察，剛才我們用的詞佛學裏叫尋伺、覺照，現在不過是把這樣一種習性以參究反照來替代它，所以它自己會從自己裏面走出來，自己會看到自己的虛妄。

在佛教的禪觀教義裏，通過參話頭現前的這種念念反照，就是一種勝觀。這種勝觀現前的時候，它會自然地遍住於所有的對象，包括身體，包括外面、裏面的一切，除了心念自己。這個時候沒有內外，都是它。這個時候，這個現象，在話頭禪裏叫「真疑現前」，真正的疑情現前了。我們現在還在鍛煉的階段，

這個階段要不斷地提疑情，提的中間會有空歇，也會有打失，而真疑現前，則這個疑情不會打失。請大家禪七以後，下來看看高峰原妙祖師講他自己參禪的心路歷程。在他的自述裏，他的真疑現前也是由於有一個外在的因緣觸發，好像是把某個機關打開了，這個機關一旦打開，想停也停不下來啊！其實那就是勝觀現前了，真疑現前了。在那個時候，我們就知道說那個參話頭，具體是參「無」、參「誰」，還是參「萬法歸一，一歸何處」，其實都一樣了，不在那個話頭本身，不在那個「無」字本身，也不在那個「誰」字本身，那個時候，念頭走上了它自己的路。這條路就是要把它自己的分別、執取解開的路，而造成這種解開的機緣，也將是一個不遵循理路、沒有任何思想準備、突如其來的一個機緣的觸發。只要你是落在理路上、落在思惟準備上、落在意識層面，都不行。

我們都知道阿難尊者證阿羅漢果的故事。釋迦牟尼佛涅槃以後，迦葉尊者召集了四百九十九個大阿羅漢，結集佛經。阿難尊者是過耳不忘，但是並不是四果阿羅漢，迦葉尊者不讓他參加結集。後來他就回到精舍用功。這個用功其實也就是跟我們在禪堂一樣，一個是靜坐，一個是經行，我們不知道他的經行是快還是慢，多半有可能是慢。他通宵不眠靜坐，然後

經行，這樣經過幾天幾夜，後來有一天很累了，在後半夜很疲憊的時候，他往床上一躺，當後背接觸床的一剎那，他完成了那個突破，斷除了最後的迷惑，證得了四果。當然同時他也有了神通。後來他來到七葉窟，據說迦葉尊者不給他開門，因為他有神通啊，他就從門縫裏進去。

我們看阿難尊者這樣一種悟道經歷，很像我們中國宗門祖師的悟道。最終引發他斷惑的，就是那個智慧的光明現前的那一下，它不是有備而來，不是遵循某種理路而來，不是人為安排的，不是提前設計的，但是，他前面幾天幾夜不斷地用功，又是一個基礎，所以在那一個點上突如其來，他就完成了。

總之，我們對這個法門要有信心，對自己要有信心，對這個法門能斷除我們的分別執取，要有信心。我們內心的分別執取，無量劫以來就沒有停止過，讓我們在六道裏頭出頭沒，上演各種愛恨情仇、悲歡離合的遭遇，這都是淵源於我們內心分別執取的習氣。我們要相信用這個法門，最終我們的心念，自己會把自己的問題解決。

開悟是怎樣發生的

前面講到在參話頭很長一段時間內，我們會經

歷一種內心的動盪。經過以後，我們的功夫才可能成熟、成片，疑情生起來。

當然疑情生起來也有千差萬別的情形。我們看祖師們悟道的經歷，有一種情況是用功、用功、用功⋯⋯也經歷我們一樣的動盪，然後功夫成片，動靜一如，座上座下都能打成一片，在某一個點上會引發我稱之為真正的疑情──真疑現前。其實他平時一直在用功，真疑現前，就好像是一個機關突然被觸發、轉動起來。那個疑情轉動起來的時候，是鋪天蓋地、銳不可當，心念非常綿密、銳利。打一個不恰當的比喻，就像一頭餓瘋了的老虎追趕一隻羊，非要把那隻羊抓住、吃到肚子裏才算數。那個時候疑情不可抑制，自己就會白天黑夜連續不斷地轉動起來。

這種真疑的本質是甚麼？用佛教的教理來說，其實就是一種殊勝的觀，勝觀現前了。它就像一盞很亮的探照燈，把身心內外、山河大地洞徹無外、照足無遺，這個就是真疑現前。在這種情況下，我們就能理解元朝臨濟宗祖師高峰原妙講過的一句話，大概意思是說：如果你的疑情就像井底的人抓著繩子不停往上爬，七日不開悟，把我腦袋割下來⋯⋯這種真疑現前的時候，我們看很多祖師悟道的案例，知道他們白天黑夜不停。當然在這以前，他們已經經歷了很多的鍛

煉了（這個「鍛煉」是指用功的鍛煉，身心的淨化），所以這種狀態一出現，大概要不了太長的時間，他就能明見自性了。

我們看這些案例都是說聽到、碰到、看到甚麼了，比如看到桃花開了，聽到一個瓦片打到竹子上等，甚至有的在街上聽到人家唱世俗的流行歌曲，也會引發他心性洞徹。其實要害不在這裏。祖師看到桃花開悟，我們千百次地看仍然開不了悟，關鍵的問題不在桃花上。虛雲老和尚開悟是因為養息香開靜倒開水，開水沖到他手上，然後他手裏的杯子掉到地上摔碎了。在生活中，我們有時候也會把杯子摔碎，摔碎了多少杯子也沒用。它不在杯子摔碎，在於我前面講的，他的心已經非常綿密地勝觀現前、真疑現前。

這是一種情況，還有一種情況，通過長時間、不間斷地修行，疑情變得很深、很細，一直在你的內心，不影響你的生活和工作，跟人說話，乃至讀書、做事都不影響。你心裏有一個大大的疑團，一直放不下。這個未必像前面我講的有的祖師好像把一個開關打開了一樣，不能自禁、不能抑制，而是好像會更加地綿密、漫長。甚至有的祖師在淺層面的意識上說「罷了罷了」，對這個事已經沒有任何期待了，突破或不突破都放下了。注意，他一定不能存心非要搞明白，非

要開悟，或者非要如何。這些念頭就是障礙。但是那個東西一直在他心裏，就像一個母親思念在美國留學的子女，她反覆地告誡自己不要想那麼多，他（她）在美國一切都好，學校會照顧得很好、吃住沒有問題。她不斷地開導自己，但其實內心對遠在美國留學的子女一直在心裏牽掛。她不管到哪裏，到街上買菜，在家裏做飯、洗衣服，跟鄰居聊天或者上班，她心裏一直裝著。這種情況下時節因緣到來，他的疑團也會引爆，令他最終內心洞開。

對於這種突然的內心洞開，古代禪宗的祖師有很多描述的方式，有的是自謙，說是找到一個入手處、下手處，或說有所會，其實都是在講他們發生過這種突然的領悟。大慧宗杲禪師講他自己在參禪修行的過程中大悟十八次、小悟無數次……有所會或者有所悟這種情況很複雜，有的是很徹底的。我們講明心見性，見到的那個性是甚麼？六祖慧能大師在《壇經》裏講得很清楚，就是五祖在燈下傳給他法以後他自己的一個感慨，有五句話：「何期自性本自清淨，何期自性本不生滅，何期自性本自具足，何期自性本無動搖，何期自性能生萬法。」那五個「何期自性」就是那個最徹底的見到，就是我們說的「見性」。這是一種情況，還有很多種。為甚麼大慧宗杲禪師說大悟十八次、小

悟無數次，可能還有中間半截。有的只是一些覺受，不是那種洞見。這個洞見一旦發生以後會徹底顛覆你對自己的認識、顛覆你的心。在念念起心動念中，我們的心性跟外界、它所對的東西的關係徹底被顛覆，那個洞見一定要這樣才行。但有的時候，有的修行人也許並不能一步到達這裏，在中間會經歷一些深度的體驗，這些會給他信心，那也是他一路突破各種執著的表現。

我們鍛煉話頭、生起疑情，最後讓它成片，然後會有一個很長時間，祖師們喜歡用一個詞叫「無心」，有的祖師讚嘆「無心」，為甚麼？因為所有的祖師們在突然悟入的那個時段，都是完全處於無心狀態。這個無心狀態是甚麼？是他們心裏甚麼都沒想嗎？他們甚麼都沒想，但是他內心有疑情、殊勝的觀在那裏，念念綿綿密密的。是他們想了甚麼嗎？假如他們想了甚麼，或者他們有一個甚麼念頭、期待，那本身就是一個大大的障礙、束縛、緊張了，絕對不可能帶來心性上的突破。所以心性上的突破都發生在你完全沒有任何預料、沒有任何準備的時候。往往你越準備、越刻意、越作意，它越不會來到。你只是做你的工作。你的工作是甚麼？就是照顧好話頭生起疑情，只管做這個就好了。就跟我們從石家莊開車到北京，已經上

了京石高速了，只管往前開就可以了，不要老停下來問，到北京了嗎？到了嗎？還有多遠？那只會耽誤你。在這種時候，修行人是沒有甚麼別的念頭的，因為他整個的修行有一個大大的發心做背景，就是要了生脫死，就是前面我講的要在當下這一念上把生死的迷惑透過，這本身就是他出家、用功辦道、做一切事的根本發心。在這一個根本發心的指引下，他不需要想我要怎樣，那是多餘的，古人叫「頭上安頭，床上架床」。你只管把握當下，往前走。

無心實際上是我們心智的一個最佳狀態。在這種狀態下，我們在有意和無意之間，身心在完全的放鬆之中，特別是我們的心在完全的開放中，沒有任何觀念、概念、思想框架、計劃、期待約束我們。我覺得參禪、參話頭的人是完全可以活在這種無心狀態下，出家參禪人更是。因為在家人可能會難一點，除非有很大的福報，否則那些世俗的事就忙得你焦頭爛額了。但是古人又說「莫謂無心便是道，無心猶隔萬重山」，在這個無心狀態下，你好像沒有任何作意、刻意，但你的心很靈、很敏銳，一觸即發，像明鏡一樣，任何一個問題來，馬上照徹，但祖師說，你不要以為這就是道了，還遠著呢！參話頭的人在生活中盡可能地讓自己的心徹底打開，處於開放狀態，不停留

在任何一個既定的概念框架裏。有的道友參「誰」，這個話頭也很好，在生活裏，它是你內在不斷地觀照、探尋的利器。生活裏一旦有煩惱現前，「誰」可以成為一把寶劍，截斷眾流：是誰在煩惱？所以不管是這種全然鬆弛開放的無心狀態，還是剛才講的觀照狀態，如果我們能在生活裏打成一片，它就接近於《六祖壇經》講的「一行三昧」。

我們的心是一個無價寶。其實我們人生最大的浪費是心念的浪費，被貪、嗔、癡、慢、疑，以及自心所生的煩惱浪費掉了。而且在這些負面的心理能量的支配下，我們還有外在的各種造作，各種業、行為、語言，構成我們生活的千姿百態。在修行這裏，我們就能體會到貪、嗔、癡、慢、疑這些煩惱可以說是我們人類最大的敵人，是令我們眾生的生命每天、每時、每刻浪費、漏失掉的罪魁禍首。所以眾生的生命是有漏的，貪、嗔、癡、慢、疑這些煩惱就是我們心念上的漏洞，或說是賊。

佛學裏對煩惱有很多比喻。有時比喻為賊，把我們的智慧寶貝偷走了。在你煩惱的那一刻，也許時間很短，但是就像烏雲把太陽遮住了，那個時候你是黑暗的，看不到甚麼，不管是貪慾還是嗔恨都令你的判斷發生錯誤，所以比喻為賊。

還有比喻說煩惱是結，我們的心如果是繩子的話，煩惱就是繩子打的結。結的比喻很好，為甚麼？繩子上本來沒有結，拐了幾個彎就結了，解開了以後好像也沒有結，還是繩子。我們的心也一樣，煩惱究竟在哪裏，是個甚麼嗎？也沒有，不是甚麼。如果你認為煩惱是一個甚麼，那就真地拿它沒辦法了，所以我們在修行中，看到的煩惱恰恰就不是個甚麼，不過不能在概念上說看，你在概念上看到煩惱不是個甚麼，沒用，該煩惱還是煩惱。我們在參禪中要看到的煩惱不是個甚麼，必須像趙州和尚講的「吃茶去」，你要喝趙州茶才能知道它的味道，在那一剎那親見親知，所以比喻煩惱是結。

　　還有比喻說煩惱是「使」，使在這裏是一個動詞，指甚麼呢？所有這些煩惱好像是我們眾生的主人，每天都在使喚、驅使、驅趕我們。大家想一想我們這個世界的原動力在哪裏？就在驅趕我們眾生的這些使，就是這些煩惱。它們不僅驅趕我們在地球上演繹鬥爭、戰爭、悲歡離合、經濟的發展，而且它也能驅趕我們在我們演繹的這些戲劇裏遇到各種各樣的問題，然後又驅趕我們去尋找解決這些問題的方法。從古到今，我們有很多問題。現在我們的問題最大，霧霾就是其中的一個大問題。但是我相信，由於我們有

「使」，頭上有主人在指揮、驅趕，最終我們也能找到解決霧霾的方法。但同時我也相信，解決霧霾的方法能解決霧霾，同時又會造成別的問題。這個別的問題經過時間和空間的延伸再出現的時候，又會成為新的類似霧霾這樣的問題。但是也不要擔心，因為人類有貪、嗔、癡、慢、疑，這些東西還會驅趕我們再去尋找新的辦法。

這就是有漏的人生、有漏的人間、有漏的世界、有漏的眾生界，眾生界就在這種有漏中相續。《首楞嚴經》講無盡，相續沒有窮盡的時候。即使是一個小的單位的世界，成、住、壞、空中也有一個轉化，但是眾生這種相續——業、煩惱、苦報的相續，是沒有句號的，它會一直往前延伸。我們地球上現在還有能源等各種問題，但我相信這些問題都能解決，但是解決了這些問題，會有新的更多的問題出現，所以我們也不用擔心人類會無事可做。

我們現在修行是要在每個人的生命體驗、自我的份上，解決生命的根本問題。這個根本問題就是生死大事。多一個人解決生死大事，就能給我們的世界多一份正能量，這是它的社會意義。當然，個人解決了他的問題也能幫助所有其他的眾生。所以出家修道的人一定要明白甚麼是主、甚麼是次，甚麼是最重要

的，一定不要被世間的各種喧囂奪掉了我們的心智、意志和目標。不管有甚麼新名堂、新花樣、新的科技手段，大家還是可以看到釋迦牟尼佛要讓我們眾生解決的那個問題一直都在。那個問題是甚麼？就是我執——俱生我執、分別我執，以及由這個我執派生出的各種煩惱、業。從過去到現在、未來，一直都是這樣，不因時代變遷而改變，這就是佛法的真理性。不管時代如何變遷，它的價值一直在那裏，因為眾生一直都有那樣的問題。在這一點上，我們要堅定信念。希望大家好好用功！

輯四·在生活中修行

昨夜西風送玉華，長連床上好生涯。
洪爐三昧火中雪，灑遍人間千萬家。

明海

安住當下

在日常生活中，我們通常被很多俗事所包圍。佛教裏講「依智不依識」，智是無分別，識就是分別心，「依智不依識」的意思就是依無分別，不要依分別。其實分別和無分別都是一個名相、一個術語。這裏講的分別是甚麼呢？就是來自於煩惱支配的，以自我為出發點、為中心的這種計度。當然這個分別有很多層次，要做到無分別，也需要經過修行。但我們平時有很多俗事包圍的時候，你怎麼做到無分別呢？實際上無分別並不是讓你兩眼一抹黑，它是一個智慧的觀照。在日常生活中要修行智慧的觀照的無分別，有一個簡單的口訣，叫安住當下。

安住當下是一個非常具有可操作性、讓我們的生活慢慢契入到修行中的這樣一個法門。通常我們的心容易攀緣過去，為未來焦慮，也容易對現在所擁有的不滿。所謂的當下是甚麼呢？當下就是眼前的、正在進行的。眼前正在進行時，念念都在變化，剎那剎那生滅。你剛一說它，已經不是了。念念的當下實際上恰恰就是常新的、無所住的，它有時候會被我們對

未來的焦慮擔憂、對以前的後悔、對現實的不滿和抱怨所遮蓋住。怎樣讓我們的心從剛才講的對過去、現在、未來的分別中解脫出來呢？回到念念常新的當下，而且要安住。安住的意思是甚麼呢？當下就是一切自足的。過去的，已經過去；眼前擁有的你要改變它，也要從當下一念開始；未來你要掌握它，也要從當下一念開始。很多事情包圍著我們，需要我們作出判斷——不要以為修行無分別就不需要判斷，就完全消極，這個是錯的。

　　需要我們判斷的時候，我們可以慢慢地學會剛才講的安住當下的觀照。當下的觀照有時候並不需要你長時間地思考。有時候你做個判斷也許需要很長時間，但是在這個長時間內你未必是一直在那裏計度，往往是當你的心安住當下的時候，很多現象之間的關聯讓你看到了，這種判斷力實際上是一種直覺的力量，用現代語言來說，是每個人都有的一種直覺能力。往往你學到的知識、理論越多，腦子裏裝得越多，考慮利害得失越多，你這個當下的觀照力就越差。這兩個成反比。把前面說的那些東西放下，這個觀照力就透出來了。如果我們有過在禪堂用功的經驗，甚至也能有些微的體會，這些能幫助你在生活中養成當機立斷的習慣，當下觀照就容易了。當這種力量被培養起來的時候，你的思惟模式會

進行轉化。這點需要信心，你太過於在意得失利害就不行，你把自己未來會怎麼樣考慮得太嚴重，這個安住已經不存在了。安住狀態下，人往往是最放鬆的，這個時候觀照力的發揮是一個整體的、無保留的發揮，所以這種修行方法對於經常面對很多事情的在家居士是非常有用的。

在寺院裏，有時候我們念經、拜佛、繞塔、懺悔，這些其實都是非常重要的修行、非常重要的功課。因為在我們磕頭的時候，腦子裏不會去做各種各樣的分別；在我們誦經懺悔的時候，在我們心智裏起作用的跟我們做各種邏輯推理計較的也不一樣。漢傳佛教的核心法門是止觀，藏傳佛教也是一樣。我們的很多佛事，包括上香，你把香點著以後一舉的剎那，你拜佛時五體投地、頭碰地的那一剎那，這一切其實都是培養當下觀照、全體投入的一種法門。當下觀照、全體投入，如果你把這個法門再用到生活中，你拖地或者做別的事情也如同你拜佛、上香一樣（因為這也能養成習慣，它也會薰習，成為一個習氣），那麼你的這份力量就容易被開發出來。這是否就可以稱作禪的生活呢？我體會我們老和尚的教導，好像是可以這麼去理解，更可以這麼去做。你生活中做一切事都能夠非常放鬆、非常投入、全力以赴，把一切的計較、

利害得失置之度外，如同拜佛、上香一樣，這個安住
當下就落實了。

莫追憶，莫等待，莫猶豫

在日常生活中，我們要依修行的標準調整自己的心態和情緒，一定要把修行的理念應用在生活中，自我調理情緒、心理狀態，保證自己的心態處於一種很衛生的狀態。這種衛生要依佛法的修行為標準。我們在生活中有很多時候心態是不衛生、不清淨的。今天主要想和大家分享三點意見，就是如何在生活中保持心理衛生。

第一個，莫追憶。普通情況下，我們對已經發生的事情經常會追憶、回味，包括我們剛剛做過的自己非常得意、高興的事，過去以後你還會把那個成績反覆地在自己心裏回味；也包括過去發生的不愉快的事，你也會在心裏耿耿於懷，造成心理的堵塞；也包括我們過去做錯的事情，在內心深處埋伏著一種悔恨……所有種種對過去所發生的事抱住不放的心態就是追憶。有些人，歲數越大，越喜歡追憶，追憶過去的事。這種心態和禪是不相應的。所以，我們要訓練我們的心變得非常利索，就是辦完一件事馬上放下，做完就了，而不要再回味。心用得好的人就能夠做到這一點。

我剛學佛的時候，我們老和尚在北京廣濟寺主編《法音》雜誌，也很忙。有時他正在改一篇文章，來人了，他就把改文章的工作放下，轉身跟來人講話。他講話也挺投入、挺親切的，也回答別人的問題，也沒有甚麼不耐煩，然後問問題的人走了，他轉身又改他的文章，就像只是一轉身，剛才甚麼都沒發生。可能正在改文章，來了一個電話，他又接電話，電話裏是一些具體的事，可能需要他拿主意，他又是那種狀態，電話放下，又繼續改他的文章，就像甚麼都沒有發生一樣。這個就是心很好用。怎樣做到讓心很好用呢？不能讓已發生的事留滯在心中，不要追憶。我們要經常用這個標準來檢查一下自己。

第二個，莫等待。我們除了生活在追憶中，還經常生活在等待中。總是把希望寄託在未來的一個時間、遠處的某個地方，心好像才有著落。我們經常會想：要是怎樣怎樣就好了。比如一個母親有一個兒子要考大學，在還沒有考大學的時候她就特別擔心，她會想，我現在甚麼都不愁，甚麼都不擔心，就是擔心這個兒子考大學，等他考上了大學就好了。她覺得這件事辦了，她就會徹底快樂了。等到這個目標達成以後，馬上她就會有新的目標或者有一件新的事，讓她想等這件事怎樣我就好了。那件事不達成，她的心就老是這麼懸著，如果達

成了呢，她就又會有新的等待……永遠沒有盡頭。

我們出家師父有時候也有等待的心理。比如說身體不好的時候，就說我現在一門心思把身體調好，好了以後好好修行。到那時我就怎麼樣：每天拜多少佛、誦多少經、堅持打坐等。這是一種等待。還有的是等待別人：現在周圍環境不好，周圍的人都不修行，沒道心，等周圍的人都有道心了，他就有道心了。這樣的時候可能永遠不會來。

我們整個社會生活有時候也會處在等待中：人們會等待一個科學發明，等待科學家解決一個疑難問題，等待醫學家攻克一種疾病，然後就想：啊，到那時就好了。比如等待醫學家攻克癌症，想癌症被攻克的時候我們就可以高枕無憂了，可是在等待中又會有新的問題、新的疾病出現。在不斷的等待中生命被浪費了，心也被懸在半空，不能落地。

佛法的修行是叫我們反求諸己，就是不依任何外在條件，當下安住、自足、自立，不期待外面如社會、家庭、個人等任何條件。並不是我們把外在的某一個條件改變了，於是我們的心就安了，就有智慧、開悟了。這不是佛法，這是外道。心外有法、道在心外就叫外道。道在心內的意思是說不管在任何條件下，我們當下就可以明白，不用再等待，當下就夠。

這種生活態度、這種心態才是與禪相應的。

柏林寺過去十幾年基本上都在施工，我們每天都在工地的噪音中生活，包括打禪七。這裏的老常住知道我們以前打禪七都是伴著工地上整天叮咣拉鋸的聲音、混凝土澆注的聲音，更要命的搭架子鐵管從車上倒下來、從樓上扔下來的聲音，也就是最近這兩年禪七才基本清淨，但我到居士那邊坐還能聽到文殊閣、普賢閣後面有推土機的聲音，因為那兒在拆遷，所以過去我們寺院整個是一個大工地，整天生活在噪音中。剛開始也不適應，心裏也有一種等待的心理：甚麼時候不施工就好了，那時我就好好打坐，好好念經。有一段時間，我住在現在祖師殿的西邊、雲水樓一帶，那個地方原來是個院子，我住的那間房子牆外就是一個帶鋸，就是鋸大木頭的鋸子，聲音非常大。那時我就想甚麼時候施工完了就好了，然後我就安安靜靜地好好打坐。後來也許這種希望太渺茫、時間太長，慢慢就適應這種噪音了。適應的意思是甚麼呢？你不再注意、分別它，就像沒聽到一樣，該打坐打坐，該誦經誦經，心裏沒有那份等待了。

我們可以反省一下，在我們每個人的內心是不是有這種等待的心理，若有，趕緊放下，把心安住在當下，接受問題的存在，面對它。有的人說，師父，

我當下很糟糕，身體在生病。那你就面對你的病，面對生病的覺受。有的人打坐，腿子很痛，說哪一天腿不痛就好了。不要等那一天！現在你就觀察痛，面對那個痛。如果有這種不等待的心理，我們就會變得勇敢，因為你敢於面對一切，不會迴避甚麼。

第三個，莫猶豫。我們在生活中經常會遇見兩可情形，這樣也行，那樣也行，究竟怎麼辦呢？怎麼拍板呢？我平時接待來訪的在社會上做生意、做事業的信徒，經常請我來幫他們拍板。比如很多人叫我給他的公司取名字。還有的人說這個名字也好，那個名字也好，師父你看哪個名字好？另外很多人叫我給他的孩子取名字，有的說這個名字不太好，師父你再給取一個吧！這個我覺得也是很有意思的，我是一個出家人，頭光光，兩手空空，沒有公司，也沒有家室，卻讓我幫他們拍板。他們的很多問題都是在這樣或那樣之中，有時候我就隨便幫他們挑一個，很多時候我告訴他們其實都可以，隨便你自己挑，因為問題不是在於外面的這個或那個名字，這樣或那樣做，而是在於你自己的心態、努力和作為。

我們在兩可之中挑選的時候，往往會有一個妄想，覺得任何一個難題、任何一件事，都有一條最正確的道路擺在那裏，我想找到它。有沒有這條最正確

的路呢？有！它在哪裏呢？在我們心裏，在我們每個人自己的努力、掌握之中，而不是在我們心之外有一條正確的道路請師父給找出來，叫算命的、測字的幫我找出來。不對！人生的正確道路在我們每個人的掌握之中。有時候也許你覺得已經挑到那條最正確的路了，但如果你放棄努力，仍然會出問題，不能把握。不是也有很多人在很光明的道上翻車嗎？不管是世間人還是修行人，都有可能。所以一個修行人，特別是居士們，面對生活中的疑難問題不要猶豫。這裏並不是讓你隨隨便便對待，而是不要思前想後，在猶豫中失去機會。要學會觀照，然後斷！所謂當機立斷，機是機緣，面對一個機緣的時候立斷。立斷不是思前想後，一思前想後就錯了，怎樣選擇都不對。這裏不要思前想後，不要用推理，要培養另外一種能力——觀照。一個機緣只是一剎那，觀照需要我們的心非常安住，任何時候都要很專注，很專一，很單純，很透亮。面對任何機緣，你這一照，一定是最正確的，不會錯的。所以要信我們的心，信自己，要信最正確的答案就在我們心裏，不要猶豫。一猶豫，我們的心就被障礙了，會失去機會，所以要當機立斷。這樣面對生活中的一些疑難，處理問題，才是我們修行人的風格。

培養禪修的生活方式

　　我個人以為在家人在家裏禪修，盤腿打坐是必要的，但不是最重要的。為甚麼説是必要的？因為這是一種訓練，在盤腿的姿勢下我們的身心更容易安穩不動。這個訓練甚麼？我們這邊維那師強調要專注，就是要訓練你的專注力。因為沒有基本的專注力，你就沒有辦法訓練你的正念，所以盤腿打坐是必要的。但它不是最重要的。最重要的是甚麼？最重要的是你要學會一種禪修的生活方式，就是我們老和尚講的生活禪。

　　現在我把這句話分開來講。生活包括甚麼？諸位在家的朋友們，你們生活中有吃飯、走路、睡覺、説話、做家務、跟家裏人溝通、照顧別人，還有上班、工作，跟上下級、單位同事的溝通、互動……看這些生活現象，好複雜，對吧？我們要歸納，必須讓它簡化，從修行的角度，我們要簡化。其實不管生活多麼複雜，無非是三業在活動。哪三業呢？第一是身體的，包括你的肉體、行為。第二是我們的語言，講話。第三個就是我們的思想情緒。出家人的生活跟在家人比相對簡單，但我們所有人，生命中每天的活動

就是這三個範疇——三業。所以我剛才講最重要的並不是盤腿打坐，而是要養成一種禪修的生活方式。

有的居士學佛有點偏，他把生活中所有要做的其他事的時間都擠壓了，每天只知道打坐，這是錯的。其實你每天打坐的時間是有限的，對你來說，最重要的是禪修的生活方式。你們會問禪修的生活方式是甚麼？就是你在每天的身口意三業的活動中要具足正念，保持覺醒。你說話，走路，或者身體有其他的舉動，你在跟別人互動中聽到一件讓你難以接受的事，你的情緒有波動，乃至生活中有意外的收穫、挫折，或者突如其來的困難等，在這一切情形中，你能否始終對自己的身體行為、語言、情緒和念頭保持正知正念、覺醒、清晰？你對現在的狀態很清醒，其實就是禪修的生活方式。

這種禪修的生活方式跟我們平時的生活方式有甚麼不一樣？其實形式上沒有甚麼不一樣，但它又有一個最大的不一樣，在哪裏？主客顛倒。這是關鍵。沒有禪修、不會禪修的人在生活中的身體行為、語言、心念完全沒有正念的呵護，完全是被眼前的境界牽引，就像是一塊飄浮在流得很急的河水上的木頭，一片在狂風暴雨中的樹葉，完全是被境界牽引，沒有支點。禪修的生活方式是讓你在內心中始終有一個支

點。這個支點的建立，與你每天用一定的時間盤腿打坐分不開，但更重要的是在於你始終對自己的一切狀態有一個正念的觀察、清醒的覺知。始終不間斷地有這種正念、清醒的覺知的結果就是你反客為主。本來你的一切好像都被外面的境界牽引，現在你有了自己的根據地，就是正念的光、自我覺醒的光，也就是那個，是甚麼？其實也就是那個你們説「我很煩」、知道你煩的那種知、知道的能力，你説「我很痛」、知道你痛的那個光明（不要誤解，我是一個形容，是指的你清楚、清晰明瞭，你不要去找那個光）。

對你們在家人來講，這才是禪修的關鍵。所以你們在家的人要修行、要禪修，一定要培養一種禪修的生活方式、禪修的生活習慣。

説養成禪修的生活習慣並不是説我們生活的內容有很大的改變，而是説我們的心態在同樣的生活內容中有很大的改變。心態改變，就在於總是有一個正念呵護我們，這就是我們在生活中禪修的要點。你不要小看。如果你在生活中累積這種正念的力量成習慣，累積到一定程度，那麼你能感覺到你的生活發生了一種轉化。這個轉化應該是慢慢地從一種迷裏走出來，迷茫、疑惑會減少，經常打失正念會減少，然後你犯錯誤就會減少。還有你對自己的了解會加深，包括身

體、性格、個性、喜好，以及情緒的反應方式。你會對自己有一種新的發現，甚至你對自己的生活——其實還是那樣的生活——也會有一個新的發現。這個新的發現，不是說你看到了甚麼，見神見鬼，見到甚麼奇異了，不要搞錯。你可能還是吃飯，但是你發現，哎呀，從來沒用這種心態吃過飯，你會有這種發現。因為你用正念吃飯的時候，飯菜是另外一種味道，它變了。你走路，也會有一種新的發現，你觀察自己走路，也享受走路；乃至你看這個世界，看其他人，看身邊的所有人，你都懂得觀察自己，同時也享受你的觀察。你還是在原來的生活環境中，但是你發現它的滋味變了，這就是所謂當下。當下的意思不是說我們有一個目標在遠處，而是每個念頭都是我們的目標。如果我們在每個念頭上都具足正念，當下的一切就是我們的目標，所以祖師說「途中即家舍，家舍在途中」。

大家一定要在我講的養成禪修的生活方式這一點上痛下功夫。如果你們只是在冬天到寺院來打坐幾天，坐幾個七，回去你自己的習慣、心態沒有改變，那是沒用的。那樣你的修行是一種分裂狀態。

修行和生活、性格、學習的關係

　　修行通常容易被理解成修煉。修煉跟修行有甚麼不同呢？可能有的同修第一個反應是：修煉是不是道教的詞啊？差不多吧。道教用修煉這個詞比較多，有煉丹，煉丹有內丹和外丹，外丹是一種藥品，內丹是身體裏面的，但是佛教所說的修行跟修煉不一樣。我們理解，修煉就像煉鋼一樣，把身體錘煉、轉化成某一種狀態；修行從字面上看，「行」是說的是我們的心念、心行，是我們的行為。可是我們的心行、行為都離不開外界，這就是佛法和其他法的差別。甚麼差別呢？就是一切法盡在因緣中顯現，或者說一切法都是某種特定因緣顯現的結果。

　　我說「一切法盡在因緣中顯現」，你會理解成因緣之外還有一個東西，不是的，那東西就是因緣。我們的心念、行為、智慧、福報、身體狀態……這一切都是在一種因緣中出現的。我們可以把「因緣」這個詞用現代語言來解釋，未必十分準確，但是為了幫助我們理解，也可以。我們的心行、行為、生命在因緣中顯現，意思是甚麼呢？是我們跟外面的世界處在一種

不斷互相影響的關係網中。打個比方,現在地上有一棵樹,你能孤立地看這一棵樹嗎?地上有一棵草,你能孤立地看這一棵草嗎?這棵草跟太陽分不開,跟風分不開,跟月亮分不開,跟星星分不開……它跟整個大自然的一切每時每刻都在發生著交流,這就是我剛才講的關係網。這個關係網是動態的。我們看不到這棵小草跟太陽交流,也看不到它跟大地交流。其實,我們的生命跟這棵草、這棵樹是一樣的,在許許多多看得到、看不到的動態的關係中交流著。

現在我們就要討論一個問題:你修煉,聚焦在一個東西上,這就錯了,為甚麼呢?因為這個東西在動態的關係網中、在動態的交流中,你如何能孤立地修煉它呢?我們用另外一種比喻,當變壓器跟電網連接、推上閘的時候就在整個電網循環中,它是其中的一個環節,你要修理這個變壓器,需要把電網掐斷才有可能去動它。這個比喻是個反喻,我們的身體在宇宙的電網中,在這種電流的交換中,我們能掐斷它嗎?掐不斷,這恰恰不是一個變壓器!如果說它是一個變壓器,那麼也是一個永遠不會停止工作的變壓器。

從過去到現在、未來,變壓器如果壞了,我們應該怎樣修呢?可以說我們這個變壓器本身沒有甚麼壞不壞的問題,只是我們這個變壓器和外面電網的關係

壞了。甚麼意思呢？我們每個人生命本身沒有甚麼好壞，壞是指我們每個人的生命和所有外部世界的關係壞了。這個關係就是剛才講的因緣，緣有問題，所以你要修行，修心念、行為。我們的生命必須是在這種系統中去調整這個關係。你不可能把你的身體單獨地抽出來，放在一個封閉的空間裏來修理它。因為你離不開太陽，你也離不開月亮，離不開整個時空。這是講我們的身體。講到我們的生命，要吃飯、喝水，在古代，你住在深山裏可能是相對地封閉；現在根本就不可能，你即使住在山裏，你也離不開社會，離不開其他的人，所以每個人的生命都在這種動態的因緣的網路中。

那麼生命和生命之間有甚麼不一樣呢？不一樣就在有的動態是一種良性的機制，用通俗的話講，就是有的動態關係是和諧的，有的動態關係是不和諧的，有的動態關係是部份和諧，有的動態關係是部份不和諧。我們要轉化這種關係，就不能孤立地來看這個身心。我們就能明白為甚麼佛法的修行講「諸惡莫做，眾善奉行，自淨其意」，這都是把人放在整個的時間、空間、社會文化的因緣網路中來修行，因為離開和別人的關係就不存在善和惡了。你的心靈也是一樣，「法不孤起，仗境方生」，心和境不能離，這是一個動態的

關係網。在這個網路中，我們修行人就有一個定位，角色不一樣。我們出家人得到現在這種生活模式，有我們的社會角色、社會責任、對佛教的責任，這是由釋迦牟尼佛的聖教所開端、延續、傳承下來的。釋迦牟尼佛對於出家人在這個角色上怎樣修行，怎麼調整這個動態的因緣網路，也有一系列的教導——戒定慧的教導，每個出家人都要理解這個角色。通俗地說，我們出家人的立足之本在哪裏？在戒定慧；再簡單一點，用中國文化的詞來講，在道和德；再複雜一點，可以再加一個東西，道德再加學問。但是學問不是本，本是道德。如果你只有學問沒有道德，這個出家人仍然不合格。所以道和德是我們的立足之本，我們一定不能忘記這個本。如果忘記這個本，作為一個出家人，就會被社會、被別人所輕慢，因為我們自己獨有的價值沒有發揮出來，沒有示現。從整個佛教來說，如果我們出家人喪失了道德之本的話，整個佛教會被社會小看、鄙視，終有一天也會被社會所拋棄。

在禪七中，我們很多師父，特別是佛學院這邊的很多師父非常用功，也非常能忍耐。我知道很多人是第一次打禪七，平時只有晚上坐一支香，和現在的禪七有很大的不同；而且很多師父都很年輕，能夠在禪堂裏從早到晚這樣堅持行行坐坐，有的師父還是雙

盤，可以想像是很考驗人的。我覺得很多人通過禪七找到了出家人的本，這個本就是道和德。如果你找到這個本，抓住這個本不放，這一生就不會虛度。前面是講出家人。

在家人呢？在家人有在家人的本、在家人的角色，在家人的修行一定不能離開你的社會角色、你的責任。你那個因緣的網路和我們出家人不一樣。我比較反對有的在家人搞極左路線——本來是在家人，但是他要過出家人的生活，跟家裏人鬧彆扭，對家務事不管不問，對小孩子的教育不關心，對自己的先生冷漠、疏遠，造成家庭不和、乃至破裂，她心裏還很有成就感，覺得自己和師父們一樣在認真修行——這樣做是錯的。你把你從你的關係、因緣的網路中單另地摘出來了，修煉你自己，這是一個自私的行為。

很多在家佛教徒自私的表現來源於他沒有正確地理解修行的含義。你在你的社會角色上是一個甚麼人？你是一位父親，一位母親，一位妻子，一位老師——你有社會角色、家庭角色，也有社會責任、家庭責任——對上的責任、對下的責任，對左的責任、對右的責任，這些責任你都不能忽略。你是一個男人或者你是一個女人，你是一個老年人或者你是一個中青年人，責任都不一樣。對中青年人來講，上有老，下有小；少年人責任

又不一樣，他要上學。在這種因緣動態的關係網中，千萬不要把自己封閉、孤立起來，去落實那種自私的修行，那就有點像修煉而不是修行了。

在這種認識中，你就知道身心本是幻化的，因緣本是幻化的，但是此時此地、此生此世，這些因緣想逃也逃不掉。怎麼辦呢？只有面對！在面對這些因緣中，按照佛的教導，去修行自己、轉化自己、提升自己。對在家人來講這是一條正確的道路，是一條大道，一條自利利他的道。

我現在討論的題目可以冠之為「修行和生活的關係」。所謂的生活，就是我們每個人和外部的世界這種動態的因緣關係，絕不可以把修行局限為這七尺之軀，在這上面怎麼做文章。你這七尺之軀和天地萬物、和周圍的親戚朋友、和社會沒有一刻停止過互相影響，你要修行到讓這種互相影響的機制變成和諧的關係，就要拓展它、擴大它，這是第一個問題。

第二個問題，修行和我們的性格。中國有句俗話：「江山易改，本性難移。」我個人認為，本性難移但是可以移，佛法就可以移我們的本性。這個本性不是佛性，恰恰就是我們先天帶來的和後天薰習成的一些脾氣性格。在所有其他世間的修養方法中，都把我們每個人的脾氣性格打一括弧，甚麼意思？保留下

來，在這個基礎上去修養。只有佛法，連你與生俱來的、從小養出來的很多劣根性、很多性格也要轉化、也要修掉。打個比方說，世間法的修養有一點兒像是在地上蓋房子，不打地基，不用往下挖，就直接在上面蓋，下面這塊地就是要接受的一個條件。只有佛教不然，佛教認為這條件不能接受，還得往下挖。挖三尺，挖十尺，挖百尺，一直挖到地下堅固的地方，再往上蓋，就能蓋高樓了。

修行人不要用性格脾氣為自己所犯的錯誤找藉口、打掩護：哎呀，我的性格就這樣，我的脾氣就這樣。你脾氣就這樣，那你學佛做甚麼呢？學佛就是要改這個脾氣。所有的脾氣性格正是我們修行第一要面對、要扭轉的問題。有的人問：你這樣把我扭轉了，最後變成一個沒有性格的人嗎？不是！你看釋迦牟尼佛，他是很生動的，古往今來的高僧大德、禪師也是非常生動的。他們的性格很鮮明，比我們還要生動！

問題出在哪裏呢？我想，性格總是讓我們有局限，讓我們有形狀，所以中國古人對最高的德行修養的境界用了一個比喻，就是水。水沒有形狀，放在圓的容器中就是圓的，放在方的容器中就是方的，它是隨順的。佛教裏喜歡用一個比喻，叫虛空，用虛空比喻我們心性的廣大、能容。在虛空裏，你爆炸一個原

子彈也沒動靜，因為虛空是無邊的，更不用說你扔個炸彈、扔塊石頭了。一切人都可以容，一切事都可以容，沒有你容不了的時候。佛教裏還有一個比喻叫海，海是廣大的。在印度文化中，大海有特定的內涵，跟中國文化中的大海不一樣。印度文化中的大海除了廣大以外，特指大海裏面有很多寶藏，很富有。你的心量擴大的時候，你的福報會增加，人會變得深沉、寬厚、安忍。這方面的德行培養出來，那就如同大海。當然佛教裏，特別是漢傳佛教也喜歡講雲和水，雲是飄動無住的，天上的雲沒有在一個地方停著，水是流動隨順的。這個可以很形象地比喻修行人的性情：隨遇而安，心無掛礙。來了就應，去了不留。水、虛空、大海、白雲這種境界的人格是不是比我們很多習氣、很多自認為有特點的性格來得更好啊？我覺得是，所以修行就是要從修自己的脾氣性格開始。這是我今天想講的第二個問題。

我要講的第三個問題：打坐和念經。居士們在家要學習，學習就離不開佛經。關於佛經，第一種是研讀、研究、閱讀、看，第二種是讀誦、受持，出聲地念誦。這兩種都很重要。前面我有講到，我們打坐需要正見來指導，正見就從研讀和受持佛經來。在這樣一個時代，由於好的老師難求，佛經、祖師語錄就

成為我們最好的老師，所以修行的人不要盲修瞎煉，埋頭悶坐，平時要經常研讀、讀誦大乘經典。讀誦大乘，很多並不能馬上就消化，但是落在我們的心田中，慢慢就能成為未來的智慧種子。這也很重要。簡單來說，要重視學習。特別對初學的人，簡單地天天坐是不夠的，有時候你自己偏離了方向還不知道，所以學習佛法的理論知識特別重要。

永遠是自己錯

修行的試金石

叢林裏對禪堂有個比喻，叫選佛場。怎麼叫選佛場呢？就是要在這個地方選出佛來，從一堆修行人中選出開悟的、覺悟的人來。我們知道，選舉通常有候選人，而選佛場裏每一個打坐的人都是候選人。投票的是誰呢？投票的是所有與會的人。世間的選舉，你要當選，通常都是半數以上的人通過，但是選佛則不然。首先，選佛參與投票的眾生是盡法界、無邊無際的眾生。其次，通過的方式，也不是半數以上就算通過，而是要全票當選，所有眾生都投你的票才當選；只要有一個眾生反對，你就當選不了；或者這個眾生在你生命中出現的緣，和你成佛、覺悟這件事是逆緣，那你就成不了，所以我稱為全票當選。在世間的選舉中你可以心存僥倖：反對我、我得罪的人只要不超過一半，討厭我、和我結了惡緣的人只要不超過一半，我就可以當選，但是在修行成佛這件事上，絕沒有僥倖的可能。任何一個眾生，如果他反對你成佛的話，你就要面對這個反對的因緣、面對和你覺悟相逆

的因緣，而且你要把這個因緣轉化為覺悟的因緣。通俗地說，你得把這個眾生擺平。這個擺平，不是你去擺他，而是擺你自己——你得讓他感動，讓他同意，幫助你覺悟。本來障礙你，現在要轉逆緣成為順緣。這就是選佛場的意思。

我們的生命中，可能還是有很多眾生、很多緣，並不是投我們覺悟的贊成票，我們要面對這些緣。這些緣的出現，也是因為修行的結果。甚麼意思呢？如果你不去當這個成佛的候選人，反對你的人也就不會跳出來，你甚至也不知道，但當你成為候選人，要覺悟成佛，要度一切眾生，那些逆緣也就出現了——你既然要度盡一切眾生，成為度盡一切眾生的佛，那你先來度我。我是用世間的事情做比喻，説得很通俗，但是我相信，我講的確實是修行的真理。因為我們在修行之初，發的願就是「眾生無邊誓願度」，就是要發菩提心。在修行中，你千萬不要把打坐、開悟當成一件可以投機取巧的事，或者一件急於求成的事。如果你這樣去對待修行，就錯了。修行不僅僅是你自身的轉變，它也會帶來你整個的人際環境、你和外面世界關係的轉變。你和外面世界關係的轉變，一定不是一個單獨的元素。在禪修中，你會經常體驗到修行的進進退退。有時候你會覺得非常之順利，進展非常之

快；有時候卻會突然冒出一個逆緣、一個障礙的緣，讓你生心動念，一下退了很遠，可能是進了五步退了十步。

我要用第二個比喻描述精進禪修的人。一定是禪修精進的人才會出現我下面講的，忽忽悠悠混時間的人可能體驗不到。比如，我們覺得打井是件很簡單的事，準備了鍬，找到了一個地方，開始挖土，往下挖。我們覺得這很容易，一個半天就幹完了。而挖了一段時間以後，發現再挖就很難了。為甚麼？手磨出泡，再抓鍬很痛。你才發現，我忘記帶一樣東西——手套，你要戴手套才不會磨出泡來。於是你再去找手套，回來繼續挖，挖了一會兒要吃飯了，沒想到半天沒幹完，你還得解決吃飯的問題。吃完飯，接著往下挖，遇到一塊石頭。用鍬對付石頭是不行的，還要有別的工具才能把這塊石頭刨出來。你又發現你帶的工具少了一樣——鎬，於是你又去找鎬。總而言之，你在不斷向下進展的過程中，不斷發現你的準備工作有很多漏洞。當你把井真正地挖下去，挖得很深，水出來了，你要把井壁用磚頭砌上。因為你要把它當井用，讓它穩固。有時候你發現挖得很深的時候，井還會塌方。一旦塌方，土把你原來挖的都蓋上了，前功盡棄。所以要想辦法解決塌方的問題，讓井壁穩固。

我們的修行也是一樣。有一段時間，你覺得進展很順利；等到你靜坐深入的時候，你發現心中很煩悶。深入地觀察，可能會發現，以前持戒不精嚴，還要修懺悔法門。於是，你又要去準備修行的基礎。等這個問題解決，你要進一步修行，又發現家裏面吃飯有問題，孩子要上學，老婆生病……為了生計，忙個不停，根本就沒時間靜坐。你在禪修中的那麼一點體會，經過這麼一折騰，全部變成煩惱。那時你會發現，你比一般人還不如，更別說修行人了。於是你去問師父，師父說，你以前修清淨的福報太少了，順乎於修行的福太少了，所以生計問題會干擾你的修行。師父教你持戒，教你無住相佈施，廣結善緣，修清淨的福。好了，這一輪問題解決了。於是，你進一步修行，又有障礙了——你老婆反對你靜坐，要跟你鬧離婚。家裏人反對，結的緣不好。離了吧，把他們扔下，一個人跑又不現實。這是講的在家人的例子。

出家人亦復如是。在禪修中，你深入靜坐，會發現你缺乏一些功德——缺乏戒的功德、定的功德、精進的功德、念力的功德、聞思的功德……你對教理不懂，不懂修行的路線圖！剛開始還行，修到深的地方，茫然了：往哪兒走呀？往左走、右走、前走？不知道。於是，你覺得不能光顧著打坐，得研究一下教

理，讓人給我講講唯識，講講禪修的次第，回頭去補這些課。這個過程，應該是很多人修行的狀態。可能只有少數人才會無委曲相，沒有彎彎曲曲、反反覆覆的狀態，一超直入，直線前進；而多數人可能都是進進退退，不斷地修正自己。在修正的過程中，有一個非常重要的東西，即正見——正確的見解。甚麼叫正見？以打井來說，當你遇到硬石頭的時候，你怨誰呢？怨地不好？怨石頭？怨天尤人、罵天罵地有用嗎？罵石頭有用嗎？沒用，它還在那兒。你只能怨自己沒有帶好工具。

在修行的過程中，當你修行的逆緣出現時，你的正確見解應該是這句話：永遠都是我錯。凡我修行中出現的一切境界，我覺得它障礙我，那一定是我錯，不會是它錯。一個修行人，只有到了這個地步，從內心深處接受了我說的這句話——永遠都是我錯——才可以說他在修行。如果沒有從內心深處接受這句話，他一定會在環境上找原因，在別人身上找原因，一定會有怨恨、抱怨；而如果「永遠都是我錯」的話，出現在你面前的一切緣都是增上緣。「增上」是讓你進步的意思。順緣是增上緣，逆緣也是增上緣——讓你知道你的準備工作還有欠缺，還要去準備新的工具，還要去拓展你的功德。

如果不是「永遠是自己錯」的話，我們的心就掉在哪裏了呢？掉在是非分別中。我告訴你們，只要是是非，就是世間，就是輪迴。是非，當然是一個代表，還有有無、來去、你我、美醜⋯⋯這在哲學上叫二元對立。只要有二元對立，你就在世間的輪迴中。你可能會說：究竟誰是誰非呀？有的事明明是他錯我對。有時不是「明明」，這個「明明」有時是「暗暗」啊！沒有絕對的錯，也沒有絕對的對。你把自己迷失在二元對立、迷失在是非中，你就在世間法中打轉，修行還沒開始。你最多只能修成一個很有正義感的——像中國文化裏講的賞善罰惡、充滿正義感的神明、鬼神，你到不了覺悟，到不了佛菩薩的平等心、慈悲心、包容一切的心、超越二元對立的寂靜。所以，當你遇到任何問題的時候，你能不能接受「永遠是自己錯」就成為檢驗你有沒有真正開始修行的一個試金石。

　　前面我講了，選佛要全票通過才能當選。有任何一個人反對，你都要承認是自己錯：確實，我沒有跟這個眾生把緣結好。你以這種心態去面對，那時逆緣出現，恰恰是你進步的表現。前面我還講了，你不當這個候選人就沒有這個事，就是因為你當這個候選人，反對的人才跳出來，所以我說，在你打坐中，出現種種插曲是一種進步。你只要以「永遠是自己錯」的

心態去面對，這些逆緣都能變成增上緣。

只要你還用世間人吵架的心、要辯論的心、要爭個是非對錯的心、要伸張正義的心、要討個公道的心⋯⋯你在禪堂裏坐著就是浪費時間。你應該到法庭上、到紅塵裏去跟人家鬥。二元對立就是鬥爭，永遠是糾纏。這糾纏，今生今世搞不清楚，來生來世因為這個搞不清楚的力量，還讓你的生命繼續搞，無窮無盡地輪迴下去。到底也搞不清楚，苦海無邊。你要想從永遠也搞不清楚的糾纏中跳出來，就要回到我剛才講的那句話：永遠是自己錯。你們可以用這句話來檢驗一下，在修行中，我們面對各種境界的時候，生心動念是不是這樣。

修行的入手處

昨天我們講到修行人應該具備的一個正見：凡遇到任何是非，永遠是自己錯。這一點，其實很多人並不能真正接受、理解，當然更難做到。我們總是覺得自己有道理，自己是對的。從這個自己出發，遇到問題就會抱怨外部的環境，怨天尤人，把責任推到外境上。當我們把責任推到外境上的時候，就把這個自我保護下來了，自我就不需要改變、不需要動手術了。如果認為要改變的是別人，是外面的世界，這種生活

態度會充滿責備、抱怨、鬥爭、爭論。佛教裏講爭，喜歡用另外一個字——諍。諍的意思就是你的心落在了是非、有無、來去、對錯、你我……等等二元對立之中。一旦你落在了二元對立之中，你的心就不寂靜，就是內心的「諍」。興許你不講話，不跟別人用口舌辯論，但是內心也有諍。大家還記得《金剛經》裏的話嗎？佛陀說須菩提證得了「無諍三昧」。須菩提解空第一，所以無諍三昧就是真正解空的人，他的內心安住在寂靜之中。在這個寂靜中，沒有二元對立。

要修行無諍三昧，進入這個境界，從哪裏下手，怎麼修呢？我現在講的這個，就是一個修行無諍三昧的口訣。超越二元對立，這很抽象，很多人還不理解，因為話本身就有點文氣，有點學術味道，但是讓你學會面對一切問題，堅持一個正見：永遠是自己錯，這就清楚了，就有可操作性。你可能說：不是說要超越二元對立嗎？怎麼還有對和錯呢？你現在很難做到沒有對錯，所謂超越二元對立也不是絕對沒有對錯。現在你先認定，任何問題面前，永遠是我們自己錯，外境沒有錯。

說我們自己錯，從佛學的角度，也有好多種理解。有一種說法，這是以前造的業，現在受報，這叫深信因果。深信因果讓你能夠坦然接受降臨到你身上

的不公、痛苦。你可以作還債想：我欠了別人一百萬，現在只是還他十塊，還了十塊債也減少了，再還十塊又減少了……總有一天會還完的，還完就是解脫。作正面的觀察，你就能夠有勇氣去接受和面對那種處境。這是「永遠是自己錯」的第一種觀察。

第二種觀察，為甚麼我們會感召這樣的外境呢？前面講的因果，稍微抽象了點。再具體一點講，我們會感召這樣的外境，乃是因為我們有召感外境的內心世界，這與我們的內心世界是息息相關的，「此有故彼有」。這個內心世界包括了你的語言、行為的習慣，你的性格，你的心理活動，你的各種喜好，你待人做事的方式……「此有故彼有」的「此有」就是我們的內心世界，主觀的方面，「彼有」就是我們面臨的境界。是先有此後有彼，不是先有彼，後有此，但彼此有時候同時出現。

修行時間長的人，對於我們的心和外境之間的感應關係，會有很多體會。我們的心跟外面的境界會有一種甚麼樣的感應呢？有時候你會體驗到，你怕甚麼就會遇到甚麼，你擔心甚麼就會遇到甚麼。這種感應關係很複雜，有很多種模式，這只是其中的一種模式。簡單地講，你的內心在意甚麼，就會感召甚麼。在意包括愛、恨、想要、排斥、擔心、討厭……等

等。「在意」是生活中的話，相當於我們的心有一種執著。有時候你越在意甚麼，就越出現甚麼。如果你有潔癖，你可能會發現你經常置身於很髒的環境中；如果你很自命清高，可能坐禪時，在你邊上的人，正好就是邋裏邋遢的人；如果你特別吝嗇，可能會遇到老有人找你要錢。

還有的時候，你由於某一方面的特長——我們都有很多特長，這種特長也是你主觀方面的情況——也會感召外面的情境過來。我們這個世界的人，大家都有長處也都有短處，其實短處有時也是長處，長處也會變成短處。我自己曾概括過幾句話，來描述這種感召，你們看看有沒有道理。「善於泳者死於水」，善於游泳的人，一般會死在水裏；「善於武者死於鬥」，通常有武功的人、以武力而自恃的人會死於鬥狠之中；「善辯者死於口舌」，有的人特別善於辯論，覺得別人都說不過他，他可能就會在別人的口舌、誣衊這上面栽跟頭（這裏說的死未必是人死掉，相當於栽跟頭）。這種規律還有很多，你們可以在生活中觀察。

紀曉嵐在他的《閱微草堂筆記》裏就記載過這樣一個真人真事：在他們家鄉，有一個人輕功很好，有一條河不是很寬，那人一蹦就到河對岸，易如反掌。一天，有人讓他給表演一下，他輕而易舉地從這邊跳

過去，在河對岸落腳的時候，岸邊的土是鬆的，一下掉到很急的河水裏淹死了。他有一個一般人沒有的長處，但最後讓他栽跟頭的也是這個長處。這是講我們的心和外境的感召。

作為修行人，要不斷地反觀我們的內心世界還有哪些在意，只要內心世界還有在意，那就是苦，受苦的因，就會感召苦的外境。你只有把內心世界的這些在意，乃至於一些語言、行為的習慣都能夠放下，你才有可能不被外面的苦境所壓迫。不管面對甚麼外境，在你自己身上找原因，這恰恰是一個非常樂觀、非常積極、非常可行的人生觀。比較前面所講的，總是在客觀環境裏去找原因，這顯然更加積極，而不是消極；更加主動，而不是被動；更加有希望，而不是無奈。為甚麼說有希望呢？你開始改變自己的時候，你會發現你生活的世界改變了，你遇到的人改變了。

有的人說：永遠是我的錯嗎？很多事明明不是我的錯，比如，今天在街上小偷偷了我的錢，難道那是我的錯嗎？那是小偷的錯呀！其實，這裏講的問題是：別人是對還是錯那是他的事，你是對還是錯才是你自己的事。你要把注意力放在自己的大事上。你在街上遇到小偷，街上那麼多人，為甚麼就你遇到小偷呢？你為甚麼在那個時間那個地點碰到小偷呢？就跟

魚會招來貓一樣，你身上有一股腥味把貓招來了，這是比喻。你感召到在街上遇到小偷的果，這個錯還在你。這樣講，並不是說小偷這個問題，警察可以不管，社會可以不治理。這是一個相關人的事：在警察來說那就是他的事，在政府來說那就是他的事。作為修行人來說，你要明白甚麼是你的事。基本上找不出一件事不是你的錯。如果你能找出一件事不是你的錯，可以來找我，我可以給你錢，我相信不可能。

有的人說：我長得很醜，這應該是父母的錯。佛教說：那麼多好看的父母，你為甚麼偏到醜的父母那裏投胎呢？那怪誰呀？所以還是你有問題。以佛教的三世因果來觀察，基本上我們的世界就是我們自己造成的，不能怨天也不能尤人。這種思惟方式是修行人應當具備的，要用這種思惟方式去觀察自己，觀察自己的生活，改善自己。一個學佛的人，只有從這裏下手，才能體驗到佛法的真理在自己身上的顯現。你一點點地做，就會發現，遇到的人變了，遇到的事也變了。總而言之，你命運的路線好像在改變。這就是佛法最重要的真理——唯識無境。沒有一個甚麼客觀存在的境，都是你心識的變現。如果你能體證到這一點的話，你就不得了了，可以說你的修行有了立足之地，可以穩步向前。

《華嚴經》裏有一品，叫「淨行品」，裏面教我們遇到任何情境都「當願眾生」，願所有的眾生都如何如何好。遇到任何境都發願，一共有一百四十多個願。實際上生活中的情境遠遠不止這一百四十多個，而是無量無邊。這品經教導我們，在無量無邊的境都能由此生起一個願，願眾生怎麼樣。如果你在生活中用這品經指導修行，「當願眾生……當願眾生……」，慢慢你會發現，你的心開始主導境了，而境不能主導你的心。境也許是某個人打了你一嘴巴，你心裏說：願眾生不再受別人的欺侮；境可能是生病，胃痛，你的心說：願所有的眾生不再受胃痛之苦；境可能是，你的錢被小偷偷走了，於是你發願：願所有的眾生都能夠棄惡從善……這些境被你變成了一個一個的善願。當你這樣去觀照你的生活，就會體驗到，心可以主導境。境究竟是甚麼，取決於你的心。你要是真正體驗到你主導外境的心的力量，那你就得自在了。

　　在《金剛經》裏，釋迦牟尼佛講，他過去世做忍辱仙人的時候，被歌利王節節肢解，全無嗔心，他達到了無諍三昧，真正做到了忍辱波羅蜜。波羅蜜就是圓滿，忍辱的圓滿就是心境如如不動。這種境界很崇高，這麼崇高的境界也可以從前面我說的——永遠是自己錯這裏下手去修。因為我們每天在生活中，在家

人不用説，即使出家人在寺院裏面仍然有是非，可能跟同寮的人有矛盾，每天去分別眼前的各種境界。如果從這裏開始修行，我相信就能夠契入超越二元對立的無諍三昧。這才是我們修行的方向。我們如果落在辯論中，非要搞清楚究竟誰對誰錯，那你就落在世間法裏面，就沒完沒了，就苦海無邊。

如何是「覺悟人生、奉獻人生」

　　我們老和尚提倡生活禪，其宗旨是兩句話：覺悟人生，奉獻人生。說實在的，我對這兩句話的學習和理解也經歷了一個過程。師父最早說出這兩句話的時候我在現場，那是在 1993 年，我們第一次辦生活禪夏令營。籌備的時候，我就跟他老人家說我們辦夏令營要有一些宗旨、一個口號，用非常簡潔明瞭的語言把我們想要說的表達出來，既可以成為活動中組織、號召大家的綱領，同時也可以成為我們以後長期提倡的一個核心思想。當時老和尚略微思考了幾秒鐘，就說：覺悟人生，奉獻人生。我們一聽，好，就這兩句話！一開始我聽到這兩句話，以為自己理解了：覺悟嘛，就是講智慧，我們修行就是要增長智慧，不管是聞思佛法，還是禪修，都是要長智慧；奉獻人生就是講慈悲嘛，要多做好事，多行善，多幫助別人，這就是奉獻。最早的理解就是這樣。

　　但是隨著親近師父的時間長了，慢慢地體會，不是那麼簡單，也不是那麼抽象，它很具體。覺悟人生，落實到生活中，必須面對任何境界都有觀照，都

不上它的圈套，鼻子不被這些境界拽著走，始終能夠居於主動，所以也有祖師從反面批評我們，說我們平時賓主不分，奴郎不辨。這就是說我們逢緣遇境失去覺照了，被境界牽走了。但昨天我也講了，不是要隨緣嗎？不與諸塵作對嗎？隨緣，並不等於完全不覺照。要隨緣還要能夠認得性，認得性就是還要能分賓主，分清賓主不會把自己搞丟。這個在禪堂裏面、在一個風平浪靜的環境裏面似乎不太難，但是你要頻繁地接觸各種事緣、各類人，聽到種種議論，有種種事情要你來決斷的時候，就很難，有時候不知不覺間就把自己搞丟了，忘記了自己是幹甚麼的，忘記了自己的發心、身份。對我們出家人來說，班首執事不管面對甚麼情況，都不讓境界牽著鼻子走，不忘失自己出家人的本分，先做到這一點就相當不錯了。我們作為佛教徒，在各種得失利害面前，也不能忘記自己是一個佛教徒、修行人的本分。如果你發了菩提心，再加上一個菩薩行者的本分。你總能高處著眼，這可以說是在生活中能做到的最起碼的覺悟。

講到奉獻，徹底地奉獻特別難。你一般地做做好事，幫助一下人，做做佈施，並不難。要徹底地奉獻特別難。所謂徹底地奉獻，也就是徹底地把這個「我」放下。平時反省一下內心，這個「我」寄託在很多東西上：

錢財、名譽、各種利益⋯⋯作為宗教徒，有些人寄託在宗教給他的承諾上，很難完全把自己放在一個沒有任何依靠的境界裏。大家想一想，在這樣的境界下，意味著你只有抓住某些東西，心裏才會安生、坦然。

你能把讓自己安生、坦然的東西放下，赤裸裸地把自己暴露出來，沒有依靠、沒有退路，這是一種甚麼情況呢？我們可以從很多角度去說，可以說它就是心量的無限大。我們的心量沒有無限大，乃是因為我們的心抓了一些東西。你抓了甚麼，你的心量就像甚麼那麼大。你抓了一根頭髮，你的心就像頭髮那麼大；你抓一萬塊錢，你的心就像一萬塊錢那麼大；你抓你心目中喜歡的一個人，你的心也就是像那個人那麼大；你抓社會輿論給你的一些職位、名譽、證書等，不管你抓甚麼，你的心也就是那麼大了，而且你的心也隨著那些東西在起伏變化。把這些我們的心所攀緣的、所寄託的東西全部打掉、放下，看看怎麼樣。

這種情況可以說是全體放下。你是全體奉獻，一定也是全體放下。把自己所抓的東西、所寄託的東西全部放下了。從另一個角度，也可以說是全體承擔，因為你敢於面對一切了——敢於面對你自己人生的一切，也敢於面對社會、面對眾生世界的一切種種。你敢於面對，心也就平了。這個心不容易平啊！我們的心裏，總是有種種僥倖、

寄託、期望。你把心徹底放平，擔當一切。

　　從這個角度我們來反觀一下自己的心，我們修行為了甚麼？打坐為了甚麼？一反觀，問題就出來了。是希望自己身心愉悅、不墮入輪迴，還是希望自己成為一個很有智慧福德、大家很尊敬的人？當然有的人就是這樣理解佛菩薩的，大家都恭敬、禮拜、上香，希望自己也成為這樣一個人。可是你不知道，我們只是給佛菩薩磕了一個頭，上了一炷香，但是我們給他提了多少要求啊！對於我們提的那些要求，佛菩薩都得滿足，為了滿足我們的種種要求、希望和心願，佛菩薩可是甚麼都得做啊！他既要上天堂，也要下地獄，既要到人道裏來以種種的身份幫助我們，也可能要化現到餓鬼道、畜生道。我們在水陸法會中間放焰口，居士們也都去看了，甚麼叫焰口呢？焰口是一個鬼的名字，肚子大大的，喉嚨細細的，口裏吐著火，吃不了東西，這個鬼是觀世音菩薩變現的。觀世音菩薩為甚麼會變成一個餓鬼呢？就是為了要幫助餓鬼道的眾生。釋迦牟尼佛以此因緣說了放焰口那一部法，我們再以這部法去救度餓鬼道的眾生，所以你看佛菩薩多辛苦，多不容易啊！我們就是給他上了三炷香，念他一句名號，佛菩薩就全體承擔了眾生的一切麻煩、苦惱。

在這種認識下，我們再一想，可能心裏會有退怯，那我們修半天修啥呀？成佛了還那麼忙。這就能看出問題來了，看出我們心裏原來是有貪心，有投機取巧的心，想用佛法來投機得到一些對自己有利的甚麼東西。這些心態跟佛法不相應。我在前面講過，我們坐禪發心要端正，端正來端正去，主要在這一點上，怎樣突破我們的貪心。我們學了佛，還會有學佛的貪心。趙州和尚的師父是南泉普願禪師，他的弟子問他，您去世後要到哪裏去呀？南泉禪師說，我要到山腳下的施主家去，做一頭水牯牛。當然這是南泉的境界。有時候我們也會想，我們修行、開悟，再做一頭牛，是不是太委屈我了？南泉禪師的意思是說他要做眾生的牛，要做所有眾生的牛，要徹底地把自己交出去。這不僅僅是一種主觀願望，你還要有那個資本。佛法跟世間法的區別就在此。

我們現在想把自己徹底交出去，可是交不出去，那就是說你還得要有真正的智慧，得大自在，你才可能徹底地把自己交出去，交給眾生。他們需要牛，我就去做牛；需要我做甚麼，我就去做甚麼，那也不是容易的。眾生有生老病死，有種種需求、煩惱、困惑，做牛的禪師們、菩薩們，就在這種種的困惑、煩惱中幫助眾生。我們打坐的出發點、發心在這個地方

要端正。在這裏端正了，你的心量就會大，不會計較一時一事的得失，也能放下在靜坐中所出現的種種境界，不會得少為足。

香港旭日集團的楊勳居士跟我講過這樣一件事：有一次他在北京參加一個會，有很多企業家與會，這些企業家都是一些比較成功的人，他們紛紛抱怨現在生意不好做，環境怎麼不好、政策不好、競爭激烈等。後來輪到楊勳居士講話，他說你們每個人都在抱怨，事情不好做，環境不好，那麼我問你們一個問題，你們現在事業已經發展起來了，你們想一想，你們現在的工作精神、工作態度，比起你們創業的時候，怎麼樣？你們現在還有剛創業時那種奉獻、肯吃苦、不分晝夜工作的勁頭嗎？他這樣一問，大家一想，是呀，咱們現在都在抱怨環境，可是咱們現在比起剛創業的時候要懶惰得多、放逸得多。這時候有一個人站起來說，你想讓我們在成功以後還像創業時那樣吃苦，那樣努力工作，你說咱們創業創半天究竟為甚麼呢？這個問題就暴露了這個人創業的一個動機、出發點，這個出發點實際上是一種貪心，用過去的話講有一點剝削階級的思想，他希望自己以後少幹活、不幹活，希望以後有機會悠閒自在、吃老本，或者是別人養著他。他創半天業的動機是這樣的。我覺得在中國，這種思想境界的生意人還挺多的。他希望成

功以後能成為人上人，成為一個悠閒的人，成為一個不用勞動就能生活得很好的人。即使不從佛法角度，就從現在社會最先進的價值觀來說，這種想法也是落後的。

我是想用做生意這個事情來類比修行。我們在修行的過程中有時免不了會以做生意的心態對待佛法，所以姑且來比一比。通過這一比，看清我們究竟是以甚麼動機修行，抱著甚麼想法來坐禪。楊勳居士也講過，他現在每天工作十幾個鐘頭，比他們單位員工工作時間要長得多。他這一年所付出的艱辛比員工們要多得多。和員工比較起來，他是最不需要錢的。那麼他最不需要錢，為甚麼還要拼命、努力地工作呢？這個時候他的工作就是為社會、為員工、為佛教、為眾生承擔責任，所以他很辛苦，但是又很不辛苦。他們公司是跨國公司，有三萬個員工，這意味著他的公司能夠解決三萬個人就業，上萬個家庭的生計。這是他們集團非常重視的一個社會效益。本來以他們的經濟力量，可以不從事這種勞動密集型的行業，可以從事諸如金融等行業，但是他們是有意地從事勞動密集型行業，以解決社會就業問題。我們這個寺院一百多人，我覺得管理起來都很困難，我就問他，你這三萬人怎麼管啊？他跟我講，我跟下面的管理階層、跟員工開會，你知道我怎麼講嗎？我就跟他們講：「各位，

你們知道嗎？我特別希望聽你們説，我不想幹了。為甚麼呢？因為你們要都不幹了，我就失業了，我失業了，不就不用這麼累了嗎？反正我也不缺錢。」他的「管理」變成了員工主動地工作，積極地分擔公司的責任，而他自己呢，也確實發心，為員工、為社會工作，他也就不累了。如果下面的人説不幹了，他説OK，那他就把員工們都安置了，拿錢出來，自己天天打坐修法，朝拜寺院。所以他的公司管理模式成了：公司的員工説，老闆，你千萬別不幹，一定要幹啊！

他的這種狀態，我想沒有甚麼偷心，也沒有甚麼私心、貪心了。他就是在做這頭牛，為大家耕地、拉車。要是以我們的水準，會問一句，那他自己究竟得到了甚麼？實際上這個問題在菩薩的境界裏不存在，但我們不行，還會冒出這個念頭，究竟圖甚麼？究竟在那種境界裏有甚麼好呢？這就不好説了，這就不可思議了。我們看到佛菩薩做眾生的牛馬，究竟有甚麼好呢？他的那個好沒法和我們講。他的那種自在，那種生命價值的發揮，那種光明無礙不可思議，他的那種自受用是不可説不可説啊！這是我們這些還有偷心、貪心、私心的眾生想像不到的。

如果我們能把自己的偷心、貪心、私心放下，就能與佛菩薩的境界相應了。只要是我們沒有完全放

下，這個奉獻就不徹底，擔當也不徹底。最大的擔當是我有佛性，我能成佛，我要向佛學習，用佛的教導來要求自己。如果還有任何個人的想法，在這個承擔面前未免就會露怯。佛經上講，真正發起菩提心的菩薩連生死輪迴都不畏懼。這又超乎我們小根器人的想像了：我們修行不就是為了超出生死輪迴嗎？可是菩薩行者不畏懼生死輪迴！不僅不畏懼，還要到裏面走一走，玩一玩，練一練。他憑甚麼能做到這一點呢？依《華嚴經》說，就是菩提心。說菩提心抽象一點，我前面所說的的這些心理狀態就是菩提心在生活中、修行中的表現。發起了菩提心的人就是這樣子的。他就是這樣能夠全體奉獻，全體擔當，全體放下。說了半天，其實都是一件事，希望大家好好用功。

生活禪的修行要點

　　我想給大家介紹一下老和尚提倡的修行生活禪的幾個要點，我覺得這幾點對居士特別有用，你們回家以後可以經常用師父的教導來提醒自己。這幾個要點是甚麼呢？第一，在盡責中求滿足；第二，在義務中求心安；第三，在無我中求進取；第四，在生活中透禪機；第五，在保任中證解脫。下面我簡單地給大家分點說一下我個人的體會。

　　「在盡責中求滿足，在義務中求心安」，這兩句可以合起來講，就是在責任和義務中修行。大千世界裏的每個人都有一個自己的位置，我們幾乎找不到一個沒有位置的人，能找到嗎？找不到！即使是出家人，他也有他的位置，有他的角色。每個人在社會中都擔當了一個角色。這個位置、這個角色反映這個人在生活、生存中的各種因緣、聯繫，也意味著這個人要面對各種責任和義務。沒有一個人無位置，也就意味著沒有一個人能無責任和義務，所以責任和義務對每個人來說都是存在的，只是有不同層面的差別。作為人，大家有共同的責任，也有不同的責任。佛教的

修行並不是要我們把這些責任和義務扔到一邊，跑到一個如古人所講的「無何有之鄉」。這個「無何有之鄉」是想像出來的，是個甚麼都沒有的地方。甚麼都沒有的地方怎麼過呀？吃甚麼？喝甚麼？這個「無何有之鄉」的名稱也就意味著這個地方不存在。既然沒有這樣的地方，那麼你總要面對責任，總要盡自己的義務。作為世間的人，有世間人的責任和義務；作為出家人，也有出家人的責任和義務。

我們寺院的師父很辛苦。他們自己要用功辦道，同時一年到頭沒有節假日，沒有星期天。每天上早晚殿、坐香，沒有退休、放假這一說。在節假日，可能我們更忙，因為有很多信徒來寺院，要招呼他們吃飯、住宿，還要安排他們活動，還要盡可能安排得讓大家滿意。一年三百六十五天都是這樣過的，年年的三百六十五天也都是這樣過的。以我在這裏住的十幾年來說，在我的記憶中，沒有節假日，所以出家人有一句話：「弘法是家務，利生是事業。」弘法利生就是我們的責任和義務，我們的修行要在弘法利生中落實。在家人也有在家人的責任和義務：可能她是一位母親，同時又是一位妻子，同時又是一個單位的領導，同時還是朋友的朋友，姐妹的姐妹……在不同的人際關係中，有不同的角色擔當，有不同的責任和義

務。在這麼多的責任和義務中，把自己的位置擺好，面對這些責任和義務，盡責、盡義務，這就是我們修行很重要的一部份，甚至可以説是全部。

通常我們容易以逃避的心態對待責任和義務，而不願意面對。其實你轉過身來、換一個角度看它：那些擔子，那些你必須辦的事本身就是我們認識自己的機會、實現自己價值的機會。如果我們拋開這些責任和義務，我們的這個「我」，這個生命的價值就空虛了。這個也正是今天的人容易犯的錯誤。在追求極端的個人價值之中，個人的價值揮發了、抽空了。以一個女性來説，如果她逃避了做母親的責任，逃避了做妻子的責任，逃避了在單位努力工作的責任，逃避了種種的責任和義務，她最後得到了甚麼？她最後又能實現甚麼？她自己的生活能充實甚麼？甚麼都沒有！天地之間，一個人有對國家的責任和義務，對社會、對朋友、對父母的責任和義務。所以儒家講，人在這種關係中，要有他的基本準則，有仁義禮智信，有忠孝廉恥。我們乍一聽，覺得這些都是約束人的，不是的，這些恰恰能實現我們的生命價值。

從禪的修行來説，要勇於面對責任和義務，必須要擺脱種種名相、名字對我們的束縛。我們在生活中面對每一件事，每件事都有一個説法。大家學佛的時

候，先要走出這一步，就是我們的心一定不要被那些說法迷惑，面對那些說法要得自在。比如說，2004 年印度洋發生海嘯，我們鼓勵大家捐款，那麼「捐款」是甚麼呢？「捐款」可以有很多種說法，有的人叫「獻愛心」，這是通常的說法。這個說法一聽，很不錯，你很願意把錢掏出來。或者叫「送溫暖」，或者叫「獻慈悲心」。但是也許有人就把「捐款」理解為「交錢」，也可以說是交錢，但他心中認為僅僅是掏錢的話，那也就沒甚麼意義了⋯⋯而我們生活中每一件事都有很多很多的假名，我們要善於使自己的心保持獨立，從這些假名中得自在。你去上班工作，你在心裏可以說：我今天早上起來去謀生。如果你想「我去謀生」，這個事情就是一個很被動的事了。你可以一般地想：我今天是上班；你也可以想：我今天是為公司完成一個任務；你也可以想：我今天是要為社會服務；你也可以這樣想：我今天是要進一步提高我的某一個能力，或者是我今天要在工作中進一步地看看我自己，認識我的心，或者想我今天是修行，那就到位了。這就是所謂假名對我們的影響。

　　再比如說要過年了，你要去看看你的父母，也可以有很多種角度。如果你當成一種不得已，你不去，父母會生氣，那你就會覺得累。這樣的事情很多，隨

便哪一件事都如此，我就不一一列舉了。我們要在自己的心地上建立起對每一種責任和義務的認識，在自己的心地上賦予這種責任和義務一個最崇高的價值。這個最崇高的價值可以是成佛。對一個發了菩提心的人來說，他去上班可以說是他去成佛；他去掃馬路，是他去成佛；他去做飯，也是去成佛；他在路上走路，也是去成佛。

我們在禪堂裏，大家每天圍著中間的佛像轉來轉去，禪七中叫「跑香」，叫「行香」，還可以叫「行禪」，但是在生活中，我們在馬路上走的時候，我們怎麼稱呼那個「走」呢？如果我們走得快，我們叫甚麼？「趕路」。怎麼叫「趕路」呢？因為前面有個事兒，你得趕緊去，有壓力，你不會說我在行香，沒有那種心態，你得趕，被前面那個事牽著鼻子、不得自在了。還有人在路上走來走去，很無聊，叫甚麼？叫「壓馬路」。他也沒有說我是在行香，我是在行禪。為甚麼我們就不能在馬路上行香，在馬路上行禪呢？完全可以！就看你能不能在自己的心地上對在馬路上走這件事賦予它這個意義。當然它的意義不是憑空賦予的，你的心得跟它相應。你說你在行禪，那你的心得無掛礙，安住當下。如果是這樣，雖然你在朝你的單位走，但也在行禪。你在單位裏給領導倒一杯水、

一杯茶，可能在你的同事眼裏會認為你是奉承領導。你在寺院裏也可能給佛像倒一杯水，供養佛，那我們給其他的人倒一杯水、一杯茶，在你的心裏也可以把它認為是供佛，供活佛——活著的佛。這取決於你自己。如果你用這種心面對生活中的一切，你們就是離開寺院，也沒有離開修行。這裏的關鍵點就在於我說的，不要被那些說法、名相控制了。要重新給自己的生活命名，重新給自己面對的各種挑戰、各種負擔命名，並且按照自己所命的名字以相應的心態去面對，這樣你的生活就成了禪修，就是這麼簡單。

「在無我中求進取」。實際上一般人對佛教的進取有些誤解，覺得佛教徒是消極、往後退的，其實大乘佛教的精神講勇猛精進，講奉獻，前面我已經講了很多。為甚麼能奉獻？就在於「無我」。這個「無我」，也就是要超越這個小我，超越現在自己的境界。之所以能進取就是因為本身就是無我的。比如，並沒有一個永恆不變的人格叫明海，他就那樣：身高是多少，體重是多少，文化程度是多少，智商是多少……沒有那樣一個明海。或者說他的靈魂很高尚或者很卑賤，沒有。他只是繼承了以前的各種傾向，只是有一種無限發展的可能性，而我們學佛修行就是要給自己人格播種與生命的價值最相應的種子。最相應的種子就是

要成佛，徹底覺悟，做一個明白的人、覺悟的人，所以我們說「要發心」。你剛一發心，人就變了；你再一發心，人又變了；你發心之後開始行動，人進一步變了，所以說，佛教講的「無我」為我們的修行提供了理論基礎，為我們作為人不斷完善自己、提高自己提供了理論基礎。如果我們每一個人都有一個固定不變的人格，也沒有必要修行了。

無我，當我們認識了它，就是不斷地否定自己。要敢於否定！這種否定，在生活中落實就是「難行能行」——你以前做不到的現在能做到了：你以前睡覺睡到八九點才起，現在七點、六點半，養成習慣了，那你就把自己給否定了；以前你很貪杯、愛喝酒，喝醉之後回家打老婆罵孩子，現在你能把酒戒了，這就是超越自己了；你以前很懶惰，現在很勤快，那你就是超越自己了。所以儒家也講，「日新」、「又新」，每天都有變化，每天都有進步。為甚麼每天都有進步呢？因為我們每一個人都有無限的可能性，所以一個人是在這裏進取，在這裏表現出他的生命活力、自強不息、勃勃生機。你們看宇宙萬物沒有一天停過，太陽東升西落，草木、大自然的一切不斷地變化，這不斷變化的一切也就意味了無限的可能。所以我們每個人的人格也是可以不斷變化、提高的，能夠把自己的

小我、缺點超越了，扔掉這些包袱，那我們會進步得更快。

「在生活中透禪機」。古代的禪師也講：山河大地都在為我們發機。這個「機」就是禪機。禪機存在於每個人的心念起伏、視聽言動、六根和六塵的接觸之中。我們能不能認識它？「在生活中透禪機」的要點就在於要把握自己的心態，而且是當下把握，不是事過以後追悔。每一個當下你都觀照心態，觀照自己的身口意造作發生的事情。所以如果你學禪不參究某一個話頭，有一個特別捷徑的方法，古代的很多祖師都講過：一走路，你就觀照，誰在走路？別人罵你，你生氣了，你就觀照，誰在生氣？一看書，你就觀照，誰在看？……總而言之，你的一切活動，你都可以念念返照：是誰？或者說是甚麼東西？你心裏常存這種觀照和疑情，這種不是圍繞「狗子有沒有佛性？無」這一個話頭，實際上是圍繞你的心。也可以說是「一個」，因為一直是你的心在作用，在它的作用中你不斷地返照：是甚麼？要看清它。這是一個最大的禪機，這個禪機時時刻刻都存在，要參透它。

「生活中透禪機」還有另外一種情況，就是當我們的思惟、我們的心走進死胡同時要轉身。甚麼叫「走進死胡同」呢？就是失去覺照、生起煩惱。這個人一

旦生起煩惱，被煩惱牽著鼻子，也就等於走進死胡同了，越走越窄，貪、嗔、癡都是這樣。大家都知道，迷到邪教裏的人可以説是走進死胡同了，那就是一種愚癡的死胡同。我們知道世間的男女互相貪愛的時候也是。我們發火的時候、嗔恨的時候也是走進死胡同了。在這種時候要學會轉身，這裏的「轉身」是比喻，實際上是轉念，不是身體，是轉念一想：呀，沒甚麼！在這個時候學會轉身，當下你就從那裏解脱出來了。

大家可以想一想，我們在生活中，幾乎每天都有可能走進死胡同，能不能當下一轉身：呀，沒甚麼！你能給自己一個轉句——禪宗裏有個詞，能不能給自己一個「轉語」，會下這種轉語，你的心就解脱自在了，處處都有門，處處都有路，四面八方無不通達，沒有死胡同，沒有甚麼東西能障礙你。有一個人借了你的錢不還，你正煩惱，轉念一想，這是還債：也許是以前我貪了他的錢。旭日集團的楊洪居士講得更有意思，有人借了他很多錢不還，他就想：哎，我又收了一個兒子，這個人下輩子一定會投到我家當我的兒子，而且百般孝順，為甚麼？還債嘛！但是也有的父母遇到特別不孝順的子女，打、罵，簡直不像子女，作為父母很苦惱。你也要會轉身：這是過去的債主來

了，來討債了。怎麼辦呢？老老實實還債，把債還清就好了。這正是轉語，就是要會轉身。你這樣一轉身，心馬上從死胡同裏出來了。在生活中透禪機，這裏面就有禪機。大家不要把禪機理解得很玄妙。禪機就是你的心怎麼樣一直自在，不被東西障礙。

最後一句是「在保任中證解脫」。「保任」的意思是甚麼呢？就是將我們在禪堂裏靜坐得到的體會，在每天功課、坐禪中得到的心態保護起來，讓它延續。讓它延續不斷，就是「任」；保護它，不受外在東西的干擾，就是「保」。所以「保任」是兩個意思：第一個是保護心態不受外在事物的干擾而中斷，第二個就是讓它延續發展。這就叫「保任」。就是讓我們在禪修、誦經中的體會在生活中延續，越來越強——當然有可能經常會中斷，一旦中斷了你要趕緊回到寺院充充電，到師父這裏充充電，或者自己在家裏抽時間打打坐，充充電。充了電，把原來的體會重新拾起、強化，在生活中，遇到各種境界你再保任它。我們修行的證量都是在這個過程中發展出來的。

古人用一個比喻來說明這一點，就是放牛。宋代有「牧牛圖」，一共十幅，畫的是放牛的過程，其實是描述修禪的過程——修禪的人認識自心、發現自心，然後面對各種境界將自己的發現不斷強化、不斷培養

的過程。就像一個人馴服一頭野牛一樣，抓住它的韁繩，慢慢地叫它聽話；慢慢地放手，它也不犯規矩；慢慢地連牛也沒有了，打成一片了；慢慢地無處不是、無處不自在了。這就是一個放牛的過程。所謂的「牧牛」也就是牧心，以牛來比喻我們的心，這中間就有保任。

　　師父講的這幾句話，我覺得大家可以回去體會、運用，也是這次禪七我最後贈送給大家共勉的話。

做事禪

為甚麼老和尚要提倡生活禪？對居士來說，就是要在工作、家庭、生活中落實禪修，特別是要在做事情中落實禪修。一個人來到這個世界上，有很多事、很多責任，做這些事、盡這些責任，就是用功修行。也許有的人對「做事就是修行」這個說法有些懷疑，實際上在《瑜伽師地論》裏有「做事禪」一說。做事禪的修行，首先涉及在做事中怎樣調整心態。根據老和尚的教導，我總結了幾句話贈送給在家居士，那就是：沒事不找事，有事就做事，做事要了事，最好是無事。

對於這幾句話，我一句一句解釋一下。第一句是「沒事不找事」。每個人到這個世界上來，都有他的位置、角色、責任，乃至有他每天要做的工作。所以，世界上沒有一個人是沒事的。那麼，這裏講的「沒事」是指甚麼呢？指的是你能把你的本職工作做好，不出問題，之後你就不要再心血來潮，自己額外去找些事來做。

這句話是針對我們初修行的人說的。初修行人

並沒有慧眼，不會觀察那件事有沒有做的因緣，因此在這個問題上，我覺得，對初學的人來說，稍微保守一點比較好。你要知道，你動一個念頭、興起一件事，就有一萬件事跟著過來——一波才動萬波隨。這一點要有思想準備。因此你在興起一件事的時候，首先要冷靜地觀照。怎麼觀照呢？就按因緣法觀照。一件事有因，有很多的緣。這個緣裏面有主要的、次要的，有遠的、近的，所以對於一件事，我們要是一扯動它，相關的緣都會隨之而動，因此你要保持清醒。在你動念頭要做一件事、幫助一個人的時候，首先要掂量掂量自己的能耐，然後再觀察一下外在的因緣是否合適、具足；其次還要觀察一下，這件事做起來以後，隨之產生的一系列反應，各方面的反應……當然你能看得越遠越好。眼前這件事一做，可能遠遠地就帶來很多件事，你要怎樣應對這件事，要有冷靜的觀察。觀察的時候有一個非常重要的原則——隨著你做這件事相伴而生的各種緣，是否有利於你的修行？比如有個人說，他想開個網吧。開網吧這樣的事情，按佛教來說，它給別人帶來的不是寧靜，相反可能是一種癡迷，不是清淨行，不是一種有意義的世間善法，給自己帶來的肯定也不會是清淨的因緣，所以作為一個在家的佛教徒，每做一件事，都要從這些角度觀察

一下，然後再決斷。你不要草率地跨出一步。你沒有思想準備，跨出一步，前面有很多步你不得不跨、不得不走，這就是我們要謹言慎行的原因。不要輕易許諾，一旦你承諾了，就要去做，你對自己許下的諾言要重視。如果你輕易開口，不做，那你就是打妄語，是修行的損失。因為我們一旦承諾了，別人就有期望，最後你沒落實，讓別人的期望落空，這都是有因果的。

第二個，「有事就做事」。事情來了，你也不要迴避。事情落到你頭上，沒辦法躲掉的，那你就勇敢地面對、接受、去做。你要把它當成是挑戰自己的極限。這裏的極限其實就是我們的分別心，就是我們人格裏的各種執著。所以，做事有做事的好處，它能使我們看到自己內在的缺點、問題。

老和尚曾經跟我講，1988 年，河北省委統戰部到中國佛教協會找趙樸老，河北省當時沒有佛教協會，希望中國佛教協會能派一個人來河北組建河北省佛教協會。當時趙樸老希望師父來。師父他老人家那時候在中國佛教協會主編《法音》雜誌，想的是，這輩子不修廟，不住持寺院，就好好把雜誌編好，做好佛教文化工作，以佛學來弘揚佛法、度化眾生。那時候他也不收徒弟，在家和出家的徒弟都沒有，當然也沒有護

法。可未曾想到，趙樸老希望他來河北挑這個擔子，而且找他談話。老和尚看這個因緣推不掉，推不掉，那就來。他還講到，那時候中國佛教協會找他談話，跟他説：「你就掛個名嘛！」但師父不是那種人，不是那種只掛名不辦事的人，所以他答應來掛名的時候，心裏就拿定了主意：不光是要掛名，還要真正地做事。所以這一個答應、一個承諾啊，就成了我們這裏後來很多工作、很多佛事的一個開端，一個緣起。

俗話講，既來之，則安之。不要怕，不要迴避。有時候來到我們面前的事情，有相當的難度，超出我們的極限。但實際上，我們內在的潛能是無限的，外在事情的壓迫，會逼使我們把內在的潛能發揮出來。

「非典」的時候，香港旭日集團楊氏兄弟發起在很多道場同時舉行水陸法會，當時柏林寺也在被邀請之列。老和尚答應要連續做三個水陸，因為我們寺院的師父多。但是有一個問題，就是「非典」期間外面的人都不走動了，水陸法會內壇的師父不好從外面請，從外面請，沒法坐車、坐船，這樣的話，只有用我們寺院自己人來組成內壇班子。在內壇裏，當時是白雲老和尚主法，道智法師做香燈，門富師做副表，老和尚叫我做正表。正表相當於維那，唱得也比較多。在此以前我從來沒進過內壇，只是在下面聽到上面唱的

腔。內壇這些唱念裏面，有一個唱腔我會，其他的一概不知。那時候要打這個水陸，只有四五天的時間準備。當時我壓力特別大，覺得簡直不可能，這個任務太重了！後來沒辦法，搞了一套磁帶，自己關在屋裏聽了幾天，然後上去了。最後呢，第一堂勉強堅持下來，堅持下來後，第二堂、第三堂就容易了。我記得第一次上去的時候，因為有一個細節沒有做好準備，當時一著急，「唰」地出了一身汗……所以這個經驗對我來說也是非常地寶貴——有時候事情落到你頭上，咬牙去辦，最後對自己會有一個新的認識，新的突破。

第三個問題，「做事要了事」。這是甚麼意思呢？就是我們佛教徒做事，應該跟世俗人做事不一樣。不一樣在哪裏呢？就是我們在做事過程中，給這個世界、周圍的人，不要添麻煩。我們所做的工作是減少這個世界的麻煩，解決人們的問題、煩惱。但是經常地，在我們解決問題、減少他人煩惱的過程中，又衍生出新的問題，帶來新的煩惱，做著做著自己被捲到裏面去了，好像那事情永遠不能了結似的，越弄越煩惱。

還有一種情況，剛開始做事的時候出發點特別好，做著做著，忘了自己的出發點，甚至走到與出發點相反的境界上去了。這種情況也多的是，所以要做到做事中能了事，必須要時常地觀照自己，提醒自己

初心是甚麼：我辦這個事，最早的出發點是甚麼？不能忘了。

　　有一個故事：有一個修行人在山裏住，剛開始他住的地方交通不便，沒有路。最初他是一個人在裏面住，誰也不知道。後來他動了一個念頭，希望有護法給他送一點吃的、穿的，就自己跑出去，給外地的護法寫了封信，叫他們來這個地方找他。於是護法就來找他，送來他需要的東西。護法一找，不就發現了他住的地方了嘛，這個護法就告訴另外一個，另外一個再告訴第三個……這樣一來，找他的人就多了。來看他的人一多，交通也是個問題啊，所以就得修一條路。路修起來以後，來的人就不光是護法了，可能還有別人，包括小偷甚麼的，於是他的房子又得買鎖。萬一有強盜來怎麼辦呢？要養一條狗，防備壞人。可是有時候不是壞人的人來，狗把人咬傷了怎麼辦呢？狗的主人就得出來打官司。最後這個人的隱居生活完全給破壞掉了。整個過程，是一個因緣套著一個因緣發展起來的，也就是說，他在剛開始的時候沒有觀照自己的出發點，最後走到了反面。我們做很多事情也有這種情況——做著做著忘記了出發點，不能「了」。這個「了」的意思是甚麼呢？「了」的意思就是，做一件事，不留後患，不給自己和別人添麻煩。既要做

事，也不能給別人添麻煩。

最後一句是「最好是無事」。這句話下次再講。

好事不如無

上次講到幾句話：「沒事別找事，有事就做事，做事要了事，最好是無事。」如果要講「無事」，就沒有甚麼好不好，講到好呢，已經是對待中的話了。如果要講無事，甚至連多說一句、解釋都沒有必要。為甚麼這樣說呢？這裏所說的「無事」，不是說叫我們甚麼都不做，也不是說這個世界上甚麼都沒有，我們可以從以下幾個方面來理解。

首先，它是指一切事物、一切法，都是按照自己的因緣，在那裏生滅、發展，緣生緣滅。「此有故彼有，此無故彼無。」萬事萬物都在它自己的軌道上發展著，這個在佛教裏叫「法爾如是」。世間有一句話接近這個意思，就是：「凡是存在的，都是合理的」。這個「合理」的意思，倒不是說它是好的，而是說凡是存在的事物，都有它的因緣、都有促成它存在的條件。事物就是那樣，如是生，如是滅，如是來，如是去。按照自身的規則，一直都那樣。沒有人能夠增加甚麼，也沒有人能夠減少甚麼，更沒有人能掌控甚麼。

認為有人或者一種力量能掌控，這個就是有

「我」。因為所謂的「我」，包含了掌控、主宰、獨立的意思。這個有「我」的「我」，有時候是「神我」，比如有的宗教認為宇宙乃至人生，在某一種神力的掌控下；有時候是「人我」，認為我們每個人有一個能掌控自己的獨立的精神實體。凡此種種，都是眾生沒有認識到「宇宙萬事萬物法爾如是」的真理而產生虛妄分別。

宇宙萬物，法爾如是。在這裏，沒有我們多說一句話的餘地，也沒有我們起愛憎取捨的餘地——我喜歡甚麼，討厭甚麼，希望這個東西滾蛋，希望這個人怎樣，希望這件事消失掉，我要這個，我不要那個……在這裏沒有我們愛憎取捨的餘地。當然，眾生一直都在那裏愛憎取捨，可是事物並沒有完全按我們主觀的愛憎生滅，而是按它的規律，該怎樣就怎樣。所以事物因緣生，因緣滅，法爾如是。

「無事」的第二個意思是本來具足。前面講到，釋迦牟尼佛在菩提樹下，徹悟宇宙人生的大道，說「一切眾生本具如來智慧德相」，所以一切眾生的生命本來不多甚麼，也不少甚麼，本來具足。既然是本來具足，有的人要問了：「那我們為甚麼要打坐呢？為甚麼要念佛呢？」正因為本來具足，所以我們要打坐、念佛。因為雖然本來具足，但是我們並沒有真正受用、體證這個「本來具足」，所以我們要打坐、念佛。

有人問：「打坐、念佛到最後是甚麼呢？」到最後就會了這個「本來具足」了。會了這個「本來具足」又怎樣呢？會了這個「本來具足」就不需要怎樣了。不需要怎樣，也就是「法爾」，我們的生命與宇宙人生的規律和真理契合無間，法爾如是。在教理上，菩薩在最後證得無生法忍，起無功用行。所謂「無功用」，就是他不會再有妄想，不會再想搞甚麼，他的作為都是依事物的本來規律，任運而起。這是超出我們眾生想像的。我們要做甚麼事都要動念頭，有計劃、安排，在菩薩（應該是八地以上的菩薩）、佛的境界，是任運無為，如如不動。雖然是如如不動，但是能夠生起無邊的妙用，利益眾生、廣度眾生。

這個本來具足，也可以用《心經》那幾句話來理解：「是諸法空相，不生不滅、不垢不淨、不增不減。」在眾生的份上，有生有滅、有垢有淨、有增有減、有是有非、有得有失，有修有不修，有做有不做……總而言之，起的都是對待法，不是絕待法，這是因為我們沒有體認到自性本來具足萬法。六祖大師在《壇經》裏講的「何其自性能生萬法，何其自性本不生滅」，我們沒有體證，所以生滅、增減、垢淨，這些都是我們在分別心這個平台上建立的。所有六道眾生的種種紛繁複雜的戲劇、故事，都是在分別心的舞台上上演的。如

果把分別心（識）轉化為「智」，契合了自性具足萬法、不生不滅的實相，那麼就是「無事」了。

這個無事的境界，在祖師那裏，他們有時候說「天下太平」，有時候說「海晏河清」，有時候說「王登寶殿，野老謳歌」——皇上登上寶座以後，鄉野田間的老百姓、村夫村婦，謳歌天下太平。王登寶座，得其位，比喻心王就位了，你的六根、六塵所生起的各種用，全部都轉化了。「王令已傳天下遍，將軍塞外絕煙塵」——王統治了國土，主宰了國政，坐了大位了，將軍就沒有必要在塞外廝殺了。這是比喻我們認識自性本具的如來智慧德相了，心就位了，我們觀照、抉擇的功用，就不用起了——這就是「無事」啊！

當然祖師們還用其他語言來表達這種無事的境界。有人問：「你還修行嗎，師父？」大珠慧海禪師回答：「修啊！」「那你怎麼修呢？」「飢來吃飯睏來眠。」那人接著問：「別人都是飢來吃飯睏來眠，為甚麼別人不是修行，你是修行呢？」他說：「因為眾生吃飯千般計較，睡覺翻來覆去睡不著。」所以在大珠慧海禪師的境界裏面，飢來吃飯睏來眠就是一個無事的境界；在我們的份上，我們吃飯睡覺還是有事。

這裏不能誤解，不能說既然無事咱們也就不用修行了。實際上我們不修行就真地無事嗎？我們不修

行，煩惱、習氣、業障，每天打的妄想、造的業，何止恆河沙數啊！並不是真正的無事。我們現在有事，因此我們要坐禪、念佛、修行，要佈施、持戒、忍辱、精進、禪定、智慧，六度齊修，萬行齊修，最後才是無事，就像《首楞嚴經》裏講的：「圓滿菩提，歸無所得。」

趙州祖師說「好事不如無」，就是無事的境界。有一天沙彌文遠在殿裏拜佛，趙州祖師恰好經過，就用拐杖打了他一下，問：「你幹甚麼呢？」文遠說：「我在拜佛。」祖師說：「用拜佛做甚麼！」文遠說：「拜佛是好事啊！」祖師說：「好事不如無。」如果我們經過自己的努力，功夫圓滿了，歸家穩坐了，王登寶殿了，就不需要再修種種造作的佛法了，也就是祖師說的「好事不如無」。後來人們講「無事是貴人」，就是從剛才這個公案來的。真正無事，就是煩惱、妄想分別歸於寂靜涅槃，不生不滅，那個時候才是真正的貴人。知道「無事是貴人」，但不可以把它當成我們偷懶、懈怠的藉口，當成藉口就是罪過了。

「無事」的第三個意思，是它讓我們真正體悟到佛法是「自性自度」。甚麼是自性自度？是說一切眾生心性上所起的煩惱，本身也是空性的。沒有一個東西叫「煩惱」，也沒有一個東西是煩惱的性。如果有這樣

的煩惱的話，煩惱就永遠沒辦法被消滅掉。

煩惱是從眾生的分別心這個角度顯現出來的，是根據它所起的作用、給眾生帶來的業和苦而命名的。從聖賢的角度，它所顯現的是甚麼呢？是菩提。它所起的功用是甚麼呢？無功用行，就是任運地利益眾生，說法度眾，體現了生命的自在境界。所以它不是兩個東西，是一體的。因為煩惱的性是空的，所以我們要解決它，不是從外面找一個東西來拯救我們，不是去拜一個造物主、一個神靈，讓他來把我們的煩惱弄走，而是我們每個眾生自己拯救自己、息滅煩惱的因，在每個眾生自己的心性中具足。

煩惱就像繩子的結，解開了，甚麼都沒有，這時才知道它並不是一個實體；就像大海上的波濤，沒有風，它會趨於平靜，如果我們壓這個波濤，可能會更洶湧、更猛烈。這就涉及我們內心中生起的妄想和煩惱的對治方法。第一個技巧，對治它，不要壓制。我們使勁壓制它，自己會受傷。煩惱越猛烈的話，你壓的勁兒是不是越大呢？那就受傷了。你已經把它當成一個實際的東西了。你心裏動一個妄念，有一個甚麼想法，就會感到有壓力；你有壓力，說明你已經把它當成事了，當成實體了，這是我們很多修行人容易犯的一個錯誤。為甚麼不學佛還好，一學佛反而有思

想包袱、憂心忡忡了？反而有一種不應該有的負罪感呢？或者是妄想越搞越多等等。

僧璨禪師在《信心銘》裏講：「止更彌動」，你越想止它，它越動得厲害。為甚麼？因為我們想止它，已經有一個前提，就是把它當成個東西、實體了。煩惱就像早上的霜露，太陽一出來就會融化消失，智慧的太陽出來的時候，心性上的各種扭曲和變形自然就歸位了。當我們在因地修行的時候，智慧的太陽首先表現為一種自我觀照，這種觀照的力量讓我們知道自己現在的狀況。知道就行。你只是知道、明白，不要下判斷。你不要下是非、好壞、美醜，或者要、不要它的判斷。你不下判斷，只是明白它，它就會自生自滅。

這是我們在因地修行的時候，無事這個原則從修行方法的角度給我們的啟發。這種修行精神也是禪宗特別提倡的，也可以說是禪宗在修行上的特色之一。它是一個無為法，一個減法，不是增加甚麼，祖師們說：「但盡凡情，別無聖解」。「但盡凡情」，當凡夫的各種知見、情見消融盡的時候，聖解自然現前。並不是外面有一個聖解或聖賢境界，增加到我們的心性上，而是它本來就有，凡情消盡，聖解自然現前。所以要真正地達到「最好是無事」，還不容易。但如果我們又特別執著它不容易、離我們很遙遠、很高，這又

多事了。你只要把握每一個當下去走、去行，自然慢慢會契入到無事的境界中去。

　　這句話從現實生活的角度來說，就是要讓人和事趨於和諧、統一。無事就是和諧、統一，就是風平浪靜，不需要我們再刻意去做甚麼。如果有這樣一種眼光、價值觀，我覺得我們在生活中，不管是家庭還是工作環境，都會更好、更和諧。

www.COSMOSBOOKS.COM.HK

書　　名	無門關夜話——趙州禪七絮語
作　　者	釋明海
責任編輯	王穎嫻
美術編輯	郭志民
協　　力	生活禪基金會（香港）有限公司
出　　版	天地圖書有限公司
	香港皇后大道東109-115號
	智群商業中心15字樓（總寫字樓）
	電話：2528 3671　傳真：2865 2609
	香港灣仔莊士敦道30號地庫／1樓（門市部）
	電話：2865 0708　傳真：2861 1541
印　　刷	亨泰印刷有限公司
	柴灣利眾街27號德景工業大廈10字樓
	電話：2896 3687　傳真：2558 1902
發　　行	香港聯合書刊物流有限公司
	香港新界大埔汀麗路36號中華商務印刷大廈3字樓
	電話：2150 2100　傳真：2407 3062
出版日期	2018年7月／初版